昭和の銀幕スター100列伝

新井恵美子

展望社

昭和の銀幕スター１００列伝●目次

装丁／新田 純

昭和の銀幕スター１００列伝

敬称は略させていただきました。

赤木圭一郎

（昭和十四年〜昭和三十六年）

遺作となった『紅の拳銃』（日活）ポスター。

その事故は突然に起きた。

昭和三十六年春先のことだ。場所は調布の日活撮影所の中庭だった。

映画『激流に生きる男』を撮影中だった俳優たちがたむろしていた。昼の休憩時間だった。

セールスマンが新しいゴーカートを持って来たところだった。若い俳優たちは皆関心を示した。特に赤木はこういうものが好きだった。

快調にゴーカートを走らせていた。やんやと言って、周りの仲間たちが声援を送っていた。本当に何でもない時間だった。ゴーカートが撮影所の大道具倉庫の鉄扉の前で止まろうとしていたその時だった。赤木はブレーキを踏むつもりでアクセルを踏んでしまったのだ。時速六十キロで走っていたのだからたまらない。猛烈な音と共に赤木は倒れた。

すぐに狛江の慈恵医大病院に運ばれた。

一時、意識を取り戻したものの六日後、二月二十日ふたたび昏睡状態に陥り二十一日、赤木は二十一歳の若い命を散らしてしまった。

死因は前頭骨亀裂骨折に伴う硬膜下出血だった。

事故直前に同じく『激流に生きる男』に子役として出演中だった江木俊夫は赤木から

「ゴーカートに乗せてやるよ」と誘われていた。ところが小林旭から「危ないから行くな」と言われ、「それよりメシを食おうぜ」と誘われたそうだ。

そこで食堂で食事をしている時、外から猛烈に大きい音が聞こえた。飛び出して見て、事故を知った。

他にもその場に居合わせた俳優たちは多かった。宍戸錠や長門裕之らもそこに居合わせていた。驚きと悲しみに襲われたのだった。その場には居合わせなかったが親しかった仲間も、それぞれ赤木の急逝を惜しんだ。

加山雄三も日活と東宝と会社は違うが雑誌の取材で親しくなっていた。同じ湘南育ちであることが二人を一気に親しくさせたのだった。赤木の急逝を加山は人一倍悲しんだのだった。

吉永小百合は、赤木が憧れの先輩であったという。赤木との共演もあって、赤木から「ラビットちゃん」と呼ばれて可愛がられたと懐かしむ。そしてその彼の死をたいへん哀しいと思うと言っている。

友達でさえこんなに嘆くのだから家族の驚き、悲嘆はどんなに大きかったことか。

赤木圭一郎、本名を赤塚親弘《ちかひろ》と言った。昭和十四年、東京西麻布での出生だった。父親は開業医だった。

戦争が激しくなって一家は鎌倉に疎開する。終戦後、藤沢市鵠沼に転居する。赤木は栄光学園中学校から鵠沼中学校に転校する。ここを卒業した後は鎌倉高等学校に進学、卒業後成城大学に入学する。そして在学中の死去であった。

気になるスターへの道のりは昭和三十三年、大学生のまま日活第四期ニューフェイスとして日活に入社。

石原裕次郎主演の『紅の翼』に本名のまま、群衆の一人としてエキストラ出演した。これが赤木の映画デビューとなった。やがて主人公の弟分や準主役級としての出演をするうち次第に人気が出て来る。

西洋的な風貌や頽廃的な雰囲気が、これまでにない個性として若い女性ファンに大歓迎をされていた。

赤木の場合、仕事での業績よりも人気が先行していたと言えるかも知れない。

まだ主役にもならないのに赤木は裕次郎のタフガイ、小林旭のマイトガイに対して「第三の男」と呼ばれ「トニー」の愛称で持てはやされた。

赤木がハリウッドスターのトニー・カーティスに似ていたためにそう呼ばれた。

誰にも愛された赤木は押し出されるようにしてスターへの階段を駆け上って行った。

昭和三十四年、赤木は鈴木清順監督の作品『素っ裸の年令』で初めて主役を演じる。

以後、『拳銃無頼帖』シリーズから『紅の拳銃』まで、二十本以上の無国籍アクション映画で主役を演じ、「第三の男」の名の通り、石原裕次郎、小林旭を追いかける勢いだった。

昭和三十五年には『霧笛が俺を呼んでいる』では、少年時代から憧れていた船乗りを演ずることが出来た。「日本一、マドロス姿が似合うスター」と評価された。

『霧笛が俺を呼んでいる』では同名の歌も赤木が歌ってヒットしていた。もともと、音楽が好きだったので歌うことは喜びだった。

短い人生で二十五曲のレコーディングをしている。歌手としての赤木の活躍も貴重なものだった。ファンたちは赤木のおもかげを追って、ブロマイドやレコードをを買い求めた。

赤木の死後、六年経った昭和四十二年までブロマイドの売り上げは男優部門で十位を下ることはなかったという。

『エデンの東』のジェームス・ディーンのように、彗星のように現れ、瞬く間に消えて行ったこの青年のことを人々は永遠に忘れないだろう。

浅丘ルリ子

（昭和十五年～）

寅さんシリーズ出演三作目の『男はつらいよ　寅次郎ハイビスカスの花』（松竹）ポスター。

「華麗」という言葉はこの人のために用意されたのではないかと思う。浅丘がただそこにいるだけで周囲は華やかさで包まれる。これまでの日本の美人は清楚で謙虚が特質とされて来たが浅丘以来、がらりと変わった。『男はつらいよ』では四回もマドンナを演じた。寅さんがほんとに惚れたのは浅丘演じるリリーだけだという伝説もある。

非常に華麗であるのにどこか寂しい。そんなところが男たちをぞくぞくさせるのだろう。

浅丘ルリ子、本名は浅井信子と言った。昭和十五年、満州国新京（現長春）で生まれた。父の仕事は満州国経済部大臣の秘書であった。高官である。

満州国は当時の日本の希望だった。浅丘の父も得意の絶頂であり、さぞ自信に満ちていたことだろう。

浅丘は周囲の人々の希望の中で生まれた。浅丘が三歳の時、父はタイのバンコクに転勤する。一家もタイに移り住む。浅丘の記憶もこの頃から鮮明になって行ったのだろうか。

ここでもエリート家族として恵まれた生活が約束されていた。敗戦の日が来なければ幸せは続いたのだろう。

日本が負けると、浅丘の一家はメナム川の岸辺にあったパンパートン収容所に強制収容される。それまで持っていた家も財産もすべて没収されての収容所暮らしの始まりだった。

そして、日本への帰国の日だけを待ち望んだ。外地での敗戦は苛酷で惨めなものだった。ひたすら帰国を待つ頃にようやく引き揚げが始まった。

こうして、故国に帰り着いた一家だったが、引き揚げ者にとって生活は厳しかった。まず住むところから探さなければならない。

親戚を頼って大洗に身は寄せた。そうするうちに館山の引き揚げ寮に空きが出来、そこに入ることが出来た。

その後、浅丘が小学校三年になった時、父が代議士秘書の職を得て、一家は東京神田鍛冶町の借家に落ち着く事が出来た。

満州生まれの浅丘には本国は生まれて初めての地、東京も初めてだった。何もかもが珍しかった。家庭はまだまだ貧しかったが、少しずつ余裕が出て来た。

母は浅丘のために毛布を裁断しきれいな色に染めてコートを作ってくれた。美少女の浅丘が着るとそのコートは見栄えがして、世界一ステキに見えた。

その頃、読売新聞に北条誠の小説『緑はるかに』が連載されていて、中原淳一の挿絵と相まって評判になっていた。これを映画化する話が持ち上がった時、ヒロインを演ずる女優が見つからなかった。とくに中原の挿絵が美しすぎたのでそれに匹敵する美少女が求められた。

映画化は、プロデューサー水の江瀧子、監督井上梅次と決定した。

急遽、ヒロインのルリ子を募集することになった。浅丘は千代田区立今川中学の二年生だった。この「ルリ子募集」の新聞記事を見たとたん、運命のようなものを感じて、応募することに決めた。両親も賛成してくれた。面接を受けたのは三千人だったが、文句なしで浅丘が栄冠を手にした。

その時、中原淳一は浅丘を見るなり「この子しかない」と言ったそうだ。

こうして女優・浅丘ルリ子は誕生した。『緑はるかに』で銀幕デビューした浅丘は一夜にして有名人になってしまう。

『緑はるかに』は大ヒット。映画の中で浅丘がしていた髪型が少女たちの間で流行った。「ルリ子カット」と呼ばれその年の流行語になるほどだった。

しかし問題もあった。まだ義務教育中であったため、浅丘の長期欠席が問題になった。また、PTAと生徒会が浅丘に花輪を出したことで物議をかもした。

中学生の芸能界入りを良しとしない親たちがいたのだ。

浅丘の三作目は『愛情』であった。映画の中でキスシーンがあるというので浅丘は悩んでいた。公私ともに、まだ経験がない。断ってしまおうかとまで思ったが、その時、父は言った。

「どんな役でも立派にやりとげなければ一人前の女優にはなれない」

浅丘は一人前の女優になりたかった。「何でもやります」ときっぱり言って、その波も乗り越えた。

その後、小林旭と事実婚に入っていたが、小林と美空ひばりとの縁が出来、小林との生活は解消され、浅丘は非常に落ち込んだ。

昭和三十九年、石原裕次郎に励まされて持ち前の根性で立ち直る。以後は日活アクション映画のヒロインとしてなくてはならない女優に成長する。

出演作は『美しい庵主さん』『ギターを持った渡り鳥』『銀座旋風児』『赤いハンカチ』『夕陽の丘』『愛の渇き』『女体』『戦争と人間』『男はつらいよ』と書き出せばキリがない。

昭和四十六年、テレビドラマで共演したことから石坂浩二と出会い、結婚する。が、後に離婚。テレビドラマ『やすらぎの郷』で石坂と離婚以来初めて共演し、話題となった。

『佐々木小次郎』（東映）ポスター。上は片岡千恵蔵

東《あずま》千代之介
（昭和元年～平成十二年）

端正な容貌、しなやかな身のこなし、時代劇の主役をさせたら右に出るものはない。

ざぶとんを抱えて、映画を見に掘立て小屋の映画館にかよっていた、当時の田舎のおばちゃんたちの目当ての一人は東千代之介だった。

「いいねぇ、千代ちゃんは」

みんな口々に言う。映画の全盛時代だった。

私の知人もその頃、東映でプロデューサーをしていたが、彼はその頃のことを「面白かったよ」といつも言っていた。作っても作っても売れたそうだ。

テレビという便利なものがやって来る前、映画は大衆娯楽の王様だった。

その安い映画館にも行けない人のために、雑誌『平凡』ではグラビアに映画のストーリーと写真を入れる。それを見て映画を見た気分になる。

東千代之介は、映画館に行けない人にもあこがれの的であった。昭和元年、東は東京で生まれている。家は長唄の名家で父は六代目杵屋《きねや》弥三郎と言った。東は七代目阪東三津五郎に師事して日本舞踊を学んだ。暁星学園に学び、東京音楽学校（現東京芸大）に進む。その頃の東は、自分の将来に対してどんな考えを持っていたのだろうか。

芸大に進んだということから

して邦楽を極めるつもりだったのだろう。

昭和二十九年、芸大を卒業すると迷いも見せず、東映に入社している。その年には『雪之丞変化』で映画デビュー。『雪之丞変化』はシリーズとなり、「復讐の恋」「復讐の舞」「復讐の剣」と続いたが、どれも大入りだった。シリーズものというのは次々と先が見たくなるものだ。

これがきっかけで東は人気者となり、中村錦之助、大川橋蔵と並んで東映時代劇は黄金期を迎えることになる。

東映の中村錦之助、大川橋蔵、他社では市川雷蔵など、東と同時代に活躍し成功した歌舞伎出身の映画スターたちは、いずれも当時の梨園の内部事情などから映画俳優に挑戦するに当たって、まず、歌舞伎との縁を切ることを強いられていた。そして、映画俳優に転向した時点で帰る場所を捨てた身となり、映画俳優として失敗しても歌舞伎の世界へは後戻り出来ない状況にあった。

また錦之助は四男坊、橋蔵や雷蔵は養子であった。血筋や長幼の序がものを言う歌舞伎の世界では、元々から脇役止まりがほぼ確実という出世の難しい出自であり、いずれも映画会社からスター候補としてむかえられたとはいえ、精神的にハングリーな状態に追いつめられた逆境から、はい上がらなければならなかった。

それに対して東は、日本舞踊の世界に身を置いたまま俳優業を行うことが出来た。

東は俳優として成功出来なくても、日舞に戻れると言う精神的余裕があった分だけ錦之助や橋蔵に比べて「成功欲に乏しかった」と言われた。

共演することが多かった大川恵子は東とのロマンスの噂が立てられたが、大川は「千代之介は男として食い足りない」と言ったそうだ。

東映の映画制作陣は、オールスター映画では錦之助や橋蔵と東を同格のキャスティングにする配慮を見せたものの、実際は東は後輩の里見浩太朗にさえ追い抜かれたと思われていた。

それらは東の欠点のようでいて長所でもあった。

映画スター同士の金銭問題や男女関係のもつれなどさまざまなトラブル、不祥事とは東は無縁であった。

そういう醜聞や騒動に巻き込まれるのがいやだったのだ。

人に追い越されても笑っていられる度量があったというべきだろう。「食い足りない」なんていう女は放っておこう。

東は子どもを含めたファンやスタッフへも、親切で丁寧に応対をした。まことに誠実な常識人ではないか。

人をけ落として上がって行かなければ生きられないなんてそっちの方がずっと悲しい。

東の人柄の良さは結局、人を動かしてくれることになる。東映や東映系のスタッフが出演依頼をしてくれる。

俳優として大御所になってからも重要な役どころを演じた。時代劇、現代劇ばかりではなくバラエティや子ども向けの特撮番組も進んでやった。

しかし、東映時代劇の黄金期が終わり、任侠路線に移行するのを見届けて、東は昭和四十年東映を退社した。

その後は日本舞踊若菜流の家元として活動し、沢山の弟子を育てている。

東映を退社した年、東は三十九歳になっていたが、宝塚出身の女優、千之赫子《ちのかくこ》とお見合い結婚をする。遅い結婚だったが、幸せだった。

東は家庭を大切にして浮いた噂もなかった。東と千之は結婚の翌年、映画『男の顔は切り札』で共演した。

東と千之は長男、長女を得るが昭和六十年、千之は死亡してしまう。東は二年後、再婚し、次男を得る。穏やかな日々を送ったが平成十二年、七十四歳の生涯を終えた。

渥美清
（昭和三年～平成八年）

第一作目の『男はつらいよ』（松竹）のポスター。マドンナは光本幸子。

渥美清と聞いただけで、私たちは『男はつらいよ』の寅さんを思い出してしまう。これほど俳優と主人公が重なってしまう例を他に知らない。

これほどに人間味に溢れてやまない寅さんの物語に、私たちは何度も酔わされた。とてもいい加減だし、自分勝手だし、はた迷惑なのに何故か私たちはこの人を放っておけない。

渥美は昭和三年、東京の旧下谷区車坂で、この家の次男として生まれた。本名を田所《たどころ》康雄と言った。

父は地方新聞の記者をしていた。母はもとは小学校の先生だったが、渥美が育つ頃は内職の封筒貼りをしていた。つまり貧しい家だった。

上野の板橋小学校に入学するが三年の時、一家は板橋に転居したため、志村第一小学校に転校する。貧しくて子どもに充分に食べさせられなかったのだろう。渥美はずっと欠食児童だった。

その上、渥美は生来病弱で小児腎臓炎、小児関節炎、膀胱カタルなどを患った。そのため通学もままならない。

そんな時、渥美の友達はラジオだった。朝から晩まで徳川夢声の語りや落語を聞いていた。落語などは覚えてしまって、学校に行った時、友達に聞かせた。

それが上手だったので級友は大喜びだった。後世の大スター、渥美清の最初の客は級友たちだった。渥美の方でも人に聞かせる喜びを体験している。

高等小学校を出た渥美は巣鴨中学に進学する。当時、旧制中学に進める子どもはほんの一握りだった。渥美は記憶力が抜群であったから、欠席がちでも中学への試験もパスしたのだろう。

希望に燃えて中学生になったが時代は太平洋戦争に突入していて、渥美たちは学業どころではなく、学徒動員の名の下に軍需工場に駆り出される日々だった。それでも渥美は昭和二十年、中学を卒業する。

その矢先、三月十日の東京大空襲に出合い、自宅が焼失してしまう。一家の生活を支えるため、渥美は工員となり働くが、それでも生活費に事欠く始末。渥美はこの時期、テキ屋や担ぎ屋の手伝いになって少しでも稼げればと動き回った。

この時の経験が後の寅さんのテキ屋シーンなどに生き生きと生かされた。

「テキ屋殺すに刃物はいらぬ。雨の三日も降ればよい」などと言い、テキ屋暮らしを肌で知るのだった。

その頃、渥美と演劇を結びつける出来事があった。芝居の幕引きというアルバイトに出合った時、渥美の中で眠っていたものがむくむくと頭をもたげた。俳優が足りない時、ちょい役で舞台に出た。これが渥美の舞台初出演となる。

しかし、当の渥美は舞台人になりたいとは思っていない。中央大学経済学部に入学して普通の勤め人を目指していたが、大学生になって見ると自分の夢は違う。

世界に出て行きたいのだと思い至り、船乗りになろうとするが、これについては母親が猛反対した。「それだけは辞めて」と母は泣いて反対した。

仕方なく渥美は旅回りの一座

に入って好きな喜劇の道を歩むことになる。二十三歳の時、浅草のストリップ劇場の専属コメディアンとなる。この仕事は苛酷なものだった。裸の女性を見に来た客を笑わせなくてはならないのだ。

渥美は、コメディアンにとってストリップ劇場は一番厳しい修行の場だったと言っている。

渥美はフランス座に移籍して働いた。ここには長門勇や関敬六などがいて、勉強になった。井上ひさしも出入りしていた。フランス座は渥美にとって大学のようなものだった。

そんな矢先、肺結核の発病。二年間の療養生活を余儀なくされた。しかも快復後は今までのようにドタバタ喜劇が出来なくなってしまう。

幸せだったのはちょうどその時、テレビの仕事が入った。映画の仕事も入る。ＮＨＫテレビ『夢であいましょう』『若い季節』などに出演してやっと渥美の名は日本中に広まった。

その渥美がテレビドラマ『男はつらいよ』に出合うのは昭和四十三年、渥美、四十歳の時だった。半年間の放映によって寅さんファンが増えていた。最終回で寅さんがハブに噛まれて死んでしまうという結末になると視聴者の抗議が殺到した。それを見て、山田洋次監督は翌年、松竹で映画『男はつらいよ』を製作した。

これが大ヒットとなり以後、二十七年間、四十八作まで続く。渥美はその間、主役の車寅次郎、人呼んでフーテンの寅を演じ続けた。

渥美がもっと生き続けていたら、『男はつらいよ』はもっともっと続いただろう。平成八年、転移性肺ガンに倒れ、渥美は六十八歳の命を閉じた。映画の中の寅さんはふらっと出て行ったと思うと、とんでもない時に帰って来る。でも渥美清は帰って来なかった。皆の心に愛すべき寅さんの残映を置いて、渥美は去って行った。

嵐《あらし》 寛寿郎《かんじゅうろう》

（明治三十五年〜昭和五十五年）

アラカンの十八番『疾風！ 鞍馬天狗』（東宝）のポスター。

　私たちは、あの黒頭巾の鞍馬天狗のおじさんの格好いい姿を今も覚えている。正義の味方で弱い者をかばってくれる力強い天狗のおじさんは誰だったのだろうか。

「アラカン」と呼ばれた嵐寛寿郎の足跡を追って見た。

　本名は高橋照一《てるいち》と言った。京都の木屋町に生まれた。幼い日に祖母の営む料理旅館に預けられる。祖母の連れ合いは文楽《ぶんらく》の桐竹紋十郎だった。

　照一少年は十歳になった時、母の意向で丁稚《でっち》に出される。小学校も五年で中退させられ、衿屋に奉公に出た。それは貧しさからではなく、母が芸事を嫌って実業を教え込もうとしたのだった。

　しかし、ここでの日々は苛酷なものであった。「睡眠は五時間、おかずは沢庵《たくあん》二切れ、休みは月一日だけ」、それはまるで刑務所の暮らしのようだった。

　月にたった一日の休日に映画（当時は活動写真と言ったが）を見ることだけが楽しみだった。まだ日本製の映画はなく、チャップリン主演などの輸入ものだったが面白かった。

　ここで七年辛抱して、やっと丁稚から番頭に昇格出来る時になって、店の主人が死んでしまった。照一少年はよその店で一からやり直さなくてはならない。祖母に頼んで巡業中の片岡松之助の一座に入れてもらう。これでやっと好きな世界に入ることが出来た。

片岡松之助一座の暮らしは「おかずは卵焼きと味噌汁、給金五円」だった。

一座では大石主税《ちから》役の役者がいなくなって困っていた。ずぶの素人の照一少年が、いきなり主税役で舞台に上がることになった。

これがアラカンの初舞台になるのだが、最初からチャンバラをやって見せるなど、度胸もあるが素質もあったのだろう。

商店の仕事と違って立ち回りや演技を覚えることは楽しかった。しかし巡業生活は悪いことも覚える。博打《ばくち》に手をだしたり女買いなども覚える。まだ十八歳だったのにだ。

大正十年、十九歳の照一に転機が訪れる。初代中村扇雀一座に拾われるのだ。ここには後の市川右太衛門や長谷川一夫などがいた。檜舞台を踏むことになる。照一は嵐徳太郎の名をここでもらう。が、嵐も市川も長谷川も壁にぶち当たっていた。歌舞伎の世界の封鎖性である。すべてが世襲で決められる。

「アホでも名門のせがれは出世が出来る」こんな世界につくづく愛想が尽きた。

市川も長谷川も皆、同じ思いを抱えていた。彼らに活路を与えたのは「映画」だった。

昭和二年のことだ。片岡仁左衛門がつまらない事で癇癪《かんしゃく》を起こして片岡千恵蔵を真剣の峰で殴ったことがあった。見ていた嵐の方が憤慨した。あきらかに差別である。名門の子弟にはそんな事はしない。

ちょうどその頃だった。牧野省三が嵐を映画に誘いに来た。ちょうど市川右太衛門が独立してマキノを退いたため、俳優を捜していたのだ。

この時の条件がすごかった。「月給八百円」(これは当時家一軒買える金額)だった。嵐は迷うことなく、マキノプロダクション御室撮影所に入社した。しかし、周囲は喧々囂々《けんけんごうごう》だ。「折角歌舞伎の世界にいるのに、何故泥芝居に行くのか」と親戚中が反対した。映画は低く見られていたのだ。この時、ちゃっかり屋の母親だけが八百円と聞いて大賛成をした。

嵐がマキノに入る一日前、片岡千恵蔵が入社していた。

入社後、マキノに行くといきなり雑誌『少年倶楽部』を示された。「この中のどれがやりたい？」と聞かれる。嵐は「鞍馬天狗」を選んだ。嵐と天狗との出会いである。この時、それを選んだ嵐の頭には杉作少年の存在があった。若い日、チャップリンの『キッド』を見た時から嵐は子どもを映画に出すことを考えていた。

杉作少年は嵐の考え通り、観衆の心をつかんだ。その杉作を庇い続ける鞍馬天狗の人気も自然に高まった。

嵐はその後、『右門一番手柄・南蛮幽霊』に主演して「むっつり右門」のキャラクター俳優となる。実はこのむっつり右門のヒントも、少年の頃見たキートンの映画だった。

ところで『鞍馬天狗』を最初に演じた時、嵐はまだ二十五歳だった。

そしてその翌年、「嵐寛寿郎プロダクション」を設立した。当時、俳優たちが競って独立し、まもなく解散している。嵐もまた解散して日活京都撮影所に入社した。そこに至るまで、嵐はあちこちと衝突して右往左往した。時代は戦争悪化で映画の世界も難しくなって行く。

戦後、嵐は不死鳥のように蘇った。『明治天皇と日露大戦争』で明治天皇に扮し大絶賛を受ける。

「日本映画で最初の天皇俳優にならんか」と新東宝の大蔵貢社長は嵐に言ったそうだ。その役も嵐は見事に果たした。

七十七歳の命を終わるまで嵐寛寿郎は、骨の髄まで映画俳優だった。

新珠《あらたま》三千代

（昭和五年〜平成十三年）

『男はつらいよ　フーテンの寅』（松竹）ポスター。中央が新珠三千代。

この人にはいうに言われぬ寂しさがつきまとう。「幸薄き女」という立ち姿はそのまま彼女の魅力でもあった。

男性たちはこういう女性を放っておけない。「守ってやらなければ」と思ってしまうのだ。

「女と靴下は強くなった」と言われた戦後の世界に、新珠のような、か弱い女性は得難いとさえ思うのだった。

新珠は本名を戸田馨子《きょうこ》と言った。昭和五年、奈良市で生まれた。恵まれた環境の中で生まれ、育つ。この時代ではかなりのお嬢様であったと思われる。

小学校卒業後、東京の普連土学園に入学する。しかし、新珠の希望は宝塚に入ることだった。普連土学園は両親か他の誰かの希望であったのだろう。十三歳の時、退学して宝塚音楽学校に入学する。

その頃、戦争が苛烈になり、女学生たちも勤労動員に駆り出される。

宝塚音楽学校でも免除されることはない。新珠たちも油まみれになって工場で働いた。

しかも工場めがけて、爆弾を落として行く敵機は連日のことだった。女学生も命がけの日々だった。

宝塚音楽学校での夢の授業はかなえられなかった。

この頃の新珠は、一日も早く

戦争が終わることを願っていた。その頃の日本人が皆そうであったように、「勝たなくてもよい。とにかく空から敵が攻めて来るという危険から逃れたい」と思っていた。

「戦争は始めることより終わることが難しい」と言われる。戦争を始めた人のメンツもあるだろうし、少しでも勝ってやめたい。それでやめることが出来ないのだ。

沖縄の悲劇や広島、長崎の原爆投下がないうちに何故やめられなかったのか。

女学生たちは勉学の時間も与えられず、こまねずみのように働かされていた。宝塚の女学生たちも同じだ。歌も歌えず踊りも出来ない。宝塚歌劇団の公演も禁止された。

そして、ようやく終戦。新珠たちはやっと歌劇団の活躍を動き始めた。新珠は入団時の成績は十五人中、四番だった。

昭和二十一年、『グラナダの薔薇』で初舞台を踏む。新珠はその可憐な美貌と歌唱力で娘役のトップに上り詰める。

特に同期の明石照子とのコンビが絶賛され、新珠は早くもスターになっていた。

この頃の作品は『ハムレット』『思ひ出の薔薇』『春風の接吻』『ひめゆりの塔』『ジャワの踊り子』などであった。

そんな新珠を映画界が放ってはおかない。昭和二十六年、東宝『平安群盗伝　袴だれ保輔』で映画デビューする。新珠二十一歳だった。

新珠は映画の面白さに気付いていた。

それでもあれほど憧れて入った宝塚も捨てがたく、四年間迷っていた。

昭和三十年、ついに宝塚を退団して日活に入社した。映画女優、新珠三千代の出発であった。

そして月丘夢路と共に日活の看板スターとなる。

翌三十一年、『洲崎パラダイス赤信号』（川島雄三監督）に主演し、ヒットとなる。

昭和三十二年、東宝に移籍してもう動かなかった。自分を生かしてくれる映画会社を新珠は探していたのだ。

そして、昭和三十四年に製作を始めた六部作『人間の条件』に出演することが出来た。新珠は苦難を乗り越えて戦場まで夫(仲代達矢)を追って行くひたむきな妻を演じて、ブルーリボン助演女優賞を受賞する。

さらに新珠は東宝の看板映画だった『社長』シリーズに数多く出演。

森繁久彌、三木のり平、加東大介、小林桂樹など、ベテラン陣にもまれて芸の幅を広げた。そして新珠の名は日本中に広まって行った。

新珠は自分に合った仕事がしたかった。自分を生かしてくれる監督に出会いたかった。

昭和三十六年、小津安二郎の『小早川家の秋』に出演したあと、鬼才・岡本喜八に出会う。

昭和三十八年、岡本の『江分利満氏の優雅な生活』につづき、『侍』『大菩薩峠』そして『日本のいちばん長い日』と続けて岡本の映画に主演、また『男はつらいよ』のマドンナも演じた。

テレビでは『氷点』で悪女とも言える医師夫人・夏枝役を演じ切った。

さらに昭和四十五年、『細うで繁盛記』の伊豆熱川の旅館の女将・加代を演じて大ブレーク。新珠の人気は頂点に達した。新珠は女の強さや悲しさ、美しさを見事に表現した。

このように、新珠は和服の似合う伝統的な日本女性としてのイメージを売り物にしながら、娘役から悪女まで演じきって各方面から重宝がられた。

しかし平成六年、舞台『女たちの忠臣蔵』に出演中、心臓疾患を発症し降板。

これが引き金となりそれ以降、体調を崩す。

そして新珠三千代は生涯独り身で七十一年を終えた。彼女が女優として生きた歳月が何より の勲章だったと言える。

『彼岸花』（松竹）ポスター。右上が有馬稲子。

有馬稲子《ありま》

（昭和七年〜）

平成二十五年七月十七日、「宝塚音楽学校創立100周年記念式典　百年《ももとせ》の道——今新しき未来へ——」が宝塚大劇場で開催された。

有馬稲子は八千草薫、天海祐希、檀れいらと共にこの式典に出席した。「たった四年しかいなかったのに」と有馬は身を細めるのだ。

舞台に立った有馬の姿はとても華麗で、この人が八十二歳とはとても思えない。ロングのブルーのローブは美しくてあでやかに光っていた。

「たった四年しかいなかった」と謙遜するが、「宝塚歌劇の殿堂百人」に入っている。殿堂入りである。「百年の祭典の年に生きて出会えたことがうれしい」と有馬は横浜のシニア・マンションで語った。

有馬稲子、本名は中西盛子《みつこ》と言う。昭和七年、大阪の池田市で生まれた。父親が共産主義者であったため、四歳の有馬を祖母が心配して朝鮮の釜山《プサン》に連れて行った。

釜山には有馬の父の実姉、中西かねがいて成功していた。有馬はこの伯母の養女となってこの地で育つ。

この中西かねが宝塚に在団した経験があり、芸名を有馬稲子と言った。退団後も藤間流の日本舞踊の実力を生かして朝鮮でも舞踊の師匠をしていた。

養母は実子がいなかった事もあり、有馬を可愛がってくれて、幼年期も何の不自由もなかった。小学校入学の折、その事を知る。が、それについて悩む事はなかった。養母は有馬にとって日本舞踊の師匠でもあった。

特にこの伯母との関係を深めるのは、終戦となり命がけで故国に引き揚げた時だった。

引き上げが始まっても奥地からの引き揚げ者が優先で、朝鮮にいた者は後回しにされてしまう。養母は大金を払って漁船をチャーターして帰国する決意をした。やっと海に出てもいつ襲撃されるか分からない。誰も守ってはくれない。命からがら海を越えて下関に着いた。

有馬は大阪の実父母の家に戻るが、実父は厳しい人で、そのスパルタ教育に辟易《へきえき》する。大阪府立夕陽丘女学校に編入したが、弟妹との関係もうまく行かず、自由だった釜山の生活が懐かしい。

そんな有馬が昭和二十三年宝塚音楽学校に入学する。明らかに養母の影響であった。

有馬稲子の芸名をつけてもらう。これは養母の在団中の名前だった。だから有馬は二代目有馬稲子となる。

「有馬山猪名の笹原風吹けばいでそよ人を忘れやはする」という百人一首の名歌から取られた名だった。

たちまち、有馬は娘役として、トップスターになる。しかし、宝塚での活動は短かった。ある時、男役を演じた有馬は不自然な感じを持った。芝居というものはリアリティが重要だと考えていた。有馬は当然のように映画界に入って行った。

在団のまま、東宝『宝塚夫人』に出演する。これが有馬の映画デビューとなる。続いて『せきれいの曲』では初めて主演をする。

昭和二十八年、二十一歳の有馬は宝塚歌劇団を退団して、東宝の専属女優となる。折しも、映画全盛時代に入っていたので、有馬はひっぱりだこで名たたる監督の映画に出演した。

しかし有馬は、「もっと演技を学びたい」と痛切に感じていた。五社協定に抵抗して「にんじんくらぶ」を岸惠子、久我美子と共に立ち上げる。有馬は怖いものなしだった。

その後、『晩菊』『東京暮色』『森と湖のまつり』『彼岸花』『人間の条件』『惜春鳥』などの話題作に次々と出演する。

この頃の有馬は輝くばかりに美しく、映画監督市川崑との不倫関係もあったが昭和三十六年、『浪花の恋の物語』で共演した中村錦之助と結婚する。

大型スター同士の結婚とあって、前代未聞の豪華結婚式だった。錦之助の父は二人のために、京都に九百坪の土地を用意して百五十坪の邸宅を構えさせた。

有馬はさながらシンデレラだった。この年、有馬は二十九歳、花のように美しかった。

しかし、結婚生活はうまく行かなかった。連日家に連れてくる錦之助の仲間のために、台所に立つなど、有馬には無理だった。二年後、二人の結婚はついに破綻する。離婚である。

その後、昭和四十四年に実業家の河村三郎と再婚するが、これもうまく行かなくなる。彼の事業がうまく行かず、そして活躍を続ける妻への不満も重なり、家庭は険悪となる。

河村と再婚する頃、有馬は宇野重吉と出会い、一から演技を勉強したいと劇団民芸の研究所に通い始め、『報いられたもの』に出たりしていた。

それでも河村と軌道修正して、家庭を持ちたいと有馬は考えていた。子どもの頃から真の家庭を持ったことが無かったのだ。しかし破局。錦之助とも河村とも子どもはなかった。

孤独な晩年を迎えるかと思いきや、最近は八千草の項でも述べた『やすらぎの郷』で元気な姿を見せていた。有馬は少しも孤独ではない。

『夫婦善哉』（東宝）のポスター。右は森繁久彌。

淡島千景《あわしまちかげ》

（大正十三年～平成二十四年）

人は死して何を残すか。どんなに華やかな生涯を送っても、「飛ぶ鳥後を濁さず」ではないが死後に不名誉なことを残したくないものである。

五年前、八十七歳の生涯を閉じた淡島千景には六千万の借金が残されていたそうだ。

淡島は浪費家であり、稼いだギャラも皆使ってしまう人だったという。

親族は淡島の残した借金に当惑したという。

しかし、淡島の友人である淡路恵子はこの借金が取り巻きによって作られたものだと証言している。

例え、借金が残されたとしても遺産相続を拒否することも出来るのだから、被害は及ばない筈である。

淡島千景が残したものは借金などというおぞましいものではなく、スクリーンいっぱいに微笑んでいた華麗な横顔であると私は思う。本当にこの人は華やかな女性だった。

大正十三年と言えば関東大震災の翌年である。東京大森で生まれている。本名は中川慶子と言った。それで宝塚での愛称は「おけいちゃん」「けいちゃん」だった。

実家はラシャを扱う店を経営していた。店は日本橋にあり、住居だけが大森にあったのだろう。おけいちゃんは最初、池上小学校に入学する。卒業の少し前、一家が武蔵野吉祥寺に転居したため、武蔵野第一小学校に転校する。昭和十一年、成蹊高等女学校に進学する。

　女学校卒業後、迷うことなく宝塚音楽舞踊学校から歌劇団に入る。

　恒例によりおけいちゃんにも芸名がつく。百人一首「淡路島通う千鳥の鳴く声に幾夜寝ざめぬ須磨の関守」から最初「淡路千鳥」と名付けられたが同じような芸名の人がいたため、「淡島千景」となった。

　淡島はいつも一生懸命だった。久慈あさみ、南悠子、淡島千景の三人は「東京の三羽烏」と呼ばれ、花形スターになる。

　漫画家の手塚治虫は淡島の熱烈なファンだった。『リボンの騎士』のサファイア王女はこの頃の淡島をモデルにしたものだとのちに語っている。元々娘役の淡島が男役もこなす事がヒントになったのだそうだ。

　しかし、時代は戦争へと突き進んでいた。歌舞音曲停止令が発令される。宝塚歌劇団は昭和十九年三月四日を限りに休演となってしまう。この日、宝塚ファンが押し寄せ警官隊が抜刀するほどだった。

　宝塚の生徒たちも青い袴を脱いでモンペに履き替える時が来ていた。淡島たちは宝塚に残るか、挺身隊に入るかの二者択一を迫られていた。淡島は結局、宝塚に残り慰問の仕事につく道を選んだ。

　芸の道から離れることは出来ないのだった。歌や踊りで兵隊さんを慰問する時も淡島は一生懸命つとめた。

　その淡島が宝塚を退団して映画界に転向するのは昭和二十五年のことだった。先輩の月丘夢路に誘われたのだ。

　しかし、宝塚は簡単にトップスターの淡島を退団はさせなかった。強く引き留められるが淡島の意志は変わらない。

　その間のやりとりで話はこじ

れ、結局、退団ではなくクビという形で宝塚を離れる事になった。

こうして淡島は松竹に入社して『てんやわんや』で映画デビューをする。以後、『麦秋』『本日休診』そして『君の名は』などに出演した。

淡島は戦後という新しい世の中でいかにも相応しい新しい女だった。

映画『自由学校』では、淡島はセリフの「とんでもハップン」を魅力的にしゃべった。これが流行語となって淡島の名はいよいよ高まった。洋装がこの人ほど似合う人はなかった。

一方、『夫婦善哉』ではだらしのない男に尽くす気の強い芸者上がりの女を演じて話題になった。だらしのないぐうたらの男を演じたのは森繁久彌で名コンビと言われた。この映画で淡島は第六回ブルーリボン賞主演女優賞を授賞する。

昭和三十一年、三十二歳の淡島は、フリーとなって活躍を始める。

各映画会社から引く手あまたであったが、特に東宝の『駅前』シリーズや『妻として女として』『白と黒』などに出演して東宝の看板女優となる。

他に大映では『残菊物語』で長谷川一夫と共演。『にごりえ』『日本橋』などでは古い女を演じた。

戦後、映画がしばらく娯楽の王様であったが、テレビの普及と民放テレビの開局などにより、映画は急速に衰退して行く。

映画界からテレビに人々の関心が進む中、淡島は迷う事無くテレビ出演も受け入れた。

ＮＨＫテレビ、大河ドラマの第一回は『花の生涯』だったが、淡島はこれに出演し話題となった。

また平成二十三年、ＴＢＳの『渡る世間は鬼ばかり』に出演したことは記憶に新しい。これが遺作となった。

生涯独身で仕事だけが恋人といった人生だった。

淡路恵子
（昭和八年〜平成二十六年）

『野良犬』（東宝）ポスター。左下は三船敏郎。

平成二十六年一月、淡路恵子が八十歳の命を閉じた。

そのニュースが流れた時、つい先日までテレビに出て、歯に衣《きぬ》着せぬ率直な話しっぷりで、若い人に人生を語っていた、あの淡路が死去したことに誰もがびっくりした。

晩年の淡路は壮絶だった自分の生涯を赤裸々《せきらら》に語り、聞く者を圧倒した。

テレビに映る淡路恵子は、年齢を感じさせない美しさとど迫力のある語り口で皆の心をつかんだ。各局が競って淡路を出演させた。晩年になって、淡路はすっかり人気者になった。それだけに逝去のニュースは衝撃を与えたのだった。

淡路恵子、本名を井田綾子と言った。東京品川で生まれた。父は海軍の軍人だったが胸を患い自宅療養していた。

この家の経済を支えていたのは母だった。母は手に職をと身につけた助産婦の仕事で家庭を支えていた。家庭は当然ながら貧しかった。

淡路は小学校を終えると府立第八高等女学校を受験して合格する。当時女学校に進める女の子は、ほんの一握りだった。

十三歳の淡路は晴れて女学生になったが、病気がちだった父が死去してしまう。母の負担はいよいよ厳しくなっていた。それでも母は淡路に期待していて、「女医になってほしい」と淡路の将来を考えていた。

しかし、淡路は独断でＳＫＤ（松竹歌劇団）を受験して合格する。女学校の卒業まであと数ヶ月だったのに、淡路は退学してＳＫＤに入団してしまう。母は落胆したことだろう。

昭和二十三年、淡路はまず松竹歌劇団の養成学校である松竹音楽舞踊学校の四期生として入学した。そしてこのあと、淡路の才能に目をつけた人がいた。黒澤明監督である。

沢山の生徒の中から巨匠は淡路恵子を見いだし、東宝『野良犬』に抜擢した。これが淡路の映画デビューとなった。淡路の演技は注目された。

当時、正式に松竹歌劇団に入団した淡路は草笛光子、深草笙子と三人でスリーパールズを結成して活躍していた。その時、淡路恵子を名乗った。

尊敬していた淡島千景の一字をもらって芸名をつけた。淡路恵子の誕生である。昭和二十八年からは沢山の映画に出た。生活に苦しんでいる母を救うことが出来るのがうれしかった。

淡路が主演したメロドラマ『この世の花』は続編、続々編、完結編まで出来て大ヒットになった。昭和三十二年に主演した『太夫さんより・女体は哀しく』と『下町』の演技でブルーリボン賞助演女優賞を授賞する。

昭和三十五年になると淡路は東宝の駅前シリーズや社長シリーズと出会いレギュラー出演するようになる。

そんな淡路は二十歳の時、フィリピン人で歌手のビンボー・ダナオと出会い結婚する。そうは言ってもビンボーには本国に妻子があったし、クリスチャンだから離婚は出来ない。

淡路本人の言うところによれば「好きだ、好きだって彼が言って、私が家を建てたらやって来てお互いに好きだから一緒にいただけ。一緒にいるから結婚だと思っていたくらい」。

それでも男の子が二人出来る。二児の母になったところで離婚。そして、ビンボーは離婚の翌年死去する。

次に淡路が恋したのが中村錦之助。有馬稲子と離婚していた中村と淡路は再婚。今度こそ家庭を大切にしたいと考え、淡路は女優業を引退する。

そして二人の男の子を出産した。ビンボーとの二人の子も交え、四人の男子のママになり、幸福な日々を送った。

淡路は子どもの頃から暖かな家庭というものを持たなかったので、中村錦之助との二十一年間にわたる結婚生活はまことに幸せだった。

そんな暮らしが破綻に陥るのは経済問題からだった。錦之助の個人事務所、中村プロが十三億の負債を抱えて倒産してしまう。追い打ちをかけるように錦之助が筋無力症になって倒れる。そんな錦之助に献身的な看病を淡路は続けたが、経済的に行き詰まり、どうにもならなくなる。困り果てた淡路は六本木のクラブで雇われママとして働き始めた。

しかし、女の細腕では莫大な借金を返すには焼け石に水だった。夫の看病も手薄になってしまう。そんな隙間に入り込んで来たのが夫の不倫だった。錦之助は甲にしきと抜き差しならぬ仲になってしまって、ついに昭和六十二年、離婚に至る。

淡路の地獄はそれで終らなかった。子どもたちの不始末である。まず三男のバイク事故による死亡。さらに四男が自宅に窃盗のため侵入、金品を物色中、淡路の通報で警察に逮捕される。

我が子を警察につきだした冷たい母と報道される。その四男は自殺してしまう。いよいよ、淡路はひどい母の烙印が押される。しかし、淡路は胸を張って「私はそれでも生きて来た」と若い人に語った。

そして壮絶な人生を終った。

池部 良《りょう》

（大正七年～平成二十二年）

『雪国』（東宝）DVD ジャケット。左は岸恵子。

『青い山脈』をあなたは覚えているだろうか。若者たちが自転車に乗って川べりを走っている。明るい歌が流れている。

「若く明るい歌声に　なだれは消える　花も咲く」

はずむようなメロディーは、いかにも新鮮で、聞く人ははればれとする。

それにしても、いま見るとスクリーンの中の若者と思《おぼ》しき人々がひどく老けて見える。

この時、若者を演じた池部良は三十三歳だったのに十八の役を演じたということだ。他の役者さんも年齢的に無理をしていたのだろう。

彼ら、役者たちも青春期は戦争に奪われていて、ようやくおくればせの春を楽しんでいるかのようだ。またそれを見ている観客も失った青春を懐かしみ涙するのだった。

「古い上着よ、さようなら」と歌う『青い山脈』は、映画も大ヒットになった。主役を演じた池部良の名も広まって行った。

その池部良、大正六年東京大森で生まれる。父親は池部鈞という著名な漫画家。母親は岡本一平の妹。芸術家の岡本太郎は従兄に当たる。つまりお坊ちゃまとして生まれ、成長する。

立教大学英文科を卒業した後、映画監督を目指して東宝撮影所のシナリオ研究所の研究生になる。

昭和十六年、池部は研究所を卒業して東宝に入社、「さあ、監督になれるぞ」と勢い込んだが、時代は最悪だった。戦時下、制作する作品は減少するばかり。助監督の口などないのだ。

池部は文芸部に配属され、そこで与えられた仕事が当時名子役としてスターだった中村メイコの子守り役だった。メイコは子どもなのに面食いだったので池部がその役に当たった。

その時、中村メイコが池部を大絶賛して映画監督の島津保次郎に推薦したのだという。

監督は映画『闘魚』で池部を脇役で使って見た。これが大変に好評で知的でスマートな若手俳優の誕生となった。

昭和十七年、二十四歳の池部に次作『緑の大地』のクランクアップの翌日、赤紙が来る。陸軍に応召されて池部は中国山東省に派遣された。

この日から昭和二十一年、復員するまで四年間、戦場を彷徨うことになる。

中国に送られた池部は昭和十九年、南方に移動させられる。その途中、輸送船が撃沈され、セレベス海に投げ出される。十時間も海を漂流して海軍に救出される。それで配属されたのがハルマヘラ島で、ここで米軍の猛攻撃に会う。

昭和二十一年、池部は帰国する。命からがらもどって見ると日本中が焼け野原で、多くの復員兵がそうであったように失望感に打ちのめされた。

ところがそんな池部を奮い立たせたのが高峰秀子だった。彼女は池部の疎開先まで市川崑と共にやって来て俳優復帰を強く勧めるのだった。

池部は敗北感に陥っている日本人に生きる喜びを提供しようと考え、俳優復帰を決めた。思えば、最初に俳優を勧めたのが幼い中村メイコで、戦後復帰を勧めてくれたのが高峰秀子だった。女神たちに応援されて戦後の池部も活動を始める。

いくつかの主演作品で池部の名が広まった後に『青い山脈』に出合うのだが、池部はその間に結婚を経験し、離婚をしている。そんな大人の俳優が旧制高校の学生を演じたのだ。

もともと『青い山脈』は石坂洋次郎が朝日新聞に連載した作品の映画化だったが、連載は昭和二十二年のことだった。その段階から『青い山脈』は皆の話題となっていた。石坂は自由主義者であったから戦時中は自由な発言も発表の場もなく、逼塞《ひっそく》して生きていた。

戦後、やっと石坂の時代が来た。『青い山脈』は日本中の人々の自由への雄叫びであったのだろう。

だから少々老けていても構わない。「皆、やっと春が来たんだよ」。そんな映画に出演出来たことを池部は喜んでいた。

映画監督になりたかった自分が映画俳優になってスクリーンで活躍することになったのだが、好きな映画の世界に居られることは満足だった。

その池部が『現代人』に出演するのは昭和二十七年のことである。

それまでは二枚目スターとして長身（百七十五センチ）と美貌が女性ファンを引きつけて来たのだが『現代人』では演技派俳優と認められる仕事をした。

その後、本格派として『坊ちゃん』『雪国』『暗夜行路』などの文芸作品で蔭のある男を見事に演じた。

池部の育ちの良さがこれら文豪たちの作品を奥深いものとしたのだろう。

ところが昭和四十年代になると、『昭和残侠伝』シリーズでは高倉健と共演するなど、やくざものや、脇役などにも喜んで出演した。

一方で池部は筆も立ち、戦争体験や日常のエッセイなども書いた。平成二十二年、池部良は九十二年の人生を終った。最後の日までエッセイの連載を抱えていたという。

おなじみ金田一耕助シリーズの『獄門島』（東宝）のポスター。

石坂浩二

（昭和十六年〜）

八千草薫、浅丘ルリ子、加賀まりこなど往年の女優を中心に、懐かしい顔が揃ってシニアの間で話題となった倉本聰原作『やすらぎの郷』（テレビ朝日）で中心人物・菊村栄を演じた石坂浩二。

　この知的な二枚目はどんな道をたどって役者になったのだろうか。

　本名、武藤兵吉。そこから愛称は「兵ちゃん」である。昭和十六年、東京は銀座で生まれた。大田区田園調布で育ち、普通部から大学までずっと慶應で過ごした、芸能界ではめずらしい生粋の慶應ボーイである。

　高校生だった昭和三十三年、テレビドラマ『お源のたましい』にエキストラで通行人を演じたのが、石坂のテレビデビューである。

　そして、大学卒業の翌年、出演した『泥棒たちの舞踏会』で浅利慶太にスカウトされ劇団四季に入団。演出部で浅利のサポート役を務めるが、その後テレビ・映画の出演が多くなったのを機に退団した。

　映画デビューは昭和四十年の『おゝい、雲』だが、主演は四十四年の『日も月も』『風の慕情』からだった。

　そして五十一年、あの当たり役に出会う。名探偵・金田一耕助である。横溝正史原作・市川崑監督『犬神家の一族』で同年の邦画配給収入二位の大ヒットとなった。

以降、市川の手による石坂の金田一映画は、平成十八年のリメイク版『犬神家の一族』まで六作作られた。

さらに『おはん』『ビルマの竪琴』『細雪』など話題作には必ず石坂は名を連ねた。

一方、テレビは昭和三十九年、石井ふく子にスカウトされた『七人の刑事』で初めてレギュラー出演、石坂は茶の間のスターとなる。

そして、四十四年、NHK大河ドラマ『天と地と』で主役の上杉謙信を演じて石坂の名は不動となった。

以後、『元禄太平記』で柳沢吉保、『草燃える』で源頼朝と立て続けに大河ドラマの主演を張った。

石坂の大河ドラマ出演は、『天と地と』以前の『花の生涯』『赤穂浪士』『太閤記』、あとの『宮本武蔵』『新選組!』『江』まで、脇役も含めて全部で十二作品にも及び、これは多分日本の男優中の最高ではないだろうか。

ほかにも『七人の孫』『大奥』『ありがとう』『かりん』『貫太ですッ!』『白い巨塔』『坂の上の雲』『相棒』、そしてナレーターとして『繭子ひとり』『渡る世間は鬼ばかり』など、テレビ史に残る名作に数多く出演。

また役柄も、天皇、征夷大将軍、首相のすべてを演じている。

さらに、好感度タレントの支持率調査で、四十七年に支持率42．6％を記録。これは同調査における第一位の数字である。

また俳優業だけでなく、テレビの司会者やクイズ番組の回答者など多方面で活躍。その博識ぶりはつとに有名である。

また、趣味の絵画でも二科展に数多くの入選実績を持つ。

私生活では、加賀まりことの同棲のあと、昭和四十六年、浅丘ルリ子と結婚するが、平成十二年に離婚。翌年、一般女性と再婚した。

『伊豆の踊子』（松竹）ポスター。左は美空ひばり。

石浜 朗《あきら》
（昭和十年〜）

戦争が終わってようやく生活が上向きになる頃、一番先に現れた青年が石浜朗だった。

一点の曇りもない、戦争にも戦後社会にも汚染されていない純粋無垢な青年はすらりと長身で、さわやかだった。

雑誌『平凡』の読者投票、人気スターのランキングには昭和二十九年から顔を出す。

『平凡』の作り手は素人集団であったので、父は「分からないことは読者に聞け」と言って、読者の意見を最優先にした。

読者投票もこうして生まれた。石浜朗がランキングに登場する昭和二十九年には七十四万通もの投票があり、少人数の社員たちは手が足りなくてあたふたしたが、夜を徹してハガキの整理をして、ようやく結果を出したのだそうだ。この頃『平凡』はまだ四十万部ほどの売り上げだった。

とすれば、『平凡』を買わなかった者まで投票していたことになる。

新しいスターが登場すれば、大物もあっという間に消えてしまう。下剋上がここにもあった。新星、石浜朗が顔を出した頃、上位は鶴田浩二、津島恵子の全盛時代だった。

石浜のファンは若い女性や学生たちで、上位を得るのはなかなか難しかったが、それでも熱気は凄まじかった。

その石浜朗は本名もこのまま、東京の生まれだ。昭和十年に生まれている。

ごく普通の少年だったが、映画『少年期』の主役募集に応募してトップになり、十六歳で主役を演じた。

それが大好評だったが、家庭がしっかりしていたのだろう。そのまま、芸能界に入ることはなく、きっちりと学生生活をして立教大学を卒業している。そういう所を見ると、石浜も家族も俳優として成功することだけを望んでいたのではない事がよく分かる。

石浜は普通の大学生であることを望んでいたが、映画の世界がそうはさせてくれなかった。

昭和二十八年、石浜は『沖縄健児隊』に出演し、これも好評だった。

この年、日本は占領時代が終わって、新しい時代を歩き始めるのだが、それと同時に戦争映画が沢山出来る。あの戦争とは何だったのかと皆が考え始めたのだ。

『沖縄健児隊』も沖縄戦で散って行った中学生の物語だった。石浜は中学生の一人に扮して、戦争の矛盾を人々に伝えた。

翌年、『風立ちぬ』に出演した。堀辰雄の原作で清らかな青春ドラマである。同じ年、石浜は『この広い空のどこかに』にも出演する。

これらの松竹映画はこの時代の最高のもので、作っても作ってもヒットした。テレビが広まる前、映画は最高の娯楽だったのだ。

そしてついに『伊豆の踊り子』に出合う。踊り子役は美空ひばりだった。昭和二十八年のことだった。

人気絶頂だったひばりと共演することは、石浜にとって追い風となった。ひばりは「世の中にこんなきれいな男の子がいたとは」と驚いたそうだ。

この踊り子は田中絹代で大ヒットした作品だが、当代売れっ子の女優が演じて常にヒットしている。ひばりの後も吉永小百合、山口百恵などが続いた。

美空ひばりの踊り子は、つづら折の伊豆の山道を歌いながら歩いて行く。石浜は旧制第一高等学校の学生に扮している。

それが実にきれいな学生姿であった。踊り子のひばりもとても可愛かった。誰の目にも、ひばりと石浜はお似合いだった。

ひばりとの共演はこのあと『若き日は悲し』『娘船頭さん』と続く。それら、どの作品でも二人は良い雰囲気だった。

ほれやすいひばりは、すぐに石浜を好きになってしまった。結婚の話まで出た。しかしこの年、石浜は十九歳、ひばりは十六歳である。大学生の石浜はこの話を丁重に断った。

その時、ひばりの母親は石浜を呼び出し、ひばりと結婚するなら土地をあげるとまで言ったそうだ。

のちに石浜は、何と言われてもこの話は無理だと思っていた、と語っている。石浜がそんな良い話を断ったせいか、その後、ひばりとの共演はピタリとなくなってしまう。

その後も石浜は監督に恵まれ、野村芳太郎、小林正樹、木下恵介の『太陽とバラ』『挽歌』『人間の条件』『惜春鳥』など良い仕事が出来た。松竹を代表するスターとなっていた。

石原裕次郎が出てくるまで、石浜朗は青春スターのナンバーワンだった。

昭和三十六年以降、石浜は脇役をも厭わずこなした。悪役も老け役も引き受けた。石浜はテレビの仕事も引き受ける。石浜が出て来るだけでピカッと場面が光るような、そういう仕事を続けた。

石浜の人柄と誠実さが周囲の人を動かさずにはいなかった。

平成二十一年から石浜朗は日本映画俳優協会の理事長を務めている。かつての人気青春スターは、今では重厚な老紳士の貫禄である。

石原裕次郎

（昭和九年〜昭和六十二年）

五社協定の壁をやぶった大作『黒部の太陽』（日活）ポスター。

昭和六十二年七月十七日、石原裕次郎の命が尽きた時、日本中がまるで太陽が消えたような悲しみようであった。五十二歳の若さで、このナイスガイは旅立ってしまったことがたまらなく寂しいのだった。

彼が去った日、町のあちこちに紫陽花《あじさい》が咲いていた。

ひっそりと咲き遅れた紫陽花を裕次郎は好きだった。しかし、この年はまだ紫陽花を見ていなかった。ずっと病院のベッドの上だったのだから。

それで石原裕次郎の命日は「紫陽花忌」と呼ばれるようになった。横浜鶴見の総持寺の裕次郎の墓は、初夏には紫陽花で埋まる。

その裕次郎が去って三十年、長い月日が流れたが、私たちは裕次郎を忘れることはなかった。何故、彼はこんなにも愛されたのだろうか。そしていつまでも懐かしいのだろうか。

石原裕次郎、本名もそのままである。昭和九年、神戸生まれ。その後、一家は北海道小樽に転居したので、裕次郎は兄・慎太郎と共に小樽で成長する。神戸も小樽も港町である。

それというのも父親の石原潔が山下汽船の小樽支店長であったため、仕事は港で行われる。慎太郎、裕次郎兄弟が海の男となる素地がここにあった。

父の潔は苦労人だった。愛媛県で生まれた潔は旧制中学も出ていないのに、山下汽船の子会社の役員にまで出世する人物だった。いわば叩き上げである。母・光子は広島県宮島の出身だった。母も海辺の人である。

小樽に、海陽亭という料亭がある。小樽がニシンの豊漁で賑わった頃の繁栄のあとが町の随所に残されている。海陽亭もその一つだった。

父親がそこの二階の大広間で幼い慎太郎、裕次郎を上座に置いて大宴会を開いたのだそうだ。いかにも剛気な父親らしい企てであった。

招かれた社員たちを前に「お前たちはやがて人の上に立つ人間になるのだ」と、父は二人の息子に期待する思いをこんな風に表現したのだった。

また、船に乗って海に出た時は幼い子どもをいきなり海に突き落とし、船を動かしてしまう。子どもたちは必死で泳いで船べりにたどりつく。それが父の教育方法だった。

その後、一家は逗子に転居する。裕次郎は慶應義塾高校から慶應義塾大学に進学する。しかし、父は亡くなる。

その頃から裕次郎の放蕩が始まった。母と兄は生活費を得るため、あれこれ苦労をしているのに、弟は友達と遊び歩く明け暮れであった。

裕次郎とて、ただ、放蕩暮らしをしていたわけではなく、俳優になることを考え、映画各社のオーディションを受けるが全て不合格だった。

落ちる度に荒れ狂う弟を兄は持て余した。

その兄が小説『太陽の季節』で芥川賞を受賞すると映画化が企画された。兄と映画プロデューサーの水の江滝子の推薦で、裕次郎はこの映画の端役で出演することになった。裕次郎の映画デビューだった。

兄の次作『狂った果実』の映画化の折には裕次郎は主役を演ずる。のちに妻となる北原三枝との共演だった。

前作にもまして今度の作品も大ヒットで、裕次郎と言う日本人離れしたスタイルと男らしい風貌が、日本中の若者を熱狂させ、この新しいスターに夢中になった。

『乳母車』『勝利者』『鷲と鷹』『嵐を呼ぶ男』等々、裕次郎映画はすべて大ヒットし、小林旭とともに日活のドル箱スターとなったのだった。

昭和三十五年、裕次郎二十六歳で一つ年上の北原三枝と結婚。しかし、超人気者同士の結婚である上に、同じ映画会社に所属する二人の結婚は難しく、二人はアメリカに逃れて事実上の結婚をする。日本ではマスコミが大騒ぎになった。

日活の堀久作社長に説得されて帰国し、羽田空港の控え室で会見に応じた。これが記者会見の第一号と言われる。

そして十ヶ月後、二人は日活ホテルで盛大な結婚式をあげて晴れて夫婦になった。

裕次郎にとって北原三枝はあこがれの女優だった。その人を妻にすることが出来た。

結婚すると北原は女優を止めて、家庭に入り、裕次郎を支える道を選んだ。

石原裕次郎は昭和三十八年、石原プロモーションを設立。『黒部の太陽』『栄光への5000キロ』などの話題作を作り、四十年後半は『太陽にほえろ!』などでテレビにも挑戦、成功を収める。特に『黒部の太陽』は五社協定の壁などがあり、苦労したが興行的には大ヒットとなった。

夫妻には子どもはなかったが、裕次郎が子どもみたいな人だったから、すっかり妻に甘えて幸福な暮らしであった。しかし、裕次郎の一生は病気と怪我の連続であまりに早い最期だった。俳優としてばかりではなく、歌手としても人気者で甘い優しい歌声が人々の心を魅了した。

文字通り昭和を代表する日本最高のスターの一人である。

市川右太衛門《うたえもん》

（明治四十年～平成十一年）

ご存知『旗本退屈男』（東映）のポスター。

戦後、しばらくの間、テレビが普及するまで映画は庶民の何よりの楽しみ事であった。

特に時代劇は終戦直後、GHQの検閲により、禁止されていたが、それがなし崩しの形で復活すると、待ちに待った観客は熱狂して喜んだ。

昭和二十五年、『旗本退屈男』が戦後初めて封切られるとあっという間に大評判になった。主役の、額に三日月傷の早乙女主水之介《さおとめもんどのすけ》を演じたのが市川右太衛門である。

その市川と「退屈男」との出会いは昭和五年のことであった。市川はある日、佐々木味津三の書いた『旗本退屈男』を読んでいた。

「面白い。これは行ける」と確信して同年、さっそく映画化した。これが大当たりだった。

自ら主役を演じた市川はこう言った。

「面白いに決まっている。主人公の早乙女はこれだけ言いたいことを言って、大暴れをして、強くって、しかも弱い者は助け、哀れな者は救い上げる。相手が大名であろうというべき事は言うのだ。これはいつの時代にも通用する主人公である」。

映像的にも市川はさまざまな工夫をこらした。早乙女主水之介の必殺技だ。あの格好いい「諸刃流青眼《もろはりゅうせいがん》くずし」も市川の発想だった。

市川はこうも言っている。

「舞台だったら様々な角度から見てもらえるが映画はアングルが限られている為、クローズアップになった時、刀が写ってなくてはしょうがない」。

この為、左手前に構える独特の形を考え出したのだという。もちろん派手な衣装も額《ひたい》の三日月傷も市川の思いつきだった。

そんな工夫は観客に通じないわけはない。戦後に作られた『旗本退屈男』だけでも二十一作を数える大ヒットとなった。

市川右太衛門、本名浅井善之助と言った。生まれたのは大坂市西区である。明治四十年のことだ。市川の祖父は旧家の出で鉄工所を経営していた。

一家は根っからの芸能好き、遊芸好きであったから、市川は五歳の時から山村流の日本舞踊を習い始める。それは子どもの意志からではなく、大人たちが勧めたものであったろう。

六歳で初代中村扇雀一座にかり出されて『菅原伝授手習鑑《すがわらでんじゅてならいかがみ》』の子役として舞台に上がる。これが初舞台となった。

小学校卒業を待って上方歌舞伎の第一人者市川右團次の弟子になる。

この時、市川右一の名をもらう。実に早い出発だった。十八歳になった時はもう堂々と主役が張れた。と同時に映画時代がすぐそこまで来ていた。

市川が十四歳になった大正十年、栗島すみ子が『虞美人草』で大評判となっていた。市川に帝国キネマが映画界入りを誘ったのは三年後、大正十三年のことだ。だが当時の市川は舞台が面白くて、映画など考えられなかった。

しかし洋画二十本が入って来たりして映画は庶民の関心を誘いつつあった。

市川にふたたび声をかけたのはマキノプロダクションの牧野省三だった。市川の評判を聞いて阪東妻三郎の去ったマキノに誘ったのだ。

ここで市川の心は動き、映画界に入って行った。市川は歌舞伎の世界という所は封建的な世界で梨園の御曹司でない限り、将来はない。その事をよく知っていた。しかも映画会社は高額の出演料を提示してくれた。

しかし、市川の母親は強く反対した。母の意見の背景にはまだ映画の可能性が当てにならないと言うことがあった。舞台人から見れば映画は邪道だと軽んじられていた。「板から、泥に下りた」と馬鹿にされた。

だが、若い市川は映画の未来に希望を見ていた。芸名も市川右太衛門と付けてもらって『黒髪地獄』でデビューした。続けて『怪傑夜叉王』『孔雀の光』などに主演し、日本中にその人気ぶりを見せつけたのだった。

その後、念願だった独立を果たし「市川右太衛門プロダクション」を立ち上げた。その時、市川はまだ二十歳になったばかりだった。

そんな矢先、映画は進歩してトーキー時代に入って行く。俳優たちは勝手が違ってあわてたが、市川はサイレントの時から自分でセリフを言いたくてたまらなかったのだ。

昭和七年のことだ。松竹初ののトーキー映画『忠臣蔵』で市川は脇坂淡路守と垣見五郎兵衛の二役を演じた。サイレントからトーキーに変わるということは映画界での革命であり、これまで弁士として無声映画を支えて来た人たちは失業してしまう。一方動きながらセリフを言わなければならない俳優は戸惑う。そんな変革の時期だった。

その後、『退屈男』人気は軍部ににらまれて作れなくなる。その上、戦後はチャンバラ禁止となってしまう。

それでも市川はめげない。戦後は東映の重役兼俳優として活躍する。

京都北大路に住んでいたことから「北大路の御大」と呼ばれていた。まさに御大の風格であった。

『眠狂四郎殺法帖』（大映）ポスター。右は中村玉緒。

市川雷蔵

（昭和六年〜昭和四十四年）

「恐ろしいほど美しい男」と人は言った。スクリーンに現れる市川雷蔵をこれまで見たこともない種類の美男子だと女たちはメロメロになった。「長谷川一夫の再来」とも云われた。

実は雷蔵の素顔は地味で素朴だった。ところがメーキャップをすると、一変して役柄に相応しい容姿になり切る。雷蔵はメークすることで役作りをしていたとも云えそうだ。

この雷蔵、昭和六年、京都の西木屋町で生まれた。出生時は亀崎章雄《あきお》と言った。母が雷蔵をお腹に抱えていた時、父は陸軍幹部候補生として奈良に移り住んでしまった。母はそのまま父の実家に残された。この時から雷蔵の不幸が始まった。

母が夫の家族から虐められたのだ。たまりかねて母は実家に逃げ帰った。ここで出産する。この時、雷蔵の両親の仲は決裂していて、修復出来ない心のすれ違いが生じていた。

母は雷蔵を一人で育てるつもりだったが、特別な才能もない母には無理だった。しかし、雷蔵を手放すのは忍びがたく悶々とした。

生後二ヶ月になった時、意を決して雷蔵の父の義兄にあたる三代目市川九團次の養子として預けた。雷蔵は自分が養子であることを全く知らずに育つ。知ったのは十六歳の時であり、実母との対面はなんと三十歳を過ぎてからであった。

養父の九團次は雷蔵を歌舞伎に縛り付けることはなかった。歌舞伎の修行を押しつけることもなかった。

だから、雷蔵は海軍士官や医師になることに憧れていた。近視だったため、海軍士官は断念、医師の夢も無理。敗戦を越えて、雷蔵はようやく、歌舞伎役者になる決意をする。

そうなると、まっしぐらだ。中学を辞めてしまい歌舞伎の世界に入って行く。

十五歳で雷蔵は初舞台を踏んだ。『中山七里』の娘お花を演じ、養父・九團次の前名・莚蔵《えんぞう》の二代目として名乗りを上げた。これまで何一つ修行をしていなかった雷蔵がいきなり舞台に立てたのは、生来の素質だったのか、あるいは育った環境の中で自然に学んでいたのだろうか。

その日から二年ほど経った時、雷蔵は北上弥太郎らと共に「つくし会」という勉強会を立ち上げた。本腰を入れて歌舞伎の勉強をしようとしたが、所詮、雷蔵の養父・九團次は京都市会議員の子であって、市川左団次に弟子入りした門弟上がりの役者に過ぎない。権門の出でない九團次は脇役専門だった。雷蔵はその九團次の息子なのだ。どんなに勉強しても日の当たる所には出られないのだった。しかし、その雷蔵に手を差し伸べてくれる人が現れたのだ。

演出家の武智鉄二はその頃、実力のある若手を捜していた。「つくし会」が武智歌舞伎に参加した事から武智は雷蔵を知ってその資質を高く評価した。

しかし、九團次の息子のままでは埋もれてしまう事を武智は恐れた。

それで子どものなかった市川寿海の養子に送り込むことにした。昭和二十六年、寿海の養子になった雷蔵だが、大した役も与えられず相変わらず大部屋にくすぶる日々であった。

寿海は「若いうちから大役を与えるのは良くない」と考えていたのだ。雷蔵は「一日も早く演じたい」と鬱積した気持ちを抱いていた。

そんな雷蔵の道が開けるのは映画との出会いだった。

そのきっかけは昭和二十九年、大坂歌舞伎座で開催された大歌舞伎『高野聖』で、雷蔵に与えられたのはセリフが一つもない白痴の役だった。つくづくイヤになった雷蔵は、以前から入社を促されていた大映に入ることにした。

昭和二十九年、二十三歳の雷蔵はやっと映画俳優として私たちの前に姿を見せてくれた。デビューは『花の白虎隊』だった。

歌舞伎の世界ではバカにされ続けた雷蔵だったが、大映では市川寿海の子として尊敬され、貴種として取り扱われるのだった。大映の経営陣は雷蔵を長谷川一夫に続く俳優として売り出す意向を持っていた。

第二作以後も主演を演じ、好評を得る。中でも昭和三十年の『新・平家物語』の平清盛役を見事に果たした。清盛は自分の母親が誰なのか分からない。悩む清盛を雷蔵は、自身の生い立ちの悲しさを表現することによって俄然、映画を引き立てた。

さらに三十四年、市川崑監督『炎上』における演技が評価され、キネマ旬報主演男優賞、ブルーリボン主演男優賞を受賞。勝新太郎とともに大映の二枚看板にのし上がる。

つづいて『薄桜記』『大菩薩峠』『ぼんち』『破戒』『陸軍中野学校』などを経て、柴田錬三郎原作の混血児剣士がヒーローという『眠狂四郎』シリーズは、雷蔵晩年の最高の当たり役となった。

映画界での成功を見て、日本中に「雷さま」ファンが溢れかえり、雷蔵自身も妻を娶り、幸せな家庭を築き始めた所で雷蔵の命は終る。わずか三十七歳だった。

入江たか子

（明治四十四年〜平成七年）

『怪猫五十三次』（大映）ポスター。中央のおどろおどろしたのが入江たか子。

いまでもよく覚えているが、私の恩師、学習院大学国文科の名物教授、大野晋先生が源氏物語の講義の際、脱線して「世にも美しい女性」の話をされことがある。

大野先生が東京大学の学生だった頃、銀座の資生堂パーラーでお茶を飲んでいた時、突然、その美しい女性が入ってきた。当時大人気を誇っていた入江たか子だったそうだ。

「何と美しい人だろう」

「この世にこんな美しい人がいるのか」

先生は声も出ず、氷のように固まって動けなかったと話された。

私たちの知っている入江たか子は、化け猫を演ずるおどろおどろしい入江たか子だったから先生の話はピンと来なかった。

原節子、山田五十鈴と並んで日本三大美人と言われるほど美しかった入江たか子の生涯をたどって見たい。

入江たか子、本名を東坊城《ひがしぼうじょう》英子と言った。子爵・東坊城家のお姫様として明治四十四年、東京四谷で生まれる。

父親の徳長は貴族院議員であった。

その父が亡くなった時から一家は困窮するようになる。

それでも英子は希望通り、文化学院中学部に入学して油絵を描いていた。画家を目指していたのだ。

ところが、大正十二年、関東大震災がこの家を襲う。豪邸もひとたまりもない。壊滅してもはや住むことも出来ない。

生活はいよいよ厳しくなって行く。

「自分が何とかしなければ」と英子は考えるようになった。

昭和二年、英子は文化学院を卒業した後、兄の東坊城恭長を頼って京都に行く。兄は日活京都撮影所で俳優をしていた。

たまたま兄の友人が「エランヴィタール小劇場」を主宰していたことから誘われて英子は舞台に立った。英子の初舞台である。

まだ十六歳だったが、生まれ持っての気品は注目を集めた。この時、舞台を見ていた内田吐夢監督が英子に目を止めた。映画にスカウトされたのだ。

さっそく日活に入社して、映画の世界でのスタートを切った。

最初の映画は『けちんぼ長者』。これが映画デビューとなるが、人は彼女の演技よりも華族のおひい様の映画出演に驚き、騒然となった。

続いて『激流』『生ける人形』『東京行進曲』などに主演し、日活現代劇の女優ナンバーワンの地位を獲得したのだった。

しばらくして入江の飛躍の機会がやって来る。昭和六年、片岡千恵蔵が入江の映画を見て「入江は時代劇に向いている」と言い出したのだ。入江は現代劇で芸者を演じていたが、それが実にきれいだった。

片岡の一目惚れだった。

「おたかの八重歯、鼻にかかった声、共演どころか女房にしたいくらいだ」と大変なほれ込みようであったと言う。その結果、『元禄十三年』で千恵蔵の相手役に抜擢される。

確かに片岡が目をつけた通り入江は日本髪、振袖が絵のように美しかったそうだ。

それまでの入江は時代の要請

もあり、モダンガールの代表として洋装の似合う近代的な女性を演じていたのだが、そんな入江を時代劇に引きずり込んだのは片岡だった。

片岡は仕事ばかりではなく、本当に女房にしたいと考えていたようで、あの手この手で接触するが入江に振られてしまったのだ。

入江は日活の俳優田村道美と結婚してしまう。

片岡千恵蔵の失恋だった。

昭和八年、泉鏡花の『滝の白糸』を溝口健二監督で撮り、これも大好評を得る。片岡の思いつきから時代劇に引きずり込まれた入江は、仕事の幅をぐんと広げることになった。

これに続き、入江をもう一段高みに上げる作品に出会う。それが久米正雄原作『月よりの使者』である。サナトリウムに勤める美貌の看護婦を入江が演じた。

これが空前の大ヒットになった。看護婦さんは当時一番人気の職業だった。

昭和十二年の吉屋信子原作『良人の貞操』もヒットする。

この頃の入江は出すもの出すものヒットになり、人気も絶大でこの年のブロマイド売上げが一位が入江たか子、二位が田中絹代だった。

しかし、それほどの絶頂期があっという間に消えてなくなる時が来る。

戦後、入江は家族の不幸や自身の病気などでやる気を失っていた。

そんな入江たか子がふたたび光を放つのは、なんと化け猫シリーズであった。正式には「怪猫映画」という。

入江はそんな仕事も手を抜かず全力でこなした。

昭和三十四年、芸能界に見切りをつけ銀座に「バー・いりえ」を開き、実業家に転身。また娘の若葉のとんかつ店を手伝いながら余生を過ごした。

平成七年、肺炎のため没。八十三歳だった。

岩下志麻

（昭和十六年～）

『秋刀魚の味』（松竹）ポスター。右は佐田啓二。

『極道の妻たち』の気っ風の良い姐さんを覚えているだろうか。胸のすくようなたんか。それも絶世の美女である。今までにこんなタイプの女優がいただろうか。それが四十五歳の岩下志麻だった。

皆、目を見張った。よくよく見れば、その昔、テレビドラマの『バス通り裏』に出て来たあの可愛い、隣のお姉ちゃんが十七歳の岩下志麻だった。

『バス通り裏』はテレビ創生期にヒットしたホームドラマだった。夕方の放映だったが、街のすみっこの善良な家族たちがほのぼのとしたドラマを繰り広げる。そんな番組だった。

岩下は主役ではない。主役は十朱幸代だった。十朱の人気も大変なもので、たちまち茶の間のスターになった。

そこへもって来て岩下の登場である。観客は気楽なもので「十朱派」「岩下派」に別れて二人の女の子を支持した。

そんな楽しい思い出がある岩下志麻は、清純なおとなしい少女だった。とても「極道の妻」は想像出来なかった。これが岩下のテレビデビューであった。

岩下は映画よりも先にテレビ出演から始まった。

岩下志麻、昭和十六年に東京の銀座で生まれた。この年末には太平洋戦争が始まるのだ。本名も岩下志麻そのままだったが、結婚後は篠田志麻である。岩下の環境は生まれながらにして演劇の世界だった。

まず父親が俳優の野々村潔だった。叔母の山岸しづ江は前進座のリーダー河原崎長十郎と結婚していた。

その関係で岩下の一家は吉祥寺の前進座住宅の近くで暮らした。岩下が育つ世界はまさに演劇の世界だった。

岩下は十七歳で『バス通り裏』に出るまでは子役の経験もない、ごく普通の女の子として成長する。その岩下の性格は激しい気の強い役柄とは全く逆で、おっとりしたのんびり屋であったそうだ。友人達はそんな彼女に「駆けずのお志麻」というあだ名をつけたそうだ。

武蔵野市立第三小学校から第三中学校に進んだ。その後は都立武蔵に進む。その在学中に『バス通り裏』に出演。しかし学業が厳しくなり、岩下は私立の明星学園高等学校に転校する。この学校は、芸能活動をする生徒に理解を示してくれるのでやりやすかった。

その後、成城大学文芸学部に進むが松竹に入社したために学業は難しくなり、大学は中退する。

そして十九歳の時、映画『笛吹川』でデビュー。松竹にはこの年から十六年間在籍した。

当時を振り返って岩下は、「松竹では素晴らしい作品や監督に出会えて育てて頂いたので思い入れがあります」と言っている。また、「当時の松竹は女優王国で男優さんより女優さんという感じで居心地は最高でした」とも言っている。

松竹にとっても岩下志麻を得たことは最高だったのではないだろうか。岩下は小津安二郎監督の『秋日和』に出演して、好評を博した。

小津は「岩下は十年に一人の逸材だから大切に育てるように」と松竹の幹部たちに言っていた。このように高く買われて、岩下は『秋刀魚の味』でヒロインに抜擢される。これは小津の最後の仕事になってしまった。

　小津は次作『大根と人参』へも岩下をヒロインに想定していたそうだ。しかし、それは叶わず『秋刀魚の味』が小津のラストを締めくくる作品になってしまった。岩下はそれを心から残念に思っている。昭和三十七年のことだ。

　小津との別れを哀しみつつ、岩下はその後も優秀な監督との出会いを繰り返した。その究極の出会いが昭和四十二年、篠田正浩監督との出会いだった。

　二人は女優と監督だったが尊敬し合い、愛し合うただの男と女でもあった。

　松竹の白井昌夫専務の媒酌で、二人は京都の大徳寺で仏前結婚式を挙げた。それまで色々あったがここまでこぎ着けられたのは、二人の強い思いがあったからだろう。

　とかく派手な評判の女優が多い中で、岩下は誰よりも美貌と演技力を持つ女優であったのに、それまでスキャンダル一つなかった。逆に篠田は躊躇したかも知れない。それでも二人の気持ちは本物だった。

　その何よりの証拠に、四十年間も揺るぐことのない二人の結婚生活は続き、一人娘と二人の孫を持っている。

　岩下は仕事と同じくらい家庭を大切にする女性だった。

　結婚後も『心中天網島』『はなれ瞽女《ごぜ》おりん』『鬼畜』と岩下の活躍はさらに続く。

　昭和五十三年のことだった。岩下は『鬼畜』で主演をしていた。それはひどい映画で、夫の隠し子を虐待死させる話だった。監督の野村芳太郎は、オフの時間にも決して子役に優しくしないことを岩下に命じた。

　映画とはそんなにも苛酷なものかと岩下は骨身にしみた。しかし、岩下はどんなにひどい女にでもなって見せた。

　岩下志麻は骨の髄まで女優だった。

『日本一のホラ吹き男』（東宝）ポスター。

植木 等
（昭和元年～平成十九年）

植木等と聞いただけで何だか笑いたくなる。幸せな気持ちになってしまう。

無責任男として『スーダラ節』を歌って一世を風靡した。植木等という人はどこから見てもいい加減な男、だめな男、どうしょうもない困ったちゃんに見えるのに何故か愛さずにはいられない。

「お呼びでない？　お呼びでないね。こりゃあまた、失礼いたしました」

というギャグが猛烈に流行った。これは出番をまちがえて別の場面に登場してしまった植木がアドリブで発した言葉だったそうだが、当時、聞く者の胸をついた。

私たちは人生という舞台でお呼びでない場面に登場してしまい、あたふたと退場することはいくらもあった。その時のバツの悪さ、格好のわるさ。それでも何食わぬ顔で次の舞台に進んで行かなければならない。

植木のジョークに納得し、慰められ、私たちは生きて行くのだった。

そんなにも国民的アイドルになってしまった植木等、お寺の坊ちゃんであるらしいと言うことはマスコミを通して知っていたが、どんな幼少期を送ったのだろうか。

昭和元年、植木等（本名も同

じ）は愛知県名古屋市で生まれる。父親植木徹誠は真宗大谷派名古屋別院で僧侶の修行中だった。修行中のお坊さんが赤ちゃんを作ってしまったのだ。

おまけに植木が生まれたのは大正天皇が崩御した十二月二十五日だった。

つまり昭和という新しい時代の始まりの日に植木は生を受けたのだった。

その植木が三歳になった時、父は浄土真宗の一つで真宗大谷派常念寺の住職となった。そこで一家は三重県度会郡小俣町に移り住んだ。そこでどんな子ども時代を送ったのだろうか。寺の子として早くから修行を仕込まれたのだろう。

昭和十四年、十二歳の植木は僧侶としての修行をするため、上京して来る。東京駒込の真浄寺の小僧になった。

小僧をしながら学校に通うという日々だったが、事もあろうにこの小僧さんはバンドボーイのアルバイトを始めてしまう。

旧制京北中学卒業後は東洋大学専門部国漢科に入学する。

学校に行きながらバンドボーイをしている時、一人の男に会った。

それが野々山定夫（のちのハナ肇）だった。彼は植木より三歳年下の若いドラマーだった。生涯のパートナーとなる男との出会いだった。植木がハナと出合った頃、まだ昭和十九年、戦争のまっただ中だった。植木とハナは心を残しながら別れて行くしかなかった。「おれの組むのはこいつだよ」植木はもう決めていた。

ようやく、戦争が終わった。植木たちの待ち望んだ時代の到来だった。

戦争が終った翌年、植木はテイチクの新人コンテストに応募して合格。しかし、そのまま歌手になる道はなかった。

昭和二十二年三月、植木は東洋大学の専門部を卒業し東洋大学文学部に入学する。こんな所にも植木の生真面目な生き方が透けて見える。いい加減男の片鱗もない。

　学業と寺の修行とアルバイトと超多忙である最中に植木は結婚をする。学生結婚である。

　一方、戦後の世の中は音楽をやりたい植木には追い風となった。まず植木は、ＮＨＫラジオ『お昼の軽音楽』で『ビロードの月』を歌った。地味な出発だったが大事な一歩だった。

　その時、植木は友人からアドバイスをもらった。「歌だけでなく、何か楽器が出来た方が収入になる」というものだった。

　植木は「それもそうだ」と納得し八千円の中古のギターを手に入れた。教則本を頼りに練習を始めた。独学である。

　昭和二十五年、植木は大学をきちんと卒業して「萩原哲晶とデューク・オクテット」に加入する。ここでまたハナに会った。

　その後、ギタリストを捜していたフランキー堺のバンドに呼ばれた。ここで植木はギタリストではなくコメディアンとして活躍する。

　しばらくして谷啓らと出会い、クレージー・キャッツが編成される。フジテレビの『大人の漫画』に出演。好評を得る。

　それからはとんとん拍子で出世していく。『シャボン玉ホリデイ』にも出演。東宝『ニッポン無責任時代』に出演し、大ヒット。世はまさに高度成長期。『スーダラ節』に出合うのはそれからの事だった。

　さすがにこの歌には植木は躊躇した。住職の父に相談すると「この歌は素晴らしい」と言った。「分かっちゃいるけどやめられないのは人の道、仏の道、それを歌った良い歌だ」

　この父は戦時中治安維持法違反で何回も投獄された人物であった。そんな父に励まされて、植木は自信を持って歌った。歌は空前の大ヒットとなった。

　性格俳優としても優秀で名作をいくつも残した。平成十九年八十歳で植木等という名優はこの世を去った。

上原 謙《けん》

（明治四十二年〜平成三年）

切手にもなった『愛染かつら』（松竹）。左は田中絹代。

少し憂いを帯びた端正な横顔、「貴公子」という言葉がぴったりはまる美男子である。

上原謙は明治四十二年生まれ。本名を池端清亮《いけはたきよあき》と言った。東京牛込の納戸町で生まれた江戸っ子である。軍人の父は鹿児島出身の陸軍大佐というエリート家庭のお坊ちゃんとして幼少期を過ごすが、彼が中学生の頃、父親が早世してしまう。

池端家は名門の流れを組む家であった。世が世であれば、そして陸軍大佐の父親が健在であれば俳優の上原謙は誕生しなかったかも知れない。

昭和四年、上原は立教大学に進学する。たちまち上原のイケメンぶりは、学生たちの間で噂になっていた。そんなある日、友人の一人が松竹が新人を募集していることを知り、本人には内緒で上原の写真を撮影所に送ってしまった。上原の美男子ぶりに驚いた松竹は文句なしで合格とした。

彼が頭角を表すのは『彼と彼女と少年達』で主演を張った時だった。次作『恋愛豪華版』では美貌ばかりではなく演技面でも評価される。

上原は、ひょんな事から足を踏み入れた映画界が「案外向いているかも知れない」と思うようになっていく。

『恋愛豪華版』ではこれまでな

かった斬新な若者像を描き出して大好評を得る。続く『有りがたうさん』でも爽やかな役をこなした。順調なスタートだった。

しかし、その矢先、上原に兵役の命令が来る。台中に送られたが、しばらくして原因不明の発熱で除隊となる。以後は軍隊の慰問活動などで協力をした。

昭和十三年のことだ。松竹大船撮影所長の城戸四郎が言った。「とにかく泣ける映画を作ってくれ」。城戸は時世のことを考えていたのだ。

前年の蘆溝橋事件を受けて、当時、日本政府は短期決戦を決断し、大量の兵士を大陸に送ることになった。

四十万の兵士には四十万の母がいる。母は泣きたいだろう。妻も泣きたいだろう。「今は泣ける映画が必要だ」と城戸は言った。そこで出来た映画が『愛染かつら』だった。

医者と看護婦の悲恋物語だったが、いかにもお手軽なストーリーで、「お涙ちょうだい」の単純なすれ違いドラマだったのだ。脚本を見たとたん、上原は難色を示した。「こんな映画には出たくない」と言った。

しかし、この悲恋の主人公は上原以外には考えられないと、口説き落とされた。そのせいか、少し投げやりな気のない表情が、かえって主人公の深い苦悩を思わせた。相手役の田中絹代も、悲恋のヒロインをけなげに演じた。

映画は主題歌『旅の夜風』と共に空前の大ヒットとなった。

この映画によって上原謙は、その人気を不動のものとした。本人は渋々演じた役であったのに映画の大ヒットを受け、続編も作られる。

続編は輪をかけてのメロドラマだったが、これも大入りとなる。松竹の城戸所長の思惑は見事に当たったのだ。

その前年、上原は『婚約三羽烏』という映画で佐分利信、佐野周二と初共演する。

三人はそれぞれ個性が違い、

しかも揃って美男子だった。さっそくこの三人は「松竹三羽烏」と呼ばれるようになる。映画『婚約三羽烏』は、この旬の三人を前面に出した作品だった。観客はたまらない。映画はもちろん大ヒットだった。

兵役を除隊となった年、上原は私生活では女優の小桜葉子と出会い、恋に落ち、結婚する。この結婚に猛烈に反対したのが、松竹の城戸所長や栗島すみ子らであった。

折角の上原人気に悪影響をおよぼすのではないかとの心配が主な原因だった。

しかし、上原はそれらの反対をはねのけて結婚する。流れに逆らわずに生きて来た上原が、この時ばかりは自分の意志を貫いた。そして、結婚生活を大切にした。

今も残る『平凡』のグラビアに茅ヶ崎の海で、新婚の上原夫妻が寄り添っている姿がある。

まもなく、子息の加山雄三を得るが、芸能人の子どもという扱いはさせず、雑誌などにも登場させなかった。これも上原の生き方を貫く姿勢だった。

一方、戦争が終わった時、上原は三十六歳だった。上原がようやく納得のいく作品に出合うことになる。『煙突の見える場所』『めし』『晩菊』『山の音』などの文芸作品は、上原の本来の良さを画面に生かしていた。

年齢も四十歳を越えるが、上原は美男子のまま熟年を迎えていた。

晩年は妻に先立たれたり、投資した茅ヶ崎のホテルが倒産したりと、かならずしも順風ではなかったが、めげず若い女性と再婚するが、離婚を体験する。

そんな上原謙が私たちに残してくれたのが、高峰三枝子と温泉に入っている国鉄の「フルムーンキャンペーン」の映像だった。年を取っても二人とも美しく、往年のファンたちを喜ばせたのだった。

当時、撮影をした法師温泉は大人気となった。

宇野重吉《じゅうきち》

（大正三年～昭和六十三年）

『愛妻物語』（大映）DVD ジャケット。右は乙羽信子。

飄々《ひょうひょう》としていて、暖かい。でも叱られたら怖そう。日本中の女性が愛して止まなかったこの人。

宇野重吉、本名を寺尾信夫と言った。大正三年、福井の生まれである。

宇野が生まれたこの年はヨーロッパで第一次世界大戦が勃発して日本もドイツに宣戦布告するという時代だった。

この戦いで勝利国側にいたため、日本は思いがけず豊かな戦後を過ごすことになった。また、一方で好戦的な思想が蔓延し、子どもまで『兵隊さん』を歌って軍人になることに憧れた。

そんな空気の中で宇野は大きくなる。小学校卒業後、旧制福井中学（現県立藤島高等学校）に進学する。当時、旧制中学校に進めるのは恵まれた家の一握りの子どもたちであった。

中学卒業後は東京に出て、日本大学芸術学部に進学する。この学部を最初から目指していたとすれば、宇野は中学時代に演劇への興味を抱いており、自分のいくべき道を見極めていたのだろう。

中学までは親の庇護があったが、上京後は自分で生きて行かなくてはならない。

宇野は新聞配達のアルバイトをしながら、日本大学で学んだ。しかし、在学中から演劇への関心はやみがたく、昭和七年、十八歳の宇野はプロレタリア演劇研究所に入所する。

彼は社会の矛盾や貧困層を救うために演劇を生かしたいと考えるようになった。

築地小劇場の左翼劇場と新築地劇団の合同公演で宇野は初舞台を踏んだ。大学を中退して正式に東京左翼劇場に入るのはそれからまもなくだった。

二年後、村山知義や小沢栄太郎らと共に新協劇団の結成に参加する。本格的な演劇活動の始まりだった。

その宇野が俳優としての力を周囲に認められるのは昭和十三年、久保栄演出の『火山灰地』だった。泉治郎役を演じた、若いのに渋い味を出す宇野重吉という俳優に注目が集まった。

いわゆる社会派演劇者にはない深い味がある宇野の名は広まった。

しかし、二年後、治安維持法で特高警察に検挙されてしまう。国体の批判や国体変革を目指す団体の指導者が処罰されることになっていた。

釈放された宇野は瑞穂劇団に参加する。「とにかく芝居が好きなのだ。芝居がしたいのだ」。この時期、演劇や芝居、楽団なども全て国家に握られていて政府の命ずるままに移動演劇などをするのだった。

「それでも芝居がしたい」と宇野は参加した。地方の農民たちが初めて見る本格的な芝居に感動して涙する姿を見て、宇野は思う。「本物は必ず通じるのだ」と宇野は確信するのだった。戦況が厳しくなって行く。昭和十八年、いよいよ、宇野にも赤紙が来る。

応召されてボルネオに送られる。ここで終戦。

命からがら復員して来ると、宇野はすぐに演劇活動を始める。第二次新協劇団に加入する。まだ、充分に食べられない時代だった。

それでも宇野たちは演劇に命を燃やして行く。

戦争が終わった時、宇野は三十一歳。二年後、第一次民芸を滝沢修たちと立ち上げる。これが劇団民芸になる。ロシアのチェーホフやヨーロッパの劇を発表して好評を得た。

宇野は「芝居でめしが食える劇団を目指そう」と言った。だから有馬稲子や新珠三千代などのスターを起用して話題を呼ぶこともした。

そして映画にも積極的に出演した。新藤兼人監督のデビュー作『愛妻物語』では宇野は主役を演じた。

話題のスター、宝塚出の乙羽信子の相手役をしたことで宇野の名はまた、広まった。

その頃、有名な五社協定というものがあり、おくれて制作を開始した日活は俳優不足に困っていた。民芸は日活と契約して宇野は俳優を送り込んだ。

宇野の考えでは演劇に上も下もない。映画というメディアでも自己主張は出来るという柔軟な気持ちだった。

だから、宇野はファンにも門下生にも愛された。彼は娯楽映画でも芸術作品でも変わらぬ情熱で取り組んだ。

テレビでは大河ドラマ『赤穂浪士』の蜘蛛の陣十郎役を宇野が演じて話題となった。

完璧主義の滝沢修とは対照的と言われ、軽妙な性格がスクリーンでも愛された。

昭和六十年、七十一歳の宇野は「宇野重吉一座」を立ち上げ、地方公演を始めた。

これこそが宇野の一番やりたかったことだ。目を輝かせて舞台を見つめる農家のおじさん達に本物を見せられたと宇野は幸せだった。

その一方で石原裕次郎とは仲が良く、二人で酒のコマーシャルに出たりした。

昭和六十三年、宇野は肺ガンのため七十三歳の命を終った。宇野を失った私達の前に現れたのが宇野の長男の寺尾聰である。近頃、ますますお父さんに似て来たと噂されている。

『女賭場荒し』（大映）ポスター。

江波杏子《きょうこ》

（昭和十七年〜）


江波杏子と聞けば、女博徒のすごみのあるあの表情が目に浮かぶ。本当はやさしい、いい人なのかも知れないのに、悪ぶって見せる、突っ張って見せる、そんな女の意地みたいな顔が、実に魅力的だった。

「私には怖いものなんかないのよ。命も捨ててるのよ」。


生きの良い魚のようにピチピチしていて小気味が良い。

すごく美人なのに美人ぶらない。そういうところが女たちにも人気があった。

　この人はどのようにして「江波杏子」になったのだろうか。

　江波杏子、本名は野平香純《のひらかすみ》と言った。生まれたのは昭和十七年、東京千駄ケ谷である。

　ごく普通の家ながら、曾祖父は植木職人の柴田平五郎と言って、沖田総司を匿ったことで有名だった。

　一方、江波の母は戦前、東宝で活躍した女優・江波和子だった。江波が幼い時、その母は亡くなってしまう。

　江波はまだ幼かったが、母が若くて美しいまま死んで行かなければならない無念は良く分かった。

「大きくなったら、かすみちゃんが女優さんになってお母さんのつづきをしてちょうだい」。

　そう言って母は死んで行った。

幼かった江波は、母の遺言をきちんと理解したわけではなかったが、

「お母さんのやれなかった仕事をしよう。そうすることがお母さんを喜ばすことなのだ」

と思い込んだ。それにしてもどうすれば女優になれるのかさっぱり分からなかった。

中学校を卒業する頃に友達も皆、将来について考え始める。まだ夢みたいな話だが、あれこれ、しゃべった。

そんな時、江波は決して本心は語らなかった。「女優になりたい」なんてことは一笑に付されるだろう。とても言えない。江波はあいまいな笑いでごまかした。

そんな江波が自分の夢を行動に移すのは十六歳の時、高校在学中のことだった。

宝仙学園高校在学中に大映のニューフェイスのオーデションを受けた。

これにパスして江波は大映に入社することになるのだが、江波はこの時、一歳年をごまかしていた。オーデションの年齢制限に足りなかったのだ。もう一つ、母親が女優だったことも言わなかった。

昭和三十四年、年をサバ読んだまま、大映に入社し、すぐに役をもらったのだ。順調な滑り出しだった。

昭和三十五年、映画『明日から大人だ』でデビューする。その際、江波杏子という芸名を自分でつけた。江波はもちろん死んだ母の芸名から取り、杏子は室生犀星の新聞小説『杏っ子』が好きだったのでそのまま頂いた。

江波杏子はこうしてスタートしたが、最初はデパートガールや良家の令嬢役が多かった。自分としても物足りなさを感じていた。つまり端役なのだ。脇役にもなっていない。映画の本筋にからんでいないのだ。

「これでは女優とは言えない」と江波は不本意だった。

ある時、悪女の役がまわって

来た。女優たちはこういう役を厭がるものである。

　江波は張り切って悪女役を引き受けた。存在感のある江波の悪女振りが受けた。少しずつ江波の名が知られるようになる。

　そんな時、チャンスは向こうからやって来た。昭和四十一年江波が大映に入ってから七年が経っていた。

　映画『女の賭場』を撮影中の若尾文子が負傷したというのだ。撮影は不可能ということで、思いがけず江波にその役が回って来たのだ。

　江波にとっては助演映画五十八本を続けた末にやっとやって来た主演映画、初めての主役だった。

「お母さん、やっとお母さんの夢がかなうのよ」。江波はむしろ死んだ母のために喜んだ。

　初めての主演が『女の賭場』であったがこれが大好評で、以降『女賭博師』シリーズの「昇り竜のお銀」がそのまま江波の呼び名になるほどだった。

　江波杏子はこの時から大映の看板スターとなり、大映の女性任侠映画の中心となって行く。大映にとって『女賭博師』シリーズは、勝新太郎の『座頭市』シリーズに次ぐ人気シリーズとなっていた。

　その頃のエピソードがある。江波が新幹線に乗っていると、ヤクザがやって来て「姐さん、今日、西成で賭場が開いていますよ」と親切にも教えたそうだ。

　昭和四十六年、シリーズは『新女賭博師・壷ぐれ肌』まで十七本制作されて完了した。

　昭和四十八年、大映は倒産してしまうが、そのあと作った『津軽じょんがら節』で江波はキネマ旬報主演女優賞を獲得した。もう賭博師だけではない。演技派女優としてのレッテルも張られた。

　その後はテレビに進出し、グラビアモデルでも活躍した。

　七十四歳になった今も豪快に酒を飲み、姑役でも何でも旺盛にこなしている。

榎本健一

（明治三十七年〜昭和四十五年）

『日本晴れ』（松竹）ポスター。右上が榎本健一。

エノケン（榎本健一）は「日本の喜劇王」と呼ばれ、生涯人々に笑いを届け続けた。エノケンの生き方をたどって見たい。

榎本健一は明治三十七年、東京青山で生まれた。

幼い日、突然、母親を病気で失ってしまう。母の死後は祖母の手で育てられる。祖母は健一を可愛がってくれたが、子どもはやはり母が恋しい。寂しい気持ちを祖母の膝に抱かれて紛らすのだった。

ところが、間もなくその祖母も死んでしまう。その後は父親の元で育てられた。そんな環境にあったが、生来のいたずらっ子で、周りの大人はいつも健一に振り回された。とんでもないいたずらをしては父親は学校に呼び出され、謝らされたそうだ。それでも父は何にも言わない。

この子が寂しさを耐える為に、やんちゃをしている事を父は知っていたのだ。

この頃の一番有名なやんちゃは、小学校の修身の通信簿で「丁」を貫ってしまった時の事だ。丁の字に少し加えると「甲」になることに気付いた健一は、鉛筆で上手に偽造して父親に見せた。しかし、父は騙されなかった。そしてこんな知能犯をやって見せる息子が可愛くて自慢して歩いた。「この子は賢い」「どうだ」と胸を張る父だった。

修身で丁をもらってしまう健一の将来の夢は満州馬賊になることだった。その頃、『馬賊の唄』が流行っていた。「狭い日本にゃ住み飽きた」と歌うこの歌で行き詰まる世相の中、大人も子どもも、新天地満州への夢をつのらせていた。

もう一つ健一の夢は浅草だった。浅草は、庶民の楽天地として皆の心を掴んで離さないのだった。

「ここで活躍がしたい！」。大正八年、十五歳の健一は浅草オペラ「根岸大歌劇団」に弟子入りした。

初舞台はオペラ『カルメン』で、コーラス部員としてのデビューだった。その後はここで修行をした。彼が浅草オペラで頭角を表すのにはまだ時間がかかった。

健一も焦りはしない。ここで一から学ぶ気持ちでいたのだから、どんな苦労も耐えられる。そしていつの日か舞台の中央に立ち、喝采を浴びる時が来る。それを目指して努力を重ねるのだった。

大正十二年の関東大震災は健一の行く手にも変化を与えた。壊滅的な被害を受けた浅草は当面活動出来なくなる。それで京都嵐山の撮影所に行って喜劇的な寸劇などを演じて見せた。健一は猿蟹合戦の猿役を演じた。その際、ハプニングで米櫃からこぼれた米粒をひろう猿の動きを愛嬌一杯に演じて見せた。これが受けた。大受けだった。

これが健一を中央に押し出すきっかけとなった。

本格的な喜劇役者としての市民権を得る。いつからともなく名前もエノケンと呼ばれるようになっていた。

間もなく、エノケンは古巣の浅草に帰り、本格的な活動を始める。震災後の浅草は復興の希望に人の心も大いに浮き上がっていた。

エノケンはジャズシンガーの二村定一と組んで二人座長の「ピエル・ブリアント」をまず

立ち上げ、その後、中村是好などを加えて「エノケン一座」を結成する。

これからのエノケン人気は凄まじいものであったそうだ。エノケンは舞台を動き回って笑いを取った。

生活に疲れた人々はエノケンのユーモア溢れる動きに思いっきり笑った。笑って苦難を乗り越えた。

エノケンの持つ庶民性が観客の心を捕らえたのだった。ユーモアの中に見せる一抹の哀しみの表情は、幼少期のあの孤独の日の寂しさの故だったろうか。

やがて、彼は浅草の喜劇王になって行く。松竹はエノケン一座を丸ごと破格の契約金で専属として買い取った。。

浅草の松竹座を地盤として活躍を始める。下町でのエノケン人気を不動のものとした。

一方同じ頃、東宝は古川ロッパらのインテリ喜劇集団に着目した。

ロッパのグループには徳川夢声たち活動弁士たちがいた。この人たちはトーキーの進出によって活躍の場を失っていた。こちらは「笑の王国」というグループだった。学生たちに受けて二大勢力となった。

「下町のエノケン、丸の内のロッパ」と人は呼んだ。そしてエノケン・ロッパの名を全国に広めたのは映画というメディアだった。もう一つ、エノケンにはレコードがあった。『洒落男』『私の青空』『月光価千金』『エノケンのダイナ』など次々にヒットを飛ばした。恐いものなしの時代だった。

戦争が深刻になるとエノケンの存在は消されて行く。「笑っている場合じゃないだろう」というわけだ。

戦争が終わると、ふたたびエノケン人気がもどって来る。笠置シズ子とのコンビで傑作映画が次々と生まれる。

その後、右足切断などの不幸の末、昭和四十五年、エノケンは六十五歳の生涯を終えた。

大川橋蔵

（昭和四年〜昭和五十九年）

代表作となった『新吾十番勝負』（東映）ポスター。

大川橋蔵と聞けば、反射的に「銭形平次」のあのいなせな姿が目に浮かぶ。いかにも身軽で美しい若者がテレビ画面の中で走っていた。

胸のすくようなかっこよさである。それは昭和四十一年の春のことだった。その日から日本中の女たちが「橋さま」の虜《とりこ》になってしまった。

テレビは、スターがいきなり茶の間に入って来るのだから映画の影響力よりはるかに大きい。

以来、橋蔵の『銭形平次』は十八年間続く。

ところで、橋さまはどこから来たのか調べて見た。大川橋蔵、本名を丹羽富成《にわとみなり》と言う。生まれたのは昭和四年のこと。

父のことは分からない。柳橋の芸妓の子どもとして生まれた。生まれてすぐに小野家の養子になる。小野富成となるのだ。富成の養父は二代目市川瀧之丞という歌舞伎役者だったが、富成の端正な顔立ちに惚れこみ、この子を役者にしようと考え、幼い時から舞踊を教え込んだ。

富成は、何も分からぬ時から舞踊と芝居の世界に放り込まれ、ここで成長する。そして養父の知人、四代目市川男女蔵の部屋子になった。

昭和十年、六歳の富成は市川男女丸の名をもらって初舞台を踏む。その時、舞台を務めていた六代目尾上菊五郎に素質を認められた。

昭和十九年、十五歳になった富成は六代目の妻、寺島千代の養子となる。

そして寺島の実家の丹羽姓を継いだ。と同時に二代目大川橋蔵を襲名した。

初代大川橋蔵はかつて三代目菊五郎が一旦引退した後、舞台復帰した際に名乗った由緒ある名跡だった。

六代目菊五郎は、実子がなかったので養子をとったのだが、実子に恵まれてしまったという複雑な事情を抱えていたが、その上で妻の養子として橋蔵を抱えこんだ。

三人の子は切磋琢磨して芸の道を目指したのだった。

しかし、昭和二十四年、六代目が死去してしまう。後ろ盾が無くなってしまったのだ。その上、戦後は歌舞伎に厳しい時代だった。

橋蔵は菊五郎劇団に属し、娘役を受け持っていたが、ここでの立場ははかないものだった。将来性がここにはないのだ。

思い悩む橋蔵に声をかけてくれたのが、すでに歌舞伎界から映画に移っていた市川雷蔵であった。

雷蔵は、自分とよく似た境遇にある橋蔵に、映画界入りを盛んに勧めた。

橋蔵は迷っていた。昭和二十八年に映画界入りした中村錦之助のゴタゴタを橋蔵は見ていた。映画界に入るということは、歌舞伎と縁を切るということなのだと橋蔵は知っていた。

橋蔵は雷蔵のようにあっさりと歌舞伎を捨てることは出来なかった。

父のない子として生まれた自分は歌舞伎という世界で沢山の人に育てられて今日まで来た。いまさらそういった人たちを見限るわけには行かない。

結局、映画界入りするのだが、歌舞伎への愛着やみがたく、映画界入りしたあとも、橋蔵は舞台公演の折には必ず『お夏狂乱』『鏡獅子』『船弁慶』などの歌舞伎舞踊を中幕の演目に選んで観客に喜ばれていた。

昭和三十年、ついにマキノ光雄の誘いで橋蔵は東映に入社する。二十六歳の時だった。

デビューは『笛吹若武者』で相手役は美空ひばりだった。まだ無名だった大川橋蔵を一気に世間に知らしめるためには、ひばりの力が必要だったのだ。

この時、ひばりがまず橋蔵ファンになってしまう。ひばりは橋蔵をトミーと呼んだ。橋蔵はマミーとひばりに甘えて、トミーマミーコンビの映画はこのあと『おしどり囃子』『花笠若衆』『幽霊島の掟』『勢揃い東海道』と続き十五本も出来た。

そして大川橋蔵は、東千代之介、中村錦之助、市川雷蔵と並んで「ニスケニゾウ」と呼ばれ、若手時代劇スターのひとりとして、昭和三十年代の日本映画黄金期を担っていく。

特に将軍のご落胤、葵新吾を主人公とする『新吾十番勝負』は橋蔵の水際だった美剣士ぶりが大好評となり、五年間で八作も作られた。

その後、映画で共演した朝丘雪路とのロマンスも取りざたされたが、祇園で馴染みの芸妓、沢村真理子と結ばれる。フジテレビ『銭形平次』が始まるのは橋蔵結婚の年であった。

仕事も家庭も満たされて幸せであった。

昭和四十一年から始まった『銭形平次』は、五十九年四月四日に最終日を迎え、八百八十八回という長期シリーズに終止符を打った。

「一人の俳優が同じ主人公を演じた一時間ドラマ」としては世界最高記録となり、ギネスブックにも認定された。

子どもの頃から家庭というものに恵まれず、ぬくもりを求め続けた橋蔵だったが、その幸せは短かった。大川橋蔵は昭和五十九年、五十五歳の生涯を閉じた。

大河内の代名詞となった『新編丹下左膳』（東宝）ポスター。

大河内伝次郎《おおこうちでんじろう》

（明治三十一年～昭和三十七年）

大スターと言うものは、ほんのささやかな偶然から生まれるものであるようだ。

大河内伝次郎が大正十五年、日活大将軍撮影所に入り、正式にデビューした時、誰一人、この男がやがて大スターになると見抜いたものはいなかった。

目玉ばかりが大きくて、身長も低い。どこから見てもスターになるような素質は見えなかったのだ。ところが、「この男、面白いかも知れない」と見込んだ者がいた。新進気鋭の伊藤大輔監督だ。新進であったからこそ固定観念のない見方が出来たのだろう。

伊藤と同じく新進の撮影技師、唐沢弘光の三人が組んで『長恨』を皮切りに、大河内主演の映画が次々に作られた。『流転』『忠次旅日記』『血煙高田の馬場』『素浪人忠弥』などで主演した大河内は、いつの間にか押しも押されもせぬ大スターになっていた。特に『忠治旅日記』は日本映画の金字塔といっていい名作である。

主演の大河内も新鮮だったし脚本、撮影すべてが新しかった。時代は関東大震災の後、何もかもが変わろうとしていた。

映画も、旧態依然とした時代劇は見向きもされない。新星、大河内の出現はそんな時代の要求にぴったりだった。

大河内伝次郎、本名を大邊男《おおべますお》と言った。明治三十一年、福岡県で父・晋、母・アキの五男として生を受けるが、兄弟姉妹は全部で九人、男《ますお》は八番目だった。子どもの数が多いだけ生活は厳しくなる。元々、この家は医者だったが、それでも八番目の子どもまで手は廻らない。

小学校を卒業すると、少年は次兄を頼って大坂に出る。大阪商業学校で学び、卒業後は兄の経営する日光社に就職した。

おそらく兄は弟の学資などの面倒を見る約束で彼を自分の片腕にしたいと考えたのだろう。兄の期待どおり彼は一人前に育ったが、まもなく明治屋に移ってしまう。

しかもこの頃、彼が熱中したものは文学だった。盛んに雑誌などに投稿していて、商売に本気を出すことはなかった。

その大河内が二十五歳の時、関東大震災が起こる。大坂にいたため被害はなかったが、この世の無常は若い大河内に影響を与えずにはいなかった。

「自分の本当にやりたい事をやるべきだ」

そう考えて、ふたたび兄の会社に戻り、劇作家を目指すのだった。

そして、倉橋仙太郎が主宰する新民衆劇学校に入学する。「日々、泥まみれになって働く人々に娯楽を提供したい。心から笑える話を書きたい」と必死で学んだ。

卒業後は第二新国劇の文芸部に席を置き、数本の脚本を完成させた。「この道を歩いて行けば自分の思いは遂げられるのだ」と思っていた。

そんな矢先、倉橋仙太郎の奥さんがとんでもないことを言い出した。

「脚本なんかより、あんた、舞台に出て見たら」と、熱心に勧めてくれたのだ。

大河内の才能を誰よりも早く見いだしてくれたのは、この奥さんだったのだ。あまりにも熱心に勧めてくれるので、室町次郎の芸名で舞台に立ってみた。脚本を書いていたので何とか芝居が出来た。評判も上々だった。

「ね、私が言った通りでしょう」と奥さんもご満悦だった。

この二十六歳の無名の青年が映画の世界に入って行くのは大正十五年秋のことだった。

彼はこの時、日活大将軍撮影所に正式に入社して「大河内伝次郎」の芸名をつけてもらう。

さらに大河内を有名にした作品がある。昭和三年、三十歳の大河内が伊藤と唐沢のコンビで『新版大岡政談』を世に出した。この作品の中で大河内は初めて片目片腕の丹下左膳《たんげさぜん》を演じた。

原作ではあまり重要な人物ではなかったのだが、この作品では左膳を前面に出す設定とした。映画はトーキーの時代に入っていた。大河内の発声には出身地・豊前《ぶぜん》の訛りがあった。それが魅力となるのだから、分からないものだ。

「シェイは丹下、名はシャゼン」（姓は丹下、名は左膳）は流行語になるほど一世を風靡し、大河内の名も不動のものとなる。

結局、日活で「丹下左膳」の名のつく映画は十七本も作られた。すべて大河内の主演だった。

十二年間、日活にいて、大河内は百本の映画に出演し、全て主演を張った。ここで大河内は日活を去って東宝に移籍する。

昭和十二年、盧溝橋事件をきっかけとして世の中はがらっと変わる。『ハワイ・マレー沖海戦』や『加藤隼戦闘隊』など戦意高揚映画にも大河内は出た。その一方で黒澤明作品にも出た。『姿三四郎』『虎の尾を踏む男たち』『わが青春に悔いなし』などの仕事もした。

数々の名作と名声を残して大河内は昭和三十七年、自ら建てた山荘で没する。

六十四年の生涯で彼がもう一つこの世に残したものが、この京都嵯峨野の「大河内山荘」である。数寄《すき》を凝《こ》らしたこの建物に大河内伝次郎の心が残されていた。

『青春の門 自立編』のポスター（東宝）。左は田中健。

大竹しのぶ

（昭和三十二年〜）

いま日本を代表する女優といえば多くの方は、吉永小百合とともに大竹しのぶの名を挙げるのではないだろうか。

私は昭和五十年の、大竹のデビュー作、『青春の門』の織江役のあどけない田舎少女の姿が忘れられない。

そして私などには、最近のバラエティ番組でみせる天然ぶりと、舞台で見せる役になり切った、いわゆる憑依《ひょうい》型の女優の顔とは、どうしても一致しない。

美空ひばりと同じく大竹は、いざとなれば瞬時に涙を流すことができるといわれ、女の深い闇を演じさせればまさに天下一品だ。

この稀代の名優・大竹しのぶはどんなふうに育ったのだろうか。

大竹は昭和三十二年、東京西大井で一男四女の三女として生まれた。父は旧制の高等工業を出たあと、東京電力に勤めていたが、しのぶが小学校一年生の時、結核を患い、空気の良い所ということで埼玉県入間郡に転居した。

しのぶが中学三年生の時、東京に戻り江戸川区立の中学に編入して、都立小岩高等学校を卒業する。さらに桐朋学園大学短期大学部演劇専攻科に入学するが、ここは中退。

もともと演劇志望のしのぶ

だったが、チャンスは突然やってくる。

昭和四十八年、フォーリーブスの北公次主演のテレビドラマ『ボクは女学生』で相手役が公募された際、大竹はこれに応募、見事に合格し、女優・大竹しのぶの誕生となった。

『青春の門』で映画デビューするのは、その二年後の昭和五十年、大竹、十八歳の時である。『週刊現代』連載の、当時の人気作家五木寛之の原作で、仲代達矢、吉永小百合出演の大作で、監督は「キューポラのある街」で吉永小百合を世に出した浦山桐郎だった。

大物スターに伍しての大竹の熱演は多くのファンを作り、これ以後、木下恵介、山田洋次などの名監督から是枝裕和らの新進まで立て続きに声がかかり、現在まで六十一本の映画に出演している。

受賞歴をあげると、デビューの『青春の門』でブルーリボン新人賞を皮切りに、『事件』で日本アカデミー賞最優秀主演女優賞。『鉄道員（ぽっぽや）』で同賞、そして新しい所では『後妻業の女』でブルーリボン主演女優賞、日本アカデミー賞優秀主演女優賞と名のある賞を次々と受賞。

平成二十三年秋には紫綬褒章も受賞した。

映画だけに限っても、日本の女優でこれほどの受賞歴のある人はいない。

さらに、『和宮様御留』『家政婦・織枝の体験』『優しい時間』などのテレビや、蜷川幸雄の舞台での名演は数え上げればきりがないし、受賞歴もまたすごい。

私生活ではＴＢＳのディレクター服部清治と死別したあと、平成元年に明石家さんまと再婚、長女・ＩＭＡＬＵを授かったあと離婚。野田秀樹と同棲するなど〝恋多き女〟としても有名である。

まだまだ五十九歳。これからの活躍を大いに楽しみにしているのは私だけではないだろう。

緒形拳の鬼気迫る演技が話題となった『復讐するは我にあり』（松竹）ポスター。

緒形《おがた》 拳《けん》

（昭和十二年〜平成二十年）

緒形拳と書いて「おがたこぶし」と読むのだそうだ。命名したのは劇作家の北条秀司の夫人だった。

「あなたの特徴は何か」と聞かれて「うーん、手かなあ」と緒形は答えたそうだ。そこで〝こぶし〟と命名された。

手と聞いて、私たちは発作的に弁慶の緒形がおおきな手の平を広げて見せた、あのシーンが目に浮かぶ。

「だから自分の中では今もケンではなく、コブシなのだ」と後年も語っている。

しかし、誰もコブシとは呼ばず、ケンさんで親しまれた。どう呼ばれようと緒形は太い糸で織った厚地の布のような重厚な味わいを残してくれた。

スターと一言で言っても見た目の美しさだけの俳優もいれば、美しくも何ともない、それなのにこちらの心に突き刺すような存在感で迫る。緒形拳とはそんなスターだった。

緒形拳、本名は緒形明伸《あきのぶ》という。昭和十二年、東京牛込の出生である。

緒形が育つ頃、太平洋戦争は過激になって行く。昭和二十年三月の東京大空襲を始めとし、連日の空襲に苦しめられるようになっていた。

そんな中、緒形の家も焼失してしまう。緒形が小学校二年生の時のことだ。

「もう東京には住めない」と緒形の父は覚悟を決めて、一家で千葉市登戸町に疎開する。

戦後、東京に戻った緒形は竹早高等学校を卒業すると、迷うことなく演劇の道に入って行く。親たちはそんな緒形の進路に反対することなく、気持ち良く送り出している。それほど緒形の決意が固かったという。この人はこうと決めたら誰が何といおうと決して曲げない。

以前から憧れていた新国劇の世界だ。緒形は辰巳柳太郎の弟子になりたいと考えていた。とにかくまず新国劇に入団した。そして辰巳の付き人になる。辰巳の傍にいて所作や芸を盗む。それが緒形のやり方だった。辰巳は当時、島田正吾とともに新国劇の二枚看板だった。

昭和三十五年、二十三歳になった緒形は抜擢され『遠いひとつの道』で主役のボクサー役を演ずる。

この舞台は大好評であったので映画化もされる。そちらの主役も緒形が演じた。

昭和四十年、NHKテレビ大河ドラマ『太閤記』の主役の木下藤吉郎（後の豊臣秀吉）に緒形が抜擢された時が衝撃であった。まだ無名に近かった緒形がいきなり大河ドラマの主役になってしまったのだ。

しかも翌年の大河ドラマ『源義経』にも起用される。こちらは弁慶役だったがこれがまた当たり役となる。『源義経』自体が視聴率を稼ぐヒットだった。もう緒形拳の名を知らぬ者はないほどになった。

とくに弁慶が主君・義経を守るため命をかけて立ち往生をする場面は、見る者の涙を誘うものだった。

緒形は自慢の手のひらを画面に向けてかざし、見えを切った。弁慶の立ち往生と言われ、その最期には日本人の涙腺を揺さぶるものがあった。

今でも岩手の衣川に行くと「弁慶の立ち往生の地」と書か

れた看板が建っている。それを見た時、反射的に私は緒形拳の顔を思いだしていた。

　その後も緒形は数々の大河ドラマに出演して、常連俳優の一人として活躍をした。

　そんな矢先、緒形は女優の高倉典江と結婚した。高倉も新国劇所属だった。この年、緒形二十九歳だった。そして二人の男の子を得て、その子らは二人とも俳優になっている。長男・緒形幹太、次男・緒形直人である。家庭的にも円満で堅実であったことが知れる。

　緒形は結婚の二年後、新国劇を退団して映画、テレビに活動の場を変えて行く。

　映画では『砂の器』『八甲田山』『復讐するは我にあり』などの話題作に出演、『鬼畜』『楢山節考』『火宅の人』でそれぞれ日本アカデミー賞最優秀主演男優賞を受賞している。

　テレビでは『必殺仕掛人』シリーズでは藤枝梅安を演じて好評であった。『必殺仕掛人』シリーズが始まったのは昭和四十七年だった。

　人間の裏の顔を見事に演じてこのシリーズにはなくてはならない俳優となった。

　このシリーズが映画化されるのはまもなくのことだ。人の世はきれい事ではすまされない。理不尽な処遇を受ける者が金で恨みを晴らしてもらう。それが仕掛け人だった。

　生真面目な緒形は仕事に軽重をつけず、どんな小さな仕事も大まじめでこなした。緒形の歩いた道はその生真面目さの積み重なりだった。

　緒形が死去する数年前だった。小田原に北条秀司の記念碑を建立することになった。『王将』などの原作者である。

　その除幕式の席に緒形はふらりと現れた。

　関係者は驚いたが、北条夫人が緒形を可愛がったことが思いだされる。

　緒形拳は平成二十年、肝癌で死去。七十一年の生涯だった。

夫となる吉田喜重監督の『秋津温泉』（松竹）ポスター。左は長門裕之。

岡田茉莉子《まりこ》

（昭和八年〜）

戦争が終わった時、私は小学一年生だった。田舎の小学生の私の耳にまで「おかだまりこ」という名前が聞こえて来た。その人はモダンで、外国人のようにはっきりモノを言う女性だそうだ。

母がまずその人の虜《とりこ》になって、岡田茉莉子主演と聞けば小田原の町までとんで行った。それまでは戦前の俳優たちが活躍していた。それはそれで戦後の喜びではあったが、どこか新しい世とはぴったりこない。

そんな時に彗星のように現れた岡田茉莉子は、男たちより前に女の心を捕らえた。何よりも岡田は洋装が似合った。はっきりした顔だち、上手な洋服の着こなしが日本女性の劣等感を払拭《ふっしょく》してくれたのだった。

この岡田茉莉子、昭和八年、東京の渋谷区代々木で生まれた。父は有名な俳優・岡田時彦、母はダンス教師の田鶴園子という環境で生まれている。

母は元宝塚歌劇団の卒業生であったが、岡田が五歳の時、ダンス教師の資格を取って上海でダンスを教える仕事を得て、海を渡ることになった。

それで五歳の岡田は、大森に住む母の妹の御幸市子の元で育てられることになった。その叔母の市子も宝塚スターだった。

岡田は生まれながらにして、

宝塚の華やかな空気を持った女たちの中にいたことになる。

しかし二年後、市子が結婚する。相手は東宝のプロデューサーの山本紫朗である。

岡田は上海の母のもとに行く。上海は当時各国の租界があって目を見張るような世界だった。岡田はこの年、十一歳。すっかり上海に魅了されたが、戦争は悪化するばかりだった。

母は岡田の女学校のことも心配した。昭和十九年、岡田は日本にもどる。ふたたび御幸市子のもとに身をよせる。香蘭女学校に通っていたが、いよいよ東京も危なくなって母と新潟に疎開する。

田舎の暮らしも岡田には新鮮であった。上海で見たものとは全く違う人々の生き方を見た。そういう体験は後の映画出演の折の表現に役立ったという。

その頃のことだ。新潟の女学校の友達に誘われて映画館に行った。岡田は演劇部に所属していた。映画に誘ってくれた友達も演劇部員だった。

その日、二人はサイレント映画『滝の白糸』を見た。映画は岡田の生誕の年に作られている。家に戻って母にその映画のことを話すと母は泣き出したという。その映画の主役こそ、岡田の父親であると、その時初めて聞かされた。

岡田はあわててもう一度映画館に取って返して、今度は自分の父を見るために、一人で映画館に座ったのだった。そして自分も映画俳優になろうと決意を固めるのだ。

昭和二十六年、十八歳になった岡田は叔父の山本紫朗の勧めもあって東宝ニューフェイスに応募して採用される。

ズブの素人であった岡田は、東宝演技研究所に入り一から勉強するが、わずか二十日後、成瀬巳喜男監督から声がかかった。

東宝入所の際、岡田時彦の娘であることは知れていた。しかし、成瀬は岡田自身の資質を見抜いて声をかけたのだ。その最初の仕事が映画『舞姫』の準主役だった。これが岡田の映画デビューになる。

以後、東宝の主演女優として何十本もの映画に出た。そして昭和三十二年、フリーとなる。なったとたん、岡田に松竹から声がかかり、松竹の専属になる。松竹は女性向けの映画を得意としていたので、岡田にはぴったりだった。

同じ頃、有馬稲子も東宝から松竹に移籍していた。有馬と岡田は松竹の二枚看板として大活躍をして行く。

昭和三十七年、岡田茉莉子映画出演百本記念作品として作られた『秋津温泉』が大ヒット、毎日映画コンクールで女優主演賞を受ける。

岡田の輝くばかりの全盛時代の到来であった。父譲りの美貌と演技の勘の良さが、この岡田茉莉子という女優の持ち味だった。

その輝く岡田の上にもう一つおめでたい事が重なった。『秋津温泉』の監督を務めた吉田喜重と出会い、二人の間に恋が芽生えたのだ。この二人がゴールインするのは昭和三十九年六月。二人は西ドイツのバイエルン州で挙式した。仲人は木下恵介監督と女優の田中絹代が引き受けてくれた。

その年の秋には日本で初めてのオリンピック開催が予定された。世の中は明るく、前向きになっていた。そんな時代に岡田のような近代的な容貌がピタリと合っていた。岡田の全盛時代は続く。映画も全盛を極めていた。

『戒厳令』では女優としてではなく、プロデューサーとして吉田を支えた。

やがて映画は斜陽期を迎えるが岡田はその波をも難なく越えて行く。「どんな時代が来ても映画が無くなる筈はない」との信念だった。いま岡田茉莉子、八十四歳。華麗さをのこしたまま、大女優である。

『原爆の子』（近代映画協会・民芸）ポスター。

乙羽信子

（大正十三年〜平成六年）

「百万ドルのえくぼ」という売り文句で乙羽信子は私たちの前に現れた。美しいというよりは可愛いと言う感じだった。

乙羽信子が彗星のように現れた頃、私は小田原の片田舎に住んでいた。戦争が終わってまもない頃だった。

東京の戦火を逃れて父の郷里に疎開したまま、ここに暮らし続けていた私たちだった。

自然はいっぱいだったし、魚は美味しいし、村人の人情は温かい。

ここの暮らしは申し分ないが、東京育ちの母にすれば、「ここには文化がない」と不満だった。母自身もそれを不満にしたが、小学六年生の娘の私に文化がないことをひどく気にしていた。

その頃、友人の和子ちゃんの家族が平塚に引っ越すことになった。和子ちゃんのお母さんと私の母が親しかったことから、母はこんな願い事をした。

「お休みの日などにお宅が映画を見に行く時、うちの娘も連れて行って欲しい」

和子ちゃんのお母さんは映画好きで母とはいつも映画の話をしていた。

「田舎の人は文化というものが分からない。音楽会や展覧会に行くことはごはんを食べるのと同じにだいじなことなのに」というのが母の考えだった。「せめて新しい映画でも見せたい」と母は言い暮らした。

そんな折、平塚に転居する和子ちゃんのお母さんに私の映画見物を依頼したのだった。

こうして、平塚で見た映画のほとんどが乙羽信子主演の映画だった。

和子ちゃんのお母さんは乙羽信子が好きだったらしい。いつも乙羽だった。私も嫌いではないが、男と女のどろどろした話は私や和子ちゃんにピンと来ないものばかりだった。

「こういうのが母のいう文化なんだろうか」私は少し乙羽信子まで好きでなくなっていた。結局、この映画会は終わった。そして私は文化を書物の中にみつけた。

ずっと時を経て、改めて乙羽信子に出合った時、彼女は全く別の人だった。何があったのだろうか。

乙羽は大正十三年、鳥取県米子市で生まれた。本名は加治信子である。愛称は「オカジ」だった。鳥取で生まれた信子が父の住む大阪に引き取られ、ここで育つ。まもなく、饅頭屋の養女となる。

家庭的には恵まれない育ち方だったようだが、皆に可愛がられていたことは確かのようだ。

ある日、養父の姉、つまり伯母さんに連れられて宝塚歌劇を見に行った時のことだ。

「自分もこういう舞台に立ちたいなあ」と乙羽は考えるようになる。

「それには大変な試験があるのよ」伯母さんは「無理無理」と言ったが信子は頑張った。

昭和十二年、信子は宝塚に入団する。同期生には越路吹雪、月丘夢路、東郷晴子がいた。入団時の成績は九十三人中四十九番であったが、やがて頭角を現す。初舞台は昭和十四年、『宝塚花物語』だった。

この時、信子は手応えを感じていたという。

が、世の中は戦争一色になっ

てしまって宝塚も昭和十九年、休演に追い込まれる。

その宝塚が戦後、再開された時、信子はトップの娘役として淡島千景と人気を二分することになる。

しかし、しばらくすると娘役に限界を感ずるようになる。そんな矢先、ライバルの淡島が松竹入りをしたのを見て、信子は大映に入社する。

「百万ドルのえくぼ」の乙羽信子の誕生である。

デビュー作品は『処女峰』で上原謙と共演した。この映画の脚本家が新藤兼人だったが、乙羽との縁は結ばれてはいない。最初に新藤監督の作品に巡り合うのは昭和二十六年『愛妻物語』であって、乙羽のスターとしての第一歩になる。『愛妻物語』で夫を陰で支える妻を乙羽は演じた。良人役は宇野重吉だった。

昭和二十七年、乙羽の行く道を大きく変える仕事に出会う。新藤監督が自主制作した『原爆の子』に乙羽の出演を頼んだのだが、大映は大反対。乙羽の決意は固かった。大映を退社する覚悟でこの映画に出ることにした。

それまでの占領時代は原爆のことは本に書いても、映画にしてもいけない。検閲で許可されなかったのだ。

それが独立の声も聞こえる頃になって、原爆をテーマにすることが許されたのだ。新藤監督は乙羽を先生役に使ってこの映画を作りたかった。

乙羽も新藤の期待に応えた。大映をやめた乙羽は新藤が立ち上げた近代映画協会の同人となって新藤の片腕となる。二人は愛人関係になるが乙羽はずっと影の存在に耐えて、本妻が死去した後も陰の人でい続けた。

乙羽と新藤が結婚するのは昭和五十三年、乙羽、五十四歳の年だった。その十六年後、乙羽は七十歳の命を終える。何とさわやかな生涯だったことか。私は乙羽信子がすっかり好きになっていた。

香川京子

（昭和六〜）

『まあだだよ』（大映）ポスター。

『奇跡の歌姫・渡辺はま子』という舞台が横浜であった。今から十七年前のことだ。

渡辺はま子は横浜の生んだ歌手だったが、戦後七年も経つのに戦犯としてフィリピンの収容所に繋がれていた戦犯たちを救うため尽力した歌手である。

百八人の死刑囚、無期囚たちが自分たちのことを知ってもらいたいと歌を作った。それが『あゝモンテンルパの夜は更けて』だった。

この歌を渡辺はま子が歌った。歌は大ヒットとなり、映画も四本作られた。

横浜の舞台で渡辺はま子に扮したのは、女優の五大路子だった。舞台が終わってから、一人の上品な女性が舞台の袖《そで》に歩み寄って来られた。この方が香川京子であることに気がついて私たちは驚いた。

昭和二十七年、映画『モンテンルパの夜はふけて』に出演した香川はこのドラマを忘れてはいなかった。わざわざ足を運んでモンテンルパの奇跡の物語を見に来てくれたのだ。

香川京子という人はそういう人だった。昭和二十八年には『ひめゆりの搭』に出演し、沖縄の女の子たちの悲劇を伝えた。香川には『ひめゆりたちの祈り』という著書もある。

香川京子は昭和六年、茨城県

の行方市の母の実家で生まれた。生まれてすぐに父親の仕事の都合で兵庫県芦屋に移る。小学校に入る一年前に東京にもどった。

が、香川たちが東京にもどった頃、戦争は過激になっていた。昭和十九年、香川は首尾良く、都立第十高等女学校に合格して通学を始めていたが空襲が激しくなって来たため、母の里の茨城に疎開。地元の女学校に転校するが、もうその頃は、女学校の授業はほとんどなく学徒動員で勤労奉仕に使役される毎日だった。勉強出来ないことが情けなかった。

そしてやっと終戦の日を迎える。東京に戻ることも出来、元の女学校に復帰することも出来た。

昭和二十四年、香川は女学校を卒業した時、英語の勉強がしたいと考えていたが、家庭の事情はこれ以上の教育を受けさせてもらえる情況ではなかった。

香川は「一体、私はどうすれば良いのだろう」と思いあぐねていた時だった。新聞を見ていて「ニューフェイス募集」という文字に出合う。

しかし、これまでそういう世界に行く発想は香川にはまったくなく、一般の会社にも願書を出していた。

ニューフェイスの試験は順調に進み、カメラテストの最終試験にたどり着く。その時、香川は一般会社の方も最終試験と重なってしまうことに気付いた。母親に相談するとニューフェイスの方を選ぶべきだと助言してくれた。女優の道はこうして現実になった。

昭和二十五年、香川は新東宝と契約して『帰国（ダモイ）』で映画デビューする。続けて島耕二監督の『窓から飛び出せ』に出演する。順調な歩みだった。

それまで演技の勉強もしたことはなく、言ってみればズブの素人だった。

その香川が人気者になり、名作映画の主演を果たす。

「不思議よね。何故かしら」と当の香川は首をかしげる。「もしかしたらね、個性がなくてね、普通の女の子って所が監督さんは使いやすかったんでしょう」と言う。

「われもわれも」と女優たちがその美貌を誇示している時、香川京子はひっそりとしていた。そういう所が見る者の胸にストンと落ちるのだった。香川の清潔さ、上品さは戦後という泥沼の池に咲いた一輪の花だった。『東京物語』が出来たのは『ひめゆりの塔』と同じ昭和二十八年のことだ。小津安二郎監督の渾身の作である。個性的な俳優が演技を競うことになったのだが、香川はこの時もひっそりと可憐に役をこなしていた。そう言うところが香川人気を一層大きくした。

その香川が翌年、溝口健二監督の『近松物語』でヒロインを演じた。ここで香川は初めて人妻を演じることになった。まだ二十三歳で独身だったので既婚者の動作が分からず、戸惑ったとのちに述懐している。

香川が実生活で結婚するのは昭和三十八年、香川、三十二歳の時だった。お相手は新聞記者であった。やがて出産、育児に重ねて夫のニューヨーク転勤があり、香川は三年ほど仕事を離れることになった。

休暇に入る前に『赤ひげ』に出演した。これも好評で「早く帰って来てくれ」と監督たちに言われての旅立ちだった。ニューヨークでは近所に日本人家族が多く、そこの奥さんたちから日本料理などを教えてもらって花嫁修業をしているようだったという。この人はどこでも学べる人なのだ。

帰国後、映画は全盛期を終えていた。しかし、香川は平成五年、黒澤明の『まあだだよ』で日本アカデミー賞最優秀助演女優賞はじめ各賞を受け、映画、テレビで活躍した。そして八十五歳になった香川京子は、いまでも元気で活躍している。

『御存じ いれずみ判官』（東映）ポスター。

片岡千恵蔵《ちえぞう》

（明治三十六年〜昭和五十三年）

市川右太衛門が「北大路の御大《おんたい》」と呼ばれるのに対して片岡千恵蔵は「山の御大」と呼ばれた。片岡が住んでいた京都嵯峨野は山の手と言われていたからだ。

この二人はまさに肩を並べる御大だった。同時代を生きた二人は生き方にもいくつかの共通点があった。

明治三十六年、本名植木正義の片岡は群馬県で生まれている。片岡が小学校に入学する頃、一家は東京麻布に移転した。その片岡は明治四十五年、十歳で十一代片岡仁左衛門の主宰する大坂八千代座に入門する。

子役としての片岡のスタートだったがその時、彼はすでに花形役者だった。生まれつきの美貌がこの少年の舞台を一層輝かしいものとしていた。

大正十二年、十六歳になった片岡は明治座の名題《なだい》(看板役者)に昇進することが出来た。舞台に立つことがうれしくてならない。

ここでは片岡千栄蔵を名乗った。『車曳き』『関白秀次』などを演じて評判となる。同門に女形時代の嵐和歌太夫（のちの嵐寛寿郎）がいた。

嵐のような実力者と共演出来ることが喜びであった。大きな手応えを感じたが、順調だったのはここまでだった。片岡がぶつかるのも門閥の壁だった。

市川右太衛門と同じくここは実力の世界でないことを身をもって知らされたのだった。

いつまでも役はもらえず、大部屋暮らしだった。来る仕事は端役ばかりであった。

その時、彼の前に現れたのが映画だった。市川右太衛門と同じく片岡もスタートしたばかりの映画産業に身を投じて行く。映画会社の方でも片岡たちのような実力のある若者を求めていたのだった。

片岡はわずか十六歳で小笠原プロダクションに入社して、植木進の名で『三色すみれ』に出演している。

四年後の昭和二年、牧野省三はマキノプロダクションを立ち上げたが、その際、新人スカウトを頼まれていた作家の直木三十五の目に止まったのが片岡だった。

片岡は誘われるままにマキノプロダクション御室撮影所に入社する。嵐寛寿郎より一日早い入社だった。

入社と同時に片岡千恵蔵となり、新しいスタートとなる。最初の映画出演は『万花地獄』であり、マキノにとっても最初の作品となる。

片岡はこのまま、映画界で活躍出来る筈だった。それがうまく行かなくなるのは牧野との衝突だった。配役の事で牧野に不満を持った片岡は、牧野のもとを飛び出してしまうのだった。

二十五歳で独立して片岡千恵蔵プロダクションを創立する。脚本家伊丹万作と稲垣浩監督が参加し、京都嵯峨野に撮影所を作り千恵プロは始まる。

片岡は殺陣が得意でなかったこともあり、チャンバラのない時代劇を目指した。セリフも現代語でしゃべらせるなどの工夫が斬新だった。これが受けた。日本映画界に新風を巻き起こした。片岡の作る映画はちょんまげを付けているのに、現代人と同じ人間の苦悩や喜びを表現する映画だった。

稲垣の『鴛鴦旅日記』や『一本刀土俵入り』、伊丹の『国士無双』『赤西蠣太』などがこうして生まれた。

昭和十二年、三十三歳の片岡は自らのプロダクションを解散して日活に移る。

『宮本武蔵』や『人生劇場』『織田信長』などに出演してここでも評判を取る。「やはり、俺は役者だな」と片岡は演ずる喜びをかみしめるのだった。

片岡の人気も不動のものとなり、手応えを感じていたが、時代は最悪だった。戦争に突き進む世の中では、娯楽映画というものは肩身の狭いものとなる。

昭和十七年に日活と新興キネマが統合され、大映となる。片岡はそのまま大映に所属。ようやく戦争が終わったと思いきや、ＧＨＱからの検閲でチャンバラ映画は禁止される。

片岡の時代劇には立ち回りはなく、戦闘シーンなどないのだけれど、アメリカ人には髷《まげ》をつけた芝居は全てチャンバラに見えるのだった。そこで登場したのが『七つの顔』の多羅尾伴内《たらおばんない》だった。

これが大当たりで、娯楽に飢えた戦後の人々に楽しみを与えたし大映にも利益を与えたけれど、永田社長に「幕間のつなぎ」と馬鹿にされ、片岡は激怒。

昭和二十六年、東映が創設されると、市川右太衛門と共に重役兼トップスターとして迎えられる。

昭和三十年、内田吐夢監督の復帰第一作『血槍富士』に主演、ブルーリボン大衆賞を受賞。つづく『大菩薩峠』『いれずみ判官』などに主演、ふたたび、片岡の全盛時代がやって来る。

昭和三十年後半に入ると中村錦之助、大川橋蔵らに主役の座を譲って脇役が多くなったが、テレビドラマに活躍の場を広げ、『世なおし奉行』が最後の主演作品となった。その後、加藤剛の『大岡越前』の父親の大岡忠高などの脇役で健在ぶりを示した。

勝 新太郎

（昭和六年〜平成九年）

勝といえば座頭市。『座頭市物語』（大映）ポスター。

『座頭市』のドスの聞いたセリフや『悪名』などによって勝は強く激しい男というキャラクターを確立していた。大好物がオムライスだったそうだ。

バッタバッタと敵を斬る少々悪い男の好物が、オムライスでは格好がつかない。それで、勝は食堂の隅でこそこそ食べていたのだという。何とも可愛い悪役ではないか。

勝新太郎は本名を奥村利夫と言う。昭和六年、母方の実家のあった千葉県で生まれた。生家は旧東京市深川区にあった。

父親は、長唄三味線方の杵屋勝東治《きねやかつとうじ》であり、母は八重子と言った。勝はこの家の次男である。二歳上の兄が若山富三郎である。

勝は十代の頃から長唄と三味線の師匠として深川の芸者に稽古をつける日々だった。このまま行けば父親の後をついで、長唄の先生になるところだった。

その勝の映画界への道筋は意外なところにあった。昭和二十九年、二十三の時だ。

勝は長唄のアメリカ巡業の途中で撮影所に立ち寄りジェイムス・ディーンに会ったことがきっかけだった。彼の生き方に心惹かれ、自分も俳優になろうと考え始めたのだった。そう考えると一目散だ。

勝は二十三歳で大映京都撮影

所と契約、この年『花の白虎隊』で映画デビューする。

　大映社長永田雅一はそんな勝を可愛がり、白塗りの二枚目として市川雷蔵に次ぐ役者として次々と主演映画を勝に与えるが、なかなかパッとしない。人気が出ないのだ。

　その頃の勝は長谷川一夫そっくりの白塗りのメークも板につかない。映画館の館主たちも怒って来る。

　勝の映画はそれほどに不入りだった。「勝を降ろしてくれ」という大合唱だった。

　事態が好転するのは昭和三十五年の『不知火検校《しらぬいけんぎょう》』からだった。これは野心的な検校の役だったが、勝の個性が光り、それまでの評価を一変した。

　おまけに勝にはうれしい事が重なった。『不知火検校』で共演した中村玉緒と巡り合い、婚約にこぎ着けた。玉緒は二代目中村鴈治郎の長女で大映の女優だった。勝にとってこれ以上の縁談はない。

　玉緒とは『不知火検校』の後も『悪名』でも共演した。『悪名』での田宮二郎とのコンビは話題を呼び、このシリーズは十六作もつづく。

　翌年、昭和三十七年、永田社長の媒酌で玉緒と結婚することが出来た。『悪名』のヒットが二人の結婚を可能にしたと言えるかも知れない。

　続いて『座頭市物語』や『兵隊やくざ』を完成させて勝は不動の人気を獲得する。そうした矢先、長谷川一夫、山本富士子が大映を去ると、市川雷蔵と勝新太郎が二枚看板となって大映を支えた。

　そんな二人を人は「カツライス」と言った。まさに黄金時代の到来であった。

　昭和四十二年、ついに勝プロダクションを設立する。この時期、三船敏郎プロや石原裕次郎プロ、中村錦之助プロなど俳優の独立と自身のプロダクションを設立することが流行った。映画会社や五社協定に縛られることなく、自由な映画製作が出来ることが魅力だった。

勝プロは経営が立ち行かなくなった大映のエログロ路線の作品とは一線を画し、理想的な若者向けの映画を製作した。また、時代劇の衰退を危惧した勝は伝統的な時代劇制作にも取り組んだ。実兄・若山の演じた『子連れ狼』や自身が主演した『御用牙』なども成功した。

この時期の勝は実に真面目で良い映画を作るのだという理想に燃えていたことが分かる。

その頃、デビューしたばかりの俳優がいた。実績も何もなく、心細そうにしていた。若き日の松平健であった。勝は一目でこの青年の俳優としての素質を見抜いて弟子とし、自身が製作・主演したテレビドラマ『座頭市物語』に出演させて、徹底的に鍛え上げた。

そして昭和五十三年、テレビ『暴れん坊将軍』に松平を主演させて時代劇スターに仕立て上げた。松平は勝プロの看板スターとなった。

勝は演劇に対して理想を持っていた。テレビドラマ『警視K』を作る時も完全主義の勝は予算をオーバーしてしまう。しかも作品自体もヒットしなかった。勝プロは十二億円という負債を抱えて倒産する。

おまけに不祥事がぞくぞくと勝を襲った。勝の娘と息子が大麻密売の罪で逮捕されてしまう。昭和六十四年、勝は長年の沈黙を破り、『座頭市』を完成させようとしていた。その撮影中、殺陣の場面で勝の長男・雄大が誤って真剣で共演者を殺してしまうという事故が起きる。

二年後、勝はホノルル空港で下着にマリファナとコカインを入れていたとされ、現行犯逮捕された。

それから七年後、勝は莫大な借金を妻に残して、六十五歳の生涯を終えた。勝の出棺時、一万二千人ものファンが押しかけて「勝ちゃん、ありがとう」と叫んだという。

『砂の器』（松竹）ポスター。上右が加藤剛。

加藤 剛

（昭和十三年〜）

どこから見ても、この人は都会人である。近代的でスマートである。ダンディという言葉はこの人のためにあるのではないかとすら思えてしまう。長身でやせ形で「すっすっ」と歩く。気品があって、何とも言えない風格がある。

加藤剛、芸名はかとうごうと読む。本名は「かとうたけし」と読むのだそうだ。昭和十三年生まれ、出生地は静岡県榛原郡白羽村（現御前崎市）である。

加藤家は古くからの地主であった。戦後の農地改革で大半の地所を失ったが、それでも八百坪の敷地と隣接した裏山は広大で木々に覆われていた。

加藤の父、鉉一郎は小学校の校長だった。加藤には姉四人と兄、弟がいた。父親が校長であると子どもはプレッシャーを感ずるものなのだが、加藤は全くそんな気持ちになったことがない。加藤は腕白な少年でもなく、親のいうことを良く聞く、優等生だったからだ。

母が一日中、野良に出て働くのを見て、誰にも何も言われなかったが黙って母のすることを見よう見まねで手伝った。さつまいもや麦を家の廻りで作っていたので、その世話を積極的に手伝った。

高学年になると、難しい農作業も出来るようになって、母も加藤を当てにするようになる。他の兄弟は誰一人、農業に手を出すものはなかった。

加藤は家の南に横たわる遠州灘の姿や茶畑の丘などの風景が好きだった。出来るものなら、ずっとここにいて母と二人で畑仕事をしていたかった。

しかし、東京の高等学校に進学するために故郷を離れる日がやって来た。中学三年の時、加藤は東京にいる長姉を頼って上京した。

その姉は戦争で夫を亡くし、美容院を開いて生計を立てていた。戦争未亡人である。

父・鉉一郎は加藤を医者にしたいと考えていた。加藤の成績がよかったので期待していた。まさか俳優になるとは思いもよらぬことだった。当の加藤自身も思いもよらない。

そのいきさつについてはこんな話がある。加藤は美容院を経営する姉の家に寄宿して小石川高校に通っていた。高校では柔道部に入っていたのだが、柔道部の先輩が演劇もやっていてある時、「お前も手伝え」と命じられた。行きがかり上、先輩と共に舞台に立った。

もともと演劇や映画には関心があったので、舞台に立ったことで加藤の血が騒ぐことになった。早稲田大学も文学部演劇科を選んだ。本格的に演劇に打ち込みだしたのだ。

大学内の劇団や自由舞台で活躍し始めた。四年になった時、二十倍という難関を突破して俳優座養成所に入る。

途中、昭和三十七年、テレビドラマ『人間の条件』出演のため一年間、大学を休学した。こんなところにも加藤の生真面目さが現れている。

大学を適当に続けながらテレビ出演をすることだって出来たかも知れなかったが、加藤はそういういい加減な行動は許せないのだった。

テレビを見た人々が感激したのは当然だったが、もっともっと感激した人がいた。『人間の条件』の原作者・五味川純平である。「テレビ映画の優れた主演者」と彼を呼んだ。

加藤剛という名前も知らなかったのだろう。

そうこうするうち、俳優座養成所を卒業する時がやって来る。十三期の同期卒業生には石立鉄男、佐藤友美、細川俊之、横内正らがいた。

そして映画での加藤の活躍が始まる。昭和三十八年『死闘の伝説』でデビュー以来、『五瓣の椿』『香華』『忍ぶ川』『砂の器』『戦争と人間』『衝動殺人 息子よ』など名作、話題作に出演。加藤の名は一気に広まった。

特に三浦哲郎の芥川賞作品を映画化した熊井啓監督『忍ぶ川』で見せた加藤のみずみずしさは、栗原小巻の美しさとともに私には忘れられない。

また松本清張原作、野村芳太郎監督の名作『砂の器』の主人公、天才ピアニスト和賀英良に扮した加藤のハンサムぶりも、あの芥川也寸志の名旋律とともに今も私の脳裡に残っている。

加藤剛の代表作、テレビの『大岡越前』に出会うのは加藤三十二歳、昭和四十五年のことだ。そして月曜八時を三十年間に渡り、支え続けた。

さらに、NHK大河ドラマ『風と雲と虹』では主役の平将門を演じ、そのさわやかな容姿は茶の間の話題となった。

『大岡越前』で共演した竹脇無我とは私生活でも長い付き合いだった。平成二十三年に竹脇が急逝したときの衝撃と悲しみは例えようもなかった。

加藤の私生活は恵まれていて、信頼出来る妻と二人のこども、好きな演劇で生きて行ける。時折、母と並んで畑の草取りをした夕暮れ時を思いだす。

芯からこの人は真面目だったという。「まるで大岡越前そのままだ」と映画評論家の田山力哉は笑う。

加藤にジョークをぶつけても困ったような顔をして微笑むだけだったという。

劇中歌『君といつまでも』が大ヒットした『エレキの若大将』（東宝）ポスター。

加山雄三

（昭和十二年〜）

とても八十歳の人には見えない。姿勢が良くて、パワーにあふれている。加山雄三の「若大将のゆうゆう散歩」は楽しかった。この人の前向きな生き方が朝の散歩を輝かせた。

「夢は思えばかなうんだ」と彼は言う。

彼にそう言われると「夢はかなうかも知れない」と思えて来る。かなわぬ夢はないのだ。まず夢を見ることなんだと、明るい気持ちになって来る。

もともとは地井武男がやっていた「ちい散歩」という番組だった。地井が病気で倒れた時、ピンチヒッターとして加山が「ゆうゆう散歩」を開始した。加山は地井とはテレビドラマ『江戸の旋風』で共演してからの仲間だった。

ほんの短い時間だけだと思って加山は引き受けたのだが、地井はまもなく死んでしまった。地井の死に直面し、加山は声も出なかった。「まさかこんな事になるなんて」と絶句し「しかし、これからは君の残した素晴らしい心を大切にし、君の足跡を多くの人に伝えて行きたい。それが君への何よりの餞《はなむけ》になるだろう」。

「ちい散歩」は地井の人柄もあって視聴率も高かった。それに対して「加山は偉そうだ。威張っている」などと嫌う女性もいるが、私は好きだ。彼の湘南なまりの話し方が好きなのだ。私自身が小田原で育ったので懐かしいのだ。

湘南の海で育ったこの若大将は、どのようにしてスターになったのか。往年の二枚目、上原謙の子息であるのだから、スターになるのはたやすかっただろうと想像は出来る。

昭和十二年、上原謙と女優の小桜葉子の長男として生まれる。母の小桜葉子は明治の元勲、岩倉具視《ともみ》のひ孫に当たる。

横浜で生まれ、東京に二年ほどいたがむろん彼の記憶にはない。

その後、一家は茅ヶ崎に引っ越した。茅ヶ崎駅と海の中間辺りに加山の育った家はあった。平屋の日本家屋でお手伝いさんが常に二人はいた。加山はこの家が好きで、三十一歳で結婚するまでこの家にいた。今では駅から海までの道が「加山雄三通り」と呼ばれている。

子どもの頃は両親が有名人であるため、子どもの顔が知られることを恐れて、マスコミには写真などを撮らせなかった。だから加山は両親に守られて、マスコミにもみくちゃにされることはなかった。

のびのびと加山は海辺を駆けづりまわって成長する。この野生児が芸能界に進出するのは意外と遅く、二十三歳の時だった。慶應義塾高校から慶應義塾大学に進み、法学部政治学科を卒業してからだった。卒業の春、加山は東宝に入社する。自らの進路についてどんな方向転換があったのだろうか。

東宝に入社してすぐに『男対男』で映画デビューする。

彼は東宝に入社すると同時に渡辺プロにも在籍して音楽の道にも進出。昭和三十六年、『夜の太陽』で歌手デビューをする。彼は日本におけるシンガーソングライターの草分けであり、フォークやニューミュージック全盛時代の先駆けとなった。作曲者としてのペンネームは弾厚作であった。

これは尊敬する團伊玖磨と山田耕筰を足して二で割った名前なのだそうだ。

昭和四十年、映画『エレキの若大将』主題歌として発売の『君といつまでも』が、三百五十万枚という大ヒットとなる。

とくに「幸せだなあ。僕は君といる時が一番幸せなんだ」と語りかけるセリフが若い女性に大受けで、加山の人気を一気に広めることになった。

加山は作曲を正式に学んだことはなかった。彼の最初の曲『夜空の星』は中学二年生の時に作った。

その時もピアノに向かって何となく指を動かしていたら、曲が出来てしまったと言っている。『旅人よ』『お嫁においで』など数え切れない曲を生み出して人々に愛された。

俳優としてはそれまでの看板スターだった宝田明に代わって東宝の若手看板スターとなる。そして『若大将シリーズ』が大ヒット。一方、黒澤明『赤ひげ』や成瀬巳喜男『乱れる』などの名作にも出演し、俳優としての地位も着実に確立していく。

この俳優業も正式に学んだのではなく、自分の力で切り開いたものだった。加山の中には俳優の血が熱く流れていてそれが加山を導くのだった。

その頃、加山の前途に悪雲がたれこめる。昭和四十年、父親と共に叔父のパシフィックホテル茅ヶ崎の役員になったことが裏目に出た。ホテルが倒産してしまう。

父子には借財だけが残された。若大将シリーズも打ち切られ、不遇な時代を迎える。ナイトクラブやキャバレーまわりで借金を返すしかなかった。その苦境の中で助けてくれたのが松本めぐみだった。加山は彼女と結婚し、苦難を乗り越えた。

平成二十六年には旭日小綬章を受賞。今でも〝若大将〟として元気で音楽活動を続けている。

『君の名は』（松竹）ポスター。左は佐田啓二。

岸惠子

（昭和七〜）

昭和二十八年、戦争が終わって八年が経っていた。東京は銀座の数寄屋橋で空襲時に遭遇した若い二人が、運命に翻弄されながら生きて行く物語が生まれた。『君の名は』である。

ＮＨＫラジオが『君の名は』の放送を始めると、女湯がカラになると言われるほど、このラジオドラマは話題になった。

空襲は日本中の人が体験した悪夢のようなものだったが、八年もするとやっと思い出しても大丈夫になっていた。振り返っても平気になっていた。むしろ懐かしくさえ思える体験だったのかも知れない。

そのドラマ設定の中に登場するのが絶世の美男美女である。「君の名は」と彼が尋ねた時、また、爆撃だ。人混みにもまれて彼女は消えて行った。

そんな大ヒットのラジオドラマを映画化する時、担当者は頭をなやませたそうだ。ラジオという耳から聞いたドラマは皆の心の中に勝手なイメージを膨らませていた。

これ以上ないという美男美女を配さなくてはならない。佐田啓二、岸惠子が選ばれた時、納得の行った人、まだ不満だった人、それぞれだったが、映画が出来て見るとこの二人はドラマにぴったりだった。

特に二十一歳の岸惠子は花な

らば咲き誇る盛りの美しさだった。岸惠子なのか氏家真知子なのか。岸惠子の甘い声も魅力的だった。

この岸惠子は昭和七年、横浜市神奈川区で生まれた。ごく普通のしっかりした家庭のお嬢さんだった。

彼女の意識を変えたのは十三歳の時、横浜大空襲に遭遇したことからだったろう。それは昭和二十年五月二十九日の早朝だった。

横浜中央部に敵機、B29、五百数十機が襲来し、横浜の人々を襲ったのだ。惠子は家族と逃げながら戦争の恐ろしさを身にしみて感じていた。この夜、三千六百人の市民が命を落としたと後に知らされた。

惠子の家族は無事だったが、家は被災し、焼けただれた町を目にした。こうして惠子の戦後が始まる。

横浜の平沼高等学校在学中、岸が魅せられたのは文学で、特に川端康成の作品を耽読して、作家志望となった。つまり文学少女だったのだ。

そんな岸が映画の世界に入るきっかけは一本の映画『美女と野獣』だった。「映画って面白い」と岸は初めて思った。それで友達の田中敦子（のちの小園蓉子）と二人で松竹大船撮影所に見学に行った。大船撮影所は横浜から近かったからだ。この日、吉村公三郎の目に二人の姿が映った。女子高校生の二人は清楚できれいだった。吉村は映画『我が家は楽し』で岸たちのような本物の女学生を求めていたのだ。

岸は大学進学を予定していたので断る。しかし吉村は諦めない。

ついに岸が根負けして、大学入学までという約束で松竹に入社する。

初めての映画だった『我が家は楽し』が大ヒットとなり、岸惠子の名も一気に知れ渡った。ついにそのまま映画俳優の道を岸は歩き始めてしまう。

翌年、『坊ちゃん重役』で鶴田浩二と佐田啓二の相手役を務める。岸は二十歳になっていた。この年、鶴田は松竹から独立、新生プロを設立した。

鶴田独立の第一作が『弥太郎笠』だったが、鶴田は相手役を岸にとオファーを出すが、松竹は拒否した。すると岸は松竹を辞めると言い出した。結局、松竹が折れて岸は鶴田製作の『弥太郎笠』に出演した。

岸と鶴田は続いて、『ハワイの夜』を作り、大成功となる。鶴田の新生プロも順調に進んでいた。この時、鶴田と岸の間に恋愛感情が生まれていた。このお似合いのカップルはこのまま結ばれるのではないかとファンたちも期待した。

しかし、松竹は岸惠子を手放そうとはしない。松竹は強引に二人を別れさせたから、二人の恋も終わった。

そんな矢先の『君の名は』の仕事だった。昭和二十八年、ようやく平和な日々を取り戻した日本人たちが過ぎた日々への思いを込めて、この映画を見たのだった。

映画撮影中、とても寒かったので、ある日、岸がマフラーを頭から被り、その端を後ろに流した。その様子がなかなかよかったので、監督はそのまま映画の中でもその巻き方の岸を撮った。これが「真知子巻き」の流行になった。

田舎の中学生だった私も持ち合わせのマフラーで真知子巻きにした。映画は三部作まで完成して、佐田啓二と岸惠子の名は不動のものとなった。

その後の岸はフランス・日本合作映画『忘れ得ぬ慕情』に出演し、監督のイブ・シャンピと出会い、結婚をする。その時、フランスに滞在していた川端康成が立会人になってくれた。一人娘も出来て、日本とフランスを往き来して女優の仕事を続けた。シャンピとは離婚したが、岸は念願の作家としても次々に名作を生み出している。

『八甲田山』（東宝）ポスター。

北大路欣也《きたおおじきんや》

（昭和十八年～）

先年、京都の町を散策していた折、同行の方から「ここは北大路という地名で、北大路欣也の父親・市川右太衛門が住んでいた所で、右太衛門は『北大路の御大』と呼ばれていたのだ」と教えられた。

そう知って、眺めると何の変哲もない町が、にわかに華やいで時代劇の大御所の住居のたたずまいや、その人の愛児・北大路欣也の息吹まで感じそうな気がして来た。

この町、北大路をそれほど愛していた父は、わが子の芸名にその名をつけたのだった。

北大路は昭和十八年に時代劇の名優として一時代を画した市川右太衛門の次男として生まれた。本名は浅井将勝《まさかつ》と言う。

京都市立紫竹小学校、同志社香里中学、暁星高等学校卒業後、早稲田大学に進学、卒業する。

演劇の道は十二歳の、まだ小学校六年生の時、映画『父子鷹』の勝海舟の少年時代を演じたのがデビュー作となる。この映画は北大路が中学一年生の時、封切られた。

北大路も父の七光りで早くから恵まれていた。それを当たり前のように受け入れていた。

舞台に関しても大学を出た年に『シラノ・ド・ベルジュラック』でデビューした。その後、劇団四季にはたびたび客員参加した。またその一年前、映画『海軍』では千葉真一に決まっていた役を欲しがり、配役を変更してもらって主演を果たした。

この一事、ちょっと強引のような気がするが、当時の東映重役の御曹司であるため、許されてしまうのだった。

昭和四十三年、二十五歳の年、NHK大河ドラマ『竜馬がゆく』の主役に抜擢される。この竜馬を演じた頃はもうすっかり茶の間の人気者だった。

北大路自身も舞台より、やはりテレビや映画を好んだ。

昭和四十八年の映画ではシリーズ化された『仁義なき戦い・広島死闘篇』で、北大路はまたもや千葉真一に決まっていた配役を、強引とも言えるやり方で自分のものとしてしまった。

千葉の方では忸怩《じくじ》たる思いが残されたことだろう。「御曹司には勝てぬ」とあきらめたのだろうか。

「この役がやりたい」となると北大路欣也は我慢が出来ないのだった。

一方、同じ二世俳優の松方弘樹とライバル視されていることには全く気にかけなかった。北大路は自分の芸に対してのみ貪欲であった。

昭和五十二年の映画『八甲田山』では高倉健と堂々と渡り合った。また昭和五十九年、映画『空海』の役作りのためには高野山真言宗の僧侶として得度出家をし、不動護摩法の資格まで取得した。

またテレビでは『竜馬がゆく』以来、大河ドラマの常連で、『篤姫』では勝海舟、『江』では徳川家康とかつて映画で自ら扮した人物を演じた。

特に時代劇では『ご存知旗本退屈男』『忠臣蔵』『子連れ狼』『名奉行！ 大岡越前』『剣客商売』など枚挙にいとまがない。ぴしっと決まった姿勢で見事な殺陣《たて》をするこの人の演技を好まない者はない。演技に対して実に意欲的で努力もする。時代劇に美意識を持ち込んだ類まれな俳優といえそうだ。

また映画、テレビでも父の当たり芸だった『旗本退屈男』を演じ、華麗な殺陣を見せてくれて、往年の右太衛門ファンを喜ばせてくれた。

一方、現代劇にも積極的に出演している。『さすらい署長』シリーズや『華麗なる一族』など重厚な紳士の役などを無理なくこなした。

また受賞歴も華々しく、第一、八、九回の日本アカデミー賞優秀主演男優賞のほか、キネマ旬報賞主演男優賞なども受賞している。さらに二年前の旭日小綬章のニュースも耳新しい。

家庭的にも安定していて、女性問題で騒がれたことは一度もない。

昭和五十二年、三十四歳で一般女性と結婚した。その女性を北大路が見初めたのは十五歳の時で結婚まで十三年間がかかっている。

この時の記者会見で、新婦は北大路のことを「欣也さま」と呼んでいることが暴露され、さらにファンから喝采をあびた。

平成十九年、北大路は紫綬褒章を受賞した際、妻への感謝の言葉を述べて居並ぶ人々を感激させたのだった。

たった一つ、北大路にとって残念だったのは、父右太衛門の晩年に父の意思に反して、北大路が彼を老人保護施設に入れたという情報が興味本位に流されたことだった。

その情報の出所は実兄夫妻からだった。実兄は子役の段階で俳優を断念し、会社員をしていた。弟の華やかな活躍には、平穏な気持ちではいられなかったのだろう。

実兄は父親の死去後、週刊誌にこの話を流し、弟に仕返ししたつもりだったのかも知れない。北大路は一言、否定しただけで口をつぐんだ。

平成二十六年にはコメディタッチの『三匹のおっさん』で、三十五年ぶりの現代劇連ドラの主演を果たした。

裕次郎（左）との初共演となった『狂った果実』（日活）のポスター。

北原三枝

（昭和八年〜）

「黒百合は恋の花……」という歌と共に颯爽と現れたアイヌの娘、その美しさに圧倒された。それが北原三枝だった。

映画『君の名は　第二部』ではこのアイヌの娘は、ヒロイン氏家真知子からすると敵役である。というよりはライバルであろうか。

愛し合っているのに、なかなか結ばれない真知子と春樹のふたり。舞台は日本中に広がって行く。

第二部では北海道に後宮春樹が飛んで行く。恋人たちの行方も気になるが北原三枝扮する恋敵も気になる。

私はこの時、初めて北原三枝の存在に気がついた。これまでの女優さんにはないさわやかさ。宝塚の男役のような魅力。

この時、北原三枝、二十歳。映画出演を三本した後だった。

北原三枝、本名は荒井まき子。生まれたのは昭和八年、東京目黒である。小さい時から踊りや舞台にあこがれていた。

だから、北原は目黒区立第二中学を卒業するとすぐにＮＤＴ（日劇ダンシングチーム）に五期生として入団する。

一方、北原は女優志願であったので、松竹のニューフェイス募集に応じて合格し入社する。

最初の仕事は『お茶漬けの味』だったが、さして重要な役ではない。本格的デビューと言われるのは『カルメン純情す』である。脇役ながら重要な役を生き生きとこなしている。

そうした実績が認められ、松竹では次第に大きな役をもらえるようになる。

『カルメン純情す』の次に『流れの旅路』でその後が『君の名は　第二部』になる。

『カルメン純情す』でデビューする時、木下恵介監督が北原三枝という芸名をつけてくれた。北原、十九歳の時だった。若くて意欲があるから芸もどんどん深まって行った。

カルメンの翌年、ついに北原は『君の名は』に出会う。すでに『君の名は』は大人気で日本中の女たちを夢中にさせていたので、北原の起用はまことにラッキーであった。

しかも、北原の映画にかける情熱が彼女の仕事を充実させて行った。『君の名は』以後、一年間に七本もの映画に出演し、次第に重要な役もこなせるようになって行った。

ちょうどその頃、一人の青年が北原三枝のファンになり、憧れていた。北原は松竹で力をつけていったが、日活からの引き抜きがあった。

昭和二十九年、日活は活動を再開する。その際、手垢のついていない新鮮な俳優が望まれた。北原はその日活に迎えられ、その事が北原の運命に大きな影響を与えるのだが、まだ当人はそんな事を知るよしもない。

北原が日活に移る頃、ある青年が日活に入って来た。その青年こそ、若き日の石原裕次郎である。

裕次郎は慶應義塾大学在学中から俳優を目指して東宝、大映、日活のオーデションを受けるが、全て不合格。くさっている時にまだ一橋大学の学生だった兄の石原慎太郎が『太陽の季節』で芥川賞を受賞し、それが日活で映画化されることになった。

日活撮影所にその撮影風景を

見に行って、映画プロデューサーだった水の江滝子の目に止まる。裕次郎の個性を見抜いた水の江が『太陽の季節』の端役に彼を使った。

ほんのささやかな出演だったが、「あいつは誰だ」という問い合わせが殺到し、すぐに人気者になった。

『太陽の季節』の大ヒットを受けて、続いてこれも慎太郎原作の『狂った果実』が映画化されることになった。

裕次郎はこの映画の主役に抜擢される。

そしてその相手役が北原三枝だった。裕次郎にとって、前々からの憧れの女優・北原三枝との共演に胸躍るのだった。

年齢も裕次郎の方が一歳下だったから、映画界でも先輩の北原に全面的な信頼を抱いていた。そして『狂った果実』も大ヒットとなった。

日活は気を良くして裕次郎、北原のコンビの作品を次々に作った。それが二十三作にもなった。

例えば『俺は待ってるぜ』『嵐を呼ぶ男』『陽のあたる坂道』『若い川の流れ』などである。この二人は日活のドル箱コンビと呼ばれ、一つの時代を築いた。

そしてそれに平行して二人の愛も育まれ、結婚の意思を固めて行くが、会社は大反対である。マスコミは二人をしつこく追い回すが、そんな二人は国外に逃れて、マスコミを煙に巻いた。

北原は女優を引退し裕次郎の妻として生きて行く道を選んだ。裕次郎は必ずしも忠実な夫であり続けたわけではないが、北原は動じない。

自分が選んだ夫を愛し抜き、裕次郎の仕事の成功を祈り続けて微動だにしない。

やんちゃな駄々っ子のような夫の、実に良い妻だった。

昭和六十二年に裕次郎を亡くしてからは、時々テレビで裕次郎との思い出を語りながら、石原プロモーションの取締役会長として活躍している。

『地獄門』（大映）ポスター。上は長谷川一夫。

京マチ子

（大正十三年〜）

　戦争が終わって何もかもを無くした日本人が呆然として立ちすくんでいた時、映画『羅生門』がベニス国際映画祭でグランプリを受賞したというニュースはパッと周囲を明かるくさせた。新鋭、黒沢明監督の名と共に三船敏郎の名も轟いたが、何と言っても京マチ子の存在が辺りを圧したのだった。

　映画『羅生門』のポスターにはこんな言葉が並んでいた。

「むせかえる真夏の草いきれの中で繰り広げられる盗賊と美女とその夫の息づまるような愛欲絵巻」

　非常に刺激的なそのフレーズは映画の全貌を巧みに伝えていた。世界の人々は東洋の歴史の中の男女の絵巻に驚いたことだろう。

「野蛮で無謀な戦争をした馬鹿な日本人がこれほどの文化を持っていたとは」と、心底、驚いたのだろう。称賛を惜しまなかった。

　京マチ子、本名を矢野元子と言った。大阪市の生まれである。一人っ子として皆に待たれて出生したものの、不幸の始まりは父親の出奔であった。

　元子が五歳の時、どんな事情があったのか、父はいきなり蒸発してしまった。元子は母と祖母の手で育てられた。経済的には困ることはなかったが、父親がいないことは、この子に寂しさと頼りなさを与えていた。父を失った娘というものは男性に対して必要以上に依存心や尊敬心を抱くものらしい。

美女、京マチ子の華麗な表情の中にちらりと見せる憂いの蔭が見るものの気持ちを捕らえる。私たちは光り輝く栄光の中にも「ものの哀れ」を見いだしたいものなのだ。

元子は少女になると大阪松竹歌劇団（ＯＳＫ）に入団する。踊りや歌が大好きだったのだ。戦争が終って舞台が出来るようになると早速花形ダンサーとして活躍を始める。

観客は苦しい日常をふっきるように京マチ子らの踊る姿を見つめるのだった。

昭和二十四年、二十四歳の京は誘う人があって大映に入社する。翌年、名作『羅生門』に巡り合う。

以後、後輩の若尾文子、山本富士子と並んで京マチ子は大映の看板娘と呼ばれるようになる。三人はまさにこの時期に咲いた時代の花となる。

他の二人が大映のニューフェイス・コンテストから入社しているのに比べて、ＯＳＫ出身である京は舞台経験も映画出演も体験済みであるからすぐに戦力になった。

『羅生門』に続き、昭和二十八年、京は溝口健二監督の『雨月物語』、衣笠貞之助監督の『地獄門』などに出演した。

それらは海外の映画祭で高く評価され、次々に受賞した。そこで彼女はグランプリ女優と呼ばれるようになった。

一方で『偽れる盛装』（昭和二十五年）や『あにいもうと』（二十八年）などの秀作にも出演、貪欲に仕事をこなした。

さらにハリウッド映画『八月十五夜の茶屋』ではマーロン・ブランドと共演するのが昭和三十一年のことだった。

京マチ子というグランプリ女優は、世界的にも有名だったことが分かる。

この人が発するえも言われぬ色気と香気は、むろん国内の男たちをも魅了していた。戦時中はこういう女性は抹殺されていた。清楚で凛々しいモンペが似合う女性というのが美人の条件だった。女達が持つ色気や香気は押し込められていた。それらは悪とされ、恋愛すらも否定されていた。

男女が並んで歩いただけで警察に連行されるような時代だった。私の母は、自分の兄と銀座を歩いていた時、連行されたそうだ。いくら、本当の兄妹だと言っても認めてくれず、最後に「誤解を招くから兄妹でも外を一緒に歩かぬように」と苦言を呈されたそうだ。

「男女七歳にして席を同じうせず」ということか。

そんな時代が終わって、若い人たちが喜んで歌い始めた歌がある。『港の見える丘』だった。この歌の歌い出しにこんなフレーズがある。

「貴方と二人で来た丘は」というのだ。二人で歩くことがやっと許されたのだ。

そんな時、京マチ子の濃艶な姿に日本中の男たちが魅せられたのも、当然の成り行きであろう。大人のエロティシズムを漂わせる京の魅力を満載した『鍵』や『ぼんち』など、市川崑監督作品が大ヒットとなった。

そうかと思うと小津安二郎監督の『浮草』では渋い演技を見せた。

やがて映画時代からテレビ時代に移行すると大映は倒産してしまう。その後の京はテレビドラマでもその演技力で大活躍をした。

京マチ子は、大映の社長・永田雅一と恋愛関係にあるという噂が立ったこともあったが、二人は結ばれることはなかった。世界からも日本からも万人に愛された京は、ついに九十三歳の今まで独身を通している。

女優業を半引退した後は、大阪で静かに暮らしているとのことだ。

『また逢う日まで』（東宝）ポスター。左は岡田英次。

久我美子《くがよしこ》

（昭和六年〜）

戦争が終って世の中は殺伐として、何もかもが汚れてしまった時だった。一人の清楚な知的な女性が私たちの前に現われた。まるで泥沼に咲いた蓮の花のようだった。日本は惨めに汚れてしまったけれどまだこんな花のような女性がいた。誰もがほっとしたのだ。その時の感動が心に残されていて、今なおこの人のことを私たちは特別な気持ちで思うのだ。

久我美子、旧姓は久我美子《こがはるこ》。昭和六年に生まれている。

久我家は村上天皇まで遡る村上源氏の流れを汲む華族の家柄だった。

村上天皇の皇子・具平親王の子・源師房を祖とする平安時代から続く名門であった。師房は当時の朝廷が藤原一色だった時代に源姓にも関わらず右大臣、太政大臣になった人物である。

この侯爵家の令嬢が久我美子だった。つまり久我はやんごとなき家のおひい様であった。東京牛込に生まれた。当然のように学習院初等科から女子中等科に進んだ。

その頃、戦争は苛烈になり、久我たちは学徒動員されて接収されていた日劇で風船爆弾を作る仕事に従事していた。

小田原の女学生が紙をすき、東京の女学生がそれを風船に完成させる。

その頃の女学生たちは、その風船が爆弾を積んでアメリカに行って人を殺傷する道具になるとは思いもよらなかった。戦後、この風船がアメリカの幼稚園児を殺傷したと聞き、自分たちが作っていたものの正体を知り、背筋が寒くなるのだった。

まさかと思っていたが、自分たちが加害者となっていたなんて、ぞっとするのだった。

そして、久我の人生観も微妙に変わった。だからこそ、久我は映画女優になる決意を固めたのだった。

一方、終戦によってなにもかもが変わった。華族制度が廃止され、これまでの華族の税金免除の優遇がなくなってしまう。広大な不動産を持っていた華族たちは、はたと困った。

久我家はそうなるずっと前から経済的に困窮していた。久我の祖父・常通が大正時代、事業に手を出したり、高利貸しに金を借りてしまったりして窮地に追い込まれて行った。

苦肉の策として、美子の叔母(父の妹)が高利貸しの家に嫁がされたりしていた。

そんな事もあって久我は早くから自立を考えていた。昭和二十一年、久我は東宝ニューフェイスのテストに応募する。そして見事に合格する。同期に三船敏郎，堀雄二、伊豆肇、若山セツ子らがいた。しかし、家族は久我の映画入りに大反対だったそうだ

翌年、学習院を中退して『四つの恋の物語』で映画デビューをする。しかし、久我美子の名が広まるのは次の黒澤明の『酔いどれ天使』からだ。そしてその次の『また逢う日まで』で大ブレークする。

大きな戦争が終わると何もかもが変わった。

昨日まで「必勝」を信じていた国民が手のひらを返して、アメリカこそが素晴らしいと言い出すのだった。

空の色まで変わるような変化の日々だが、戦争はそれほど簡

単には片づけられない。戦争によって離ればなれになってしまった親と子、恋人たち。

チリヂリになった人々が出会うために、ＮＨＫラジオは連日「たずね人の時間」を放送し続けた。

町には二葉あき子の『夜のプラットホーム』が流れていた。『リンゴの唄』の明るさよりも、人の心の哀しみは、別れていった人を見送った夜のプラットホームになぐさめられるのだった。

東宝『また逢う日まで』の清楚で知的な久我美子は、そんな時代の一片のなぐさめであったのだろう。岡田英次と久我美子が演ずる悲恋は心にしみたのだった。この時、久我はまだ十九歳だった。翌年、久我は早くも『平凡』読者投票にランクインしている。

それにしても得難い女優を私たちは得たと言えよう。もし久我の家が経済的に困窮していなければ、久我美子という女優は誕生しなかったのだ。

その四年後、久我は当時の五社協定に反撥して岸惠子、有馬稲子と文芸プロダクション「にんじんくらぶ」を結成する。

久我美子自身にとっても映画女優になって自己表現の出来ることを喜んでいた。久我は気品があって知的な美人であるだけでなく、彼女には確かな演技力があった。

「太い眉毛、八重歯、特徴のある声、どれをとってもこれまでの女優にない新鮮さだった」と稲垣浩監督は言う。

久我が三十歳になった時、稲垣監督の『大坂城物語』で共演した平田昭彦と出合った。平田の熱烈な求愛を受け止め、ふたりは結婚する。

昭和五十九年、平田が五十七歳の命を閉じるまで二人は添い遂げた。子どもはなかったが幸せな結婚生活だった。

テレビドラマも請われれば出演し、久我は八十六歳の日々を穏やかに送っている。

栗島《くりしま》すみ子

（明治三十五年～昭和六十二年）

『栗島すみ子舞踊劇団』ポスター。

日本で最初の映画女優と言えば栗島すみ子と信じられて来たが、実は栗島がデビューする二年前、大正八年秋、花柳はるみという女優がいて、舞台女優から日活『深山の乙女』で主演を張った。

が、この映画も花柳も圧倒的な存在とはならなかった。時期が早すぎたのだろう。

まだ、皆は映画の面白さに気づいてはいなかった。舞踊

映画の楽しさを教えてくれたのがアメリカだった。チャップリンの映画などが輸入され、舞台より安価で手近な映画というものが徐々に庶民の中に入って行く。

そんな動きを察知して、一斉に映画会社が設立された。大正活映や帝国キネマなどが次々に出来た。

松竹キネマはそれまで舞台専門だった松竹が大正九年に映画制作を始めたものだった。

この時、蒲田撮影所も出来た。本格的な映画時代の到来である。松竹はそれまで女形を使っていたところに女優を起用することにした。

そこで、採用されたのが栗島だった。

最初の映画『虞美人草』は空前の大ヒットとなった。栗島すみ子の名も日本中に知れ渡った。この映画のヒット故に、栗

島は最初の映画スターであると伝えられて行くのだった。

栗島すみ子は本名もそのままである。明治三十五年に生まれている。場所は当時、渋谷村大字中渋谷と言われた地、現在の渋谷道玄坂である。

すみ子の最初の不幸は父親が早く亡くなったことだった。母は栗島を連れて再婚する。

母の再婚相手は新派の俳優の栗島狭衣だった。すみ子はこの家の養女となる。演劇や芸能の世界がすみ子の環境となった。

明治四十年、すみ子が五歳の年、水木歌橘の門に入り、日本舞踊を習い始める。一方この年、義父の主宰するお伽《とぎ》劇で初舞台を踏んだ。その可憐さが大評判だった。二年後、義父と共に子役として映画に出演した。

義父は再婚相手のこんな連れ子を珍重した。「これは使える」と。すみ子は幼い日から演技の勘がよかった。天賦の才能を持っていたのだった。

こうして大正二年、十一歳になったすみ子は、本格的に義父の栗島狭衣一座に入り巡業の旅に出る。子役は珍重され、舞台になくてはならないものだった。すみ子は子どもの頃から演技力とは別に器量の良さも際だっていた。養父はそんなすみ子を便利に使った。日本中を巡業して歩く暮らしがすみ子の日常となった。

すみ子は小学校はぎりぎり卒業したが女学校にも進めない。すみ子の母はそれが気にいらない。たった一人の娘を旅芸人にしたくはない。

母は夫に激しく言いつのり、手元に取り戻した。しかし当のすみ子が芝居から離されると落ち着かないのだ。一座から離れたすみ子は所在なく、日本舞踊に専心した。

幼い日から習っていた水木歌橘の門で修行して、十六歳で名取りとなる。水木歌紅の名前を頂く。しばらくは舞踊家として活躍していた。

すみ子が十九歳になった年、

出来たばかりの松竹蒲田に入社する。この頃、すみ子の美貌は輝くばかりで並ぶ者がなかった。デビュー作の『虞美人草』は大ヒットとなる。

　映画産業が活発になるにつれ大正十年、浅草のマルベル堂がブロマイドを売り出した。東京には当時、十軒のブロマイド屋が開店したという。

　一枚十銭のブロマイドは、浅草に映画を見に来た人の手軽な土産物となったのだ。

　栗島すみ子の人気はブロマイドの世界でも飛び抜けていた。なんと一日、四千枚売れた日もあった。すみ子のこの年の給金は二百円だと言われ、大学卒の男子などとても及ばない額であった。

　すみ子はうれしかった。好きな芝居が出来て沢山の収入がある。父や母に楽をさせることも出来る。それがうれしい。

　二年後、また、ヒットを飛ばす。それが『船頭小唄』だった。幸薄い男と女が流れて行く。この世の哀しみを表現するのにすみ子は適任だった。幼い日に実の父を失ったすみ子は美しい表情に一抹《いちまつ》の憂いを見せる。それが人気を博した。

『船頭小唄』は主題歌もヒットし、すみ子の名を不動のものとした。

　大正十年、池田義臣監督の『生さぬ《な》仲』に主演してからは池田とのコンビ作が多くなり、やがて池田と結ばれる。

　主演作も島津保次郎『麗人』、小津安二郎『お嬢さん』、成瀬巳喜男『夜ごとの夢』など巨匠と呼ばれた監督の作品が並ぶ。群を抜いた美貌と舞踊でみがかれた立ち居振る舞いで、日本を代表する映画女優となった。

　昭和十年、撮影所が蒲田から大船に移る時に引退を発表。昭和三十一年、成瀬監督『流れる』に十九年ぶりに出演、話題となった。

　池田監督に愛され、昭和六十二年、八十五歳で没するまで幸福な生涯であった。

栗原小巻

（昭和二十年〜）

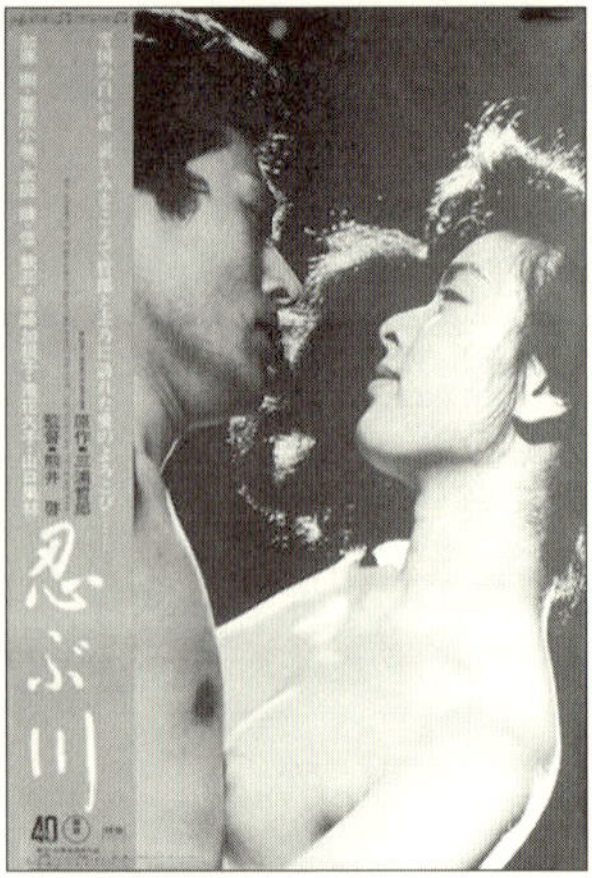

『忍ぶ川』（東宝）ポスター。左は加藤剛。

吉永小百合のファンはサユリスト。栗原小巻のファンはコマキスト。

熱狂的な男性ファンはまっ二つにわかれたのだそうだ。奇しくも吉永と栗原の生年月日がたった一日違いであった。

タイプは違うが、ともに美女で演技がうまくて、ともに知的である。ファンが二分されるのも分かるような気がする。

栗原小巻、本名も同じ。生まれたのは昭和二十年、日本が敗戦の日を迎える年の三月のことだ。東京世田谷で生まれた。栗原の父は劇作家の栗原一登で栗原が生まれた時、まだ学生だった。栗原家は貧乏だった。

「二人でも食いかねているのに子どもが生まれたら困るな。困り切ったよ」と言って生まれて来た赤ちゃんに「こまき」と命名したそうだが、ほんとうかどうか。

その小巻ちゃんは、賢い女の子で夢を一杯持っていた。自分の進路についても早くから色々考えていた。

栗原は当初はバイオリニストになりたいとしていたが、何故か断念してしまう。次に志したのがバレリーナだった。

桐朋女子高校を卒業した後、東京バレー学校に通った。しかしこれも断念する。バレーというものは子どもの時からやってないとだめだと先生に言われたからだ。演技の基礎を学びたいと考え、次は劇団俳優座に入った。

　意外だった。私は栗原小巻という人は最初から一直線に演劇界に入ったとばかり思っていた。それほど栗原は演劇の申し子のような人に思えていたのだ。それほど栗原の演技は定評があった。

　劇団俳優座に入ってからもすぐに頭角を表す。俳優座花の十五期は文字通り粒ぞろいだった。その中で栗原は『三人姉妹』（チェーホフ）で注目を浴び、舞台、テレビから声がかかるようになる。

　昭和三十九年、『虹の設計』でテレビデビューをする。劇団に入ってまだ一年しか経っていなかった。栗原本来の才能が花開いたというべきだろう。

　栗原小巻の名が、人々に知られるようになるのは、テレビデビューから四年後、ＮＨＫ大河ドラマ『三姉妹』における妹役が大評判になってからである。「あの可愛い子は誰？」話題は沸騰した。

　その後の大河ドラマでは『樅の木は残った』で、悲運のヒロインを見事に演じた。また『新平家物語』『黄金の日々』にも出演する。もう大河ドラマには欠かすことの出来ない女優になっていた。

　一方、映画女優としても花開く。昭和四十七年、『忍ぶ川』に出演、加藤剛の相手役として大胆なベッドシーンを見せた。コマキストとしては忸怩《じくじ》たるものがあったが、彼女の成長を喜びたいと思うのだった。

　栗原はこの『忍ぶ川』で毎日映画コンクール女優演技賞を授賞した。

　映画では『戦争と人間　第一部、第二部』『いのちぼうにふろう』『サンダカン八番娼館・望郷』『八甲田山』などのシリアスな作品に出続けたが『男はつらいよ』からの声がかかれば喜んで出演している。

『新・男はつらいよ』や『男はつらいよ　柴又より愛をこめて』でマドンナ役を演じた。

　私の印象に残るのは昭和六十年にテレビ放映された『女のたたかい　会津そして京都』の新島八重役の栗原小巻だ。

　壮絶な会津落城を経験した八重が新しい世を迎え、京都でアメリカ帰りの新島襄の妻になる。新島には群馬に両親がいた。

　新島が国禁を犯して渡米した時、物心両面で支援してくれた親たちを京都に呼び寄せて、安楽な老後を過ごしてもらいたいと新島は思った。

　新島は京都に妻・八重のために理想的な家を造っていた。その敷地の隣に両親用の家を建てて、呼び寄せた。

　女の戦いはその日から始まる。新島の母にして見れば八重さんは気に入らない嫁だった。

　第一、八重は結婚の経験があり、バツイチなのだ。しかも夫を「ジョー」「ジョー」と呼び捨てにする。八重には夫を立てるということが全くない。

　気に入らない嫁に苦言を呈し、注意を繰り返す姑に対して八重さんは負けていない。

「私はジョーの妻です。あなたの奴隷ではありません」

　きっぱりと言い切るのは栗原小巻演ずる新島八重さんである。

　現在ならそんなシーンもあり得るだろう。明治の初めにこの嫁の勇ましさ、決断の良さ。それを栗原は見事に演じた。八重さんと栗原は一つに解け合う名演技だった。

　演劇を通して栗原はロシアとの関係も深く、日ソ合作映画『モスクワわが愛』『白夜の調べ』『未来への伝言』などにも喜んで出演した。

　トルストイの作品を愛する栗原のロシアに対する民間外交である。栗原は自身の思うところを貫いて行く、女性から見て胸のすくような女優である。七十二歳の現在もますます活躍中であるのはうれしい。

『お茶漬の味』（松竹）ポスター。左は佐分利信。

木暮実千代《こぐれみちよ》

（大正七年〜平成二年）

　日本人が好む純情可憐な女優とは程遠い、どちらかと言うとバタくさいモダンなムードを漂わせるこの人は、映画や芝居に現れて香辛料のような役割を果たした。

　時には主人公に意地悪をする役であったり、また恋敵であったりした。

　木暮実千代、本名を和田つまと言った。大正七年、父の勤務先であった山口県下関の彦島で生まれた。

　木暮はこの町で大きくなる。女学校は梅光女学院に進む。その頃から木暮は女優への道を模索するようになっていた。

　普通の女の子が女優になる道はそれほど多くはない。思案の果て、木暮は日本大学芸術学部に進学して、演劇を学ぶことにした。

　木暮ほどの美貌を持てば、ミスコンテストなどの道もあっただろうが、木暮は地道に大学を選んだ。

　昭和十三年のことだ。木暮は松竹大船撮影所撮影部長の目に止まりスカウトされて松竹に入社する。

　一説によれば、この時、木暮を見出したのは田中絹代だったという者もある。

　いずれにしてもこの年、木暮は松竹に入社する。大学は在席のままだった。

翌年『結婚天気図』に出演。その反響がよかったせいか、木暮の入社当時は高峰三枝子や桑野通子、水戸光子らが幹部として活躍していたが、木暮はたった一年で準幹部から幹部に昇進した。木暮という人は負けず嫌いの女性であって努力家でもあった。

　日本人離れのしたルックスとスタイルの木暮は悩殺的でコケティッシュな色気があって、純情可憐なヒロインを引き立てる存在として必要不可欠となる。悪役であっても木暮は堂々とその役をこなした。徐々に木暮の名は高まっていったが、まだ木暮の時代ではなかった。かろうじて『純情二重奏』『迎春花』や『愛国の花』などに出て、敵役などを演じてその存在感を示したのだった。

　しかし戦争は苛烈になり、映画産業も下火となって行く。木暮のような色気たっぷりの女優は時世に合わないと出る幕がなくなって来る。

　そんな矢先、木暮は従兄《いとこ》の和田日出吉と恋愛関係になる。相手は二十歳も年上だったがそんな事はかまわない。木暮は迷うことなく、和田と結婚した。

　しかも和田の仕事の関係で満州に移り住むことになる。女優としての仕事は中断しなければならない。

　そんなリスクを背負っても木暮は愛を取った。そういう人だった。木暮は雄々しくも夫と共に満州に渡って行った。

　しかし、まもなく終戦。木暮は命がけで帰国の途につく。「日本に帰ってもう一度映画に出たい」という夢だけを抱えて逃避行を続けて来た。

「戦争が終われば自分の時代が来る」木暮は固く信じていた。軍部が勢力を握っていた戦争中は木暮のようにはっきり意見を言う女は困り者だった。「はい、はい」と素直に従う女性がこの時代の理想の女性だった。

　木暮は戦後の日本に帰って来た。最初の仕事は『四つの恋の物語』で昭和二十二年のことだ。翌年、名作『酔いどれ天使』に出演する。監督は黒澤明だった。

そしてその翌年、ついに『青い山脈』に出る。

どの映画でも主人公たちには縁がない。それなのに木暮が出る事によって芝居をより深いものとした。

『青い山脈』では、地元の生きの良い芸者を演じて大活躍をした。

この演技により、毎日映画コンクール助演女優賞を授賞した。木暮の扮する芸者は妖艶であり、軽妙であって、見るだけで胸のすくような気っ風の良さが時代にぴったり合った。

木暮にとっても『青い山脈』は忘れられない作品となった。その後も仕事に恵まれ、木暮の芸は光を増して行った。

終戦後の開放された世相の中で木暮の個性は生き生きとして生彩を放ち、観客を惹きつけてやまなかった。

『自由学校』『お茶漬けの味』『祇園囃子』など名作を次々にこなした。

特に定評があったのは溝口健二監督との仕事で、木暮の良さが充分引き出されていた。『祇園囃子』も溝口監督によるものだったが、主役の若尾文子を引き立ててなおかつ自身の役柄も見事にこなしていた。

溝口監督は木暮の良さがちゃんと分かっていたのだ。

木暮は奔放な女性を演じて戦後の日本人に元気を与えたが、私生活では意外なことに良妻賢母であり、家庭的な女性であった。その上、ボランティア活動にも熱心だった。

終戦直後、群馬県の「鐘の鳴る丘少年の家」設立に尽力をし、後援会長を勤めた。

また、中国からの留学生の世話などの仕事もした。女優業ばかりではなく、実業家としても活躍したが、ＣＭに出た女優第一号でもあった。

平成二年、木暮実千代は七十二歳で生涯を終えた。

小林 旭《あきら》

（昭和十三年〜）

同名の歌もヒットした『惜別の歌』（日活）ポスター。左は笹森礼子。

昭和三十四年のことだ。ギターを抱えた青年が突然私たちの前に現われた。青年は「渡り鳥」と呼ばれた。旅から旅に渡り歩く放浪の男がある日、いきなりやって来た。

そして女の子たちのハートに火をつけた。小林旭の登場である。この長身の細身の青年に心惹かれたのは女の子ばかりではない。男もこの人に惚れた。

昭和三十四年と言えば戦後十四年が経ち、世の中は安定して来ていた。

自分の人生はほとんど相場が決まっている。先は見えている。無難に当たり前に終わるだろうと予測は出来る。そんな風に思っている所に、とびきり格好いいスターがやって来て、夢を見せてくれた。

それが小林旭だった。歌がうまくて、顔がいい。日本人離れの長身、足が長い。これだけ条件の揃った俳優の出現だった。小林旭、本名も同じ、昭和十三年に東京の世田谷で生まれる。

マイトガイと呼ばれた。身長百八十センチのやせっぽちの若者だった。少年時代からイケメンだった。それで周りの者は放っておかなかった。

推薦されてこの子は子役として映画会社に採用された。子役時代から芸能の道を抵抗なく受け入れていた。

一方、学業の方は私立目黒高等学校から明治大学文学部に進学していた。

昭和三十一年、小林は『飢える魂』でデビューしたが、まだ主演ではない。地味な存在だった。

続いて『南国土佐を後にして』に出演して、始めて脚光を浴びる。その事がきっかけになって『渡り鳥』シリーズ、その後の『旋風児』シリーズと、ヒットにつながって行く。もう押しも押されもせぬ大スターだった。石原裕次郎と人気を二分し、裕次郎より興行収入が上まわる時もあった。

『渡り鳥』シリーズは昭和三十四年から三十八年まで四年間に八本の作品が作られ、どれも大ヒットだった。『赤い夕日の渡り鳥』『大草原の渡り鳥』『波濤を越える渡り鳥』などが人気を博した。

一方、小林旭は歌手としても人気者だった。映画の中でも歌ったし単独に歌を発表することもあった。特に戦時中流行った歌をアキラ節で歌った『ズンドコ節』『アキラのツーレロ節』『ダンチョネ節』などがブームになった。

そんな矢先、雑誌『明星』で「アキラとひばり」の対談が企画された。美空ひばりはすでに大御所、旭も売れっ子ナンバーワンである。その二人が会ったとたんに燃え上がった。その火は誰にも止められない。

——我が胸に人の知らざる泉あり　つぶてを投げて乱したる君——ダーリンに

——石を持ち投げてみつめん水の面　音高き波立つや立たずや——和枝（ひばりの本名）に

そんな相聞歌を取り交わして、二人はついに昭和三十七年、世紀の結婚と騒がれて結ばれたが、様々の行き違いがあって一年七ヶ月で離婚に至る。ひばりの母親の意向で入籍をしていなかったので、ひばりは生涯独身ということになる。

一方、旭の方では「未練は残

るが和枝が僕といるより芸と結婚した方が幸せなら」と理解離婚に踏み切った。

理解結婚とは聞き慣れない言葉だったが、この年の流行語になるほどこの離婚は関心の的となった。

昭和四十二年、小林は女優、青山京子と再婚し、以後は平穏な家庭生活を営んだ。が、時代は小林にとって追い風ではなかった。映画界の斜陽である。

日活も客足がばったり途絶えてしまう。苦況の日活は、大映と組んでダイニチ映配を発足させるが、これも赤字を増やすだけだった。

小林の主宰するアロー・エンタープライズが作ったアクションを披露したテレビドラマ『ターゲットメン』もこけた。

小林は十四億の負債を負ってしまう。ひばりと共に所有していた「アキラ御殿」を手放して借財の整理をしたが、土地の名義が、半分ひばりの母の名義になっていたため、裁判になるなどゴタゴタが続いた。

その後、小林は東映に移籍して『仁義なき戦い』シリーズなどに出演し、息をつく。そんな矢先、ヒット曲が出た。『昔の名前で出ています』が発売から二年を経てはやりだしたのだった。小林はこの曲でＮＨＫ紅白歌合戦に初出場した。昭和五十二年のことだ。

さらに小林のその後の窮地を救ったのはまたも歌だった。

小林の大ファンだと言う大瀧詠一が、小林のために新しい曲を作った。『熱き心に』である。作詞は阿久悠の小林の伸び伸びした歌声と哀愁を帯びた表情が、果てしない男のロマンを感じさせて、これも大ヒットになった。

美空ひばりもこの歌を聞いて、「私もこんな歌が欲しい」と言って『愛燦々』を作ってもらったとも言われている。

小林は今年、七十八歳、堂々と胸を張って歌い、演技して生きている。

放浪の画家山下清をモデルにした『裸の大将』（東宝）ポスター。

小林桂樹《けいじゅ》

（大正十二年〜平成二十二年）

世の中にはこの世のものとは思えない美男子がいるかと思えば、どこにでもいるような普通の男といったスターもいる。そんな隣のおじさんみたいな気楽な俳優が小林桂樹である。

決して美男子とは言えないが、何だか暖かなホッとするような優しい人柄がこの人を光らせていた。

小林桂樹、本名も同じ、桂樹は父がつけた名前だ。その父は警察官であった。

大正十二年、群馬県で生まれる。昭和九年、小林は前橋市立桃井小学校を卒業して、陸軍幼年学校を受験するが不合格であった。受験を勧めたのは警察官の父であったのだろう。

結局、前橋中学に進む。ここで生涯の友となる今井清一（学者）や斉藤茂と出会う。特に斉藤は後に私の父が創刊した雑誌『平凡』の編集長になる男だが、家が旅館であったことから、芝居や映画関係の書物や雑誌がそれこそ山程あった。それを見るのが楽しみで斉藤の家に通ったそうだ。

しかし、父はそんな小林を喜ばなかった。当時は軍人になることこそ出世と誰もが考えていた時期である。

小林は芝居や映画などの演劇への夢は自分の胸の中に封印していた。

そんな矢先、小林が中学四年の時、父が病死してしまう。家族は伯父の住んでいる千葉県市川市に転居したが、小林だけは父の同僚の家に下宿して中学に通い続けた。

前橋中学を準卒業という形で終わり、東京に出て日本大学芸術学部に入る。しかし、学費が払いきれず、中退するしかなかった。

大学時代は、伯父の勤め先の朝日新聞校閲部で給仕などをしていたが、ここで映画評論家や映画記者に出合う。彼らの話を聞いているうち、小林は映画の世界に憧れるようになる。

「決して平凡なサラリーマンにはなるまい」と思っていた。いよいよ、映画会社に入りたいと考えた。その際、日活を選んだのはここだけが学歴を問わず入社させると聞いたからだった。

こうして日活演技研究所の研究生になる。昭和十七年、開戦後、『微笑の国』で映画デビューする。『将軍と参謀と兵』など三本の映画に出演する。演技のコツなどやっと掴んだところで戦争は苛烈になって行く。

その上、小林は昭和十八年に二十歳になる。徴兵検査を受ける年である。甲種合格となり、二等兵として帝国陸軍に入隊し、中国大陸に出征した。

終戦によって復員する日がやって来た。まっしぐらに小林は撮影所に走って行く。

昭和二十一年『君かと思ひて』で映画界復帰する。折原啓子の恋人役で二枚目でのスタートだった。しかしこれはうまく行かない。その後、急遽出演出来なくなった千秋実のピンチヒッターとして『その人の名は言えない』で主演をしたことから、小林は二枚目でも三枚目でもない独自の世界に到着した。

これが小林の持ち味となって、後の活躍につながる。

「実直なサラリーマンを演じさせたら小林に勝るものはない」と誰もが認めた。あれほど平凡なサラリーマンにだけはなりたくないと言っていたのに、役の上では実直なサラリーマンを演じて好評だった。

その後も『ホープさん』や森繁久彌の『社長』シリーズの真面目な秘書役を演じて人気上昇となる。

昭和三十年、今井正監督の『ここに泉あり』で毎日映画コンクール助演男優賞を受賞。さらに三十三年堀川弘通監督『裸の大将』で画家・山下清を演じ同主演男優賞を受賞した。

さらに『黒い画集・あるサラリーマンの証言』で、キネマ旬報男優賞、ブルーリボン大衆賞、毎日映画コンクール主演男優賞と各映画賞を総ナメにした。


あまりに上手に画家・山下清を演じたものだから、智恵遅れ者を馬鹿にしていると非難される一幕もあった。

昭和三十六年の『名もなく貧しく美しく』は松山善三監督のデビュー作品で、耳の不自由な若い夫婦の物語だった。高峰秀子演ずる妻と小林の夫という役どころだった。

そんな小林を堀川監督は、「きわめて平凡な人間の姿から非凡な演技がほとばしり出るかけがえのない俳優である」と評した。

それはほとんど独学で演技を学んで来た小林の到達した地点であった。自分の世界を構築出来た満足を感じていた頃、世の風潮は微妙に変わる。実直な勤め人はもう古く、植木等の無責任男や加山雄三の若大将がもてはやされる時代になっていた。

『日本沈没』はそんな中で作られた映画だった。日本の危機を示唆する博士の役を小林は演じてその鬼気迫る熱演は周囲を驚かせた。

しかし、映画産業も衰退を始め、確実に受けるものしか製作しないという風潮だった。テレビ時代の到来を迎え、小林は『牟田刑事官の事件ファイル』に出会い、当たり役となる。

戦中戦後を生き抜いて、日本の平凡な男を演じきった小林は八十六歳で人生を終わった。

佐久間良子

（昭和十四年〜）

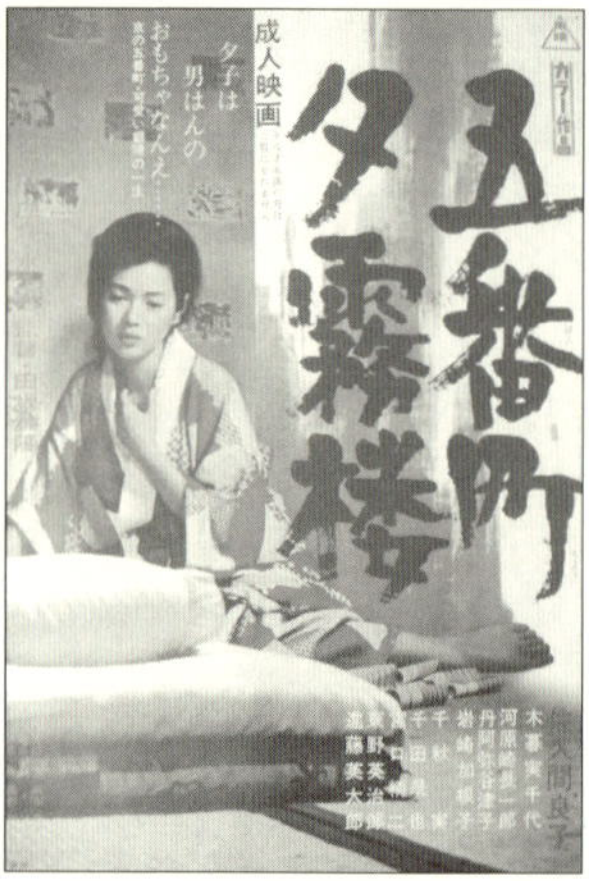

『五番町夕霧楼』（東映）ポスター。

「佐久間良子は若い時もよかったけど年とってもいいねえ」と男性群は言う。

私が忘れられないのはテレビで見た『風の盆恋歌』の主役を演じたこの人の美しさだ。

『ドナウの旅人』がよかったという人もいる。天賦の才能なのか、それとも努力家なのだろうか。演技が見事である。むろん容姿も素晴らしい。

佐久間良子、本名も同じ。昭和十四年に東京練馬で生まれる。父は軍医で大地主の次男だった。

そこで生まれた佐久間は、何不自由なく恵まれた幼少期を送った。五百坪もある豪邸で育つこの女の子は、大切な箱入り娘として育てられたのだった。

長女の佐久間の三つ下に妹がいて、六つ下に弟がいた。

穏やかな日常に変化が生まれるのは、戦争が厳しくなってからだった。佐久間が六歳の時、昭和二十年の三月、東京の子は学童疎開をすることになった。疎開先は群馬県磯部だった。

父が面会にやって来て、佐久間を見て驚いた。佐久間は痩せ衰えて、めばかりぎょろぎょろさせていた。すぐに娘を引き取る手続きをして家に連れ帰った。その上で家族と一緒に福島県の桑折に疎開させた。

佐久間は地元の小学校に通い

始めた。五百坪の家から一歩も出なかったお嬢さまの佐久間が、福島では野山を駆けずり廻り、すっかり野生児になって田舎の生活を楽しんだ。

戦争が終わって東京の安全を見極めてから練馬の実家に戻った。父は製薬会社の重役になっていた。

昭和二十二年、東京に帰った佐久間は開進第三小学校に編入する。中学は私立川村中学校に入り、高校もそのまま川村に進学する。ここまではごく普通のお嬢さんらしい道のりだった。

昭和三十一年、高校二年生の佐久間は東映の運動会に誘われた。川村の先輩の小宮光江が東映の女優になっていたのだ。当時、撮影所を訪ねることは若い女の子のあこがれだった。それが運動会に呼んでもらったのだから、佐久間はわくわくして出掛けたのだ。

佐久間の美貌はこの時、周囲を圧していた。本人だけはそんな事には気付かない。

数日後、学校から帰って来た佐久間は意外なお客さまを見た。それは東映の幹部の人たちで、佐久間をスカウトに来たのだった。

「娘さんを東映のスターとして育てさせて下さい」

と必死で佐久間の両親を口説いていた。

「私がスターになる！」佐久間はまた、ワクワクした。しかし、家族は大反対だった。堅い気風のこの家の人々には芸能界入りなどもっての他だった。何回も家族会議が開かれたが答えは同じ。「絶対反対」だった。

その時、佐久間が発した言葉が彼女自身の人生を決めた。

「私、決めました。一年だけでもいいので女優をやらせて下さい」

そんな佐久間の一言はきっぱりしていて、誰もう「ノー」とは言えなかった。

昭和三十二年、佐久間は東映ニューフェイス第四期生として入社する。しかし、水着審査を拒否したため、補欠合格だった。同期には室田日出男、花園ひろみ、山口洋子、山城新伍らがいた。彼らと共に俳優座養成所で研修を受けた。

映画デビューは翌年の『美しき姉妹の物語』の端役からで、続いて『台風息子』では江原真二郎の相手役に抜擢される。

清純な品のあるお嬢様として佐久間の人気はたちまち高まって行った。雑誌『平凡』の人気ランキングにも佐久間の名が入るようになってきた。

二十二歳の佐久間良子は咲き誇る花のようにきれいだった。佐久間の最初の恋の噂の相手が鶴田浩二だった。鶴田が東映に入社しての第一作『砂漠を渡る太陽』で相手役が佐久間だった。翌年の『湖畔の人』でも共演。恋の噂が立った。

恋の行方は分からぬまま、佐久間は鶴田との共演が続いた。『人生劇場・飛車角』では佐久間は飛車角の情婦という初の汚れ役を演じて評判になった。『五番町夕霧楼』『越後つついし親不知』などの名作映画にも出演して演技力が高く評価された。

佐久間がこの仕事に自信を持ち始めた矢先、東映は路線を変え始める。ヤクザ映画やポルノ映画路線になって行く。ヤクザ映画の頂である藤純子がトップスターになって行く。

佐久間が渾身をこめて演じた作品がおクラ入りになってしまう。限界を感じた佐久間は舞台とテレビに活動の場を移し、そしてここに活路を見出す。

大河ドラマ『新平家物語』では建礼門院を演じ、さらに九年後の『おんな太閤記』では主役のねねを演じた。

三十一歳の時、俳優の平幹二朗と結婚し男の子と女の子の双子をさずかり、幸せな日々であったが、やがて離婚する。

今年七十八歳。惜しくも平らはこの世を去ったが、長男・平岳大は渋みのある俳優となり、佐久間の仕事はますます磨きがかかり、円熟味を増すのだった。

佐田啓二

（昭和元年～昭和三十九年）

『㐂びも悲しみも幾歳月』（松竹）ポスター。

　昭和三十九年、夏のある朝であった。

「佐田啓二、死す」のニュースに日本中が戦慄した。「えっ何故？」あの若さで病死ということは考えられない。一体、何があったのだろうか。

　しばらくして、佐田啓二が交通事故に遭ったこと、そこが信州からの帰路であった事などを知る。ほんの些細な事故であったそうだ。

　佐田はその時、妻と共に信州蓼科の別荘で休暇を楽しんでいた。ところが、急に仕事が入った。ＮＨＫのドラマ『虹の設計』の撮影だった。

「残念だけど一足先に帰るよ」

そんな言葉を残して佐田は午前六時半、車に乗り込み別荘を後にした。

　車が韮崎を走っているときだった。佐田の乗っていた車が前方車を追い越そうとして右に出た。その折、韮崎町の塩川橋の欄干に衝突し、その勢いで別の乗用車に激突するという事故だった。

　車に乗っていたのは四名であったが、運転手は頭を打って二ヶ月の重傷，日刊スポーツの記者は顔の骨を折り一ヶ月の重傷、佐田の義弟は右肩に一週間の軽傷。三人は命を落とすことはなかった。

　佐田は頭の骨と右腕を骨折す

る怪我をしていた。すぐに韮崎市立病院に運ばれたが午前十一時に死去してしまう。三十七歳の命であった。

衝撃はあまりにも大きかった。佐田は仕事の上でも、家庭生活も充実していて、まさに「これから」と言うときだった。

無関係の他人の私たちでさえ残念でたまらなかったのだからご家族の無念、ご本人の無念はいかばかりであったろうか。

佐田啓二、本名中井寛一。昭和元年に京都で生まれている。家庭は裕福な商家であった。俳優の道を歩まなければ、京の老舗の旦那として安穏な人生を歩いたことだろう。

京都市立北野中学に進み、その後、東京に出て、早稲田大学政治経済学部に入学する。その時、下宿していたのが佐野周二の家だった。

佐野との縁はどこが最初だったのか定かではないが、ここの家で俳優という人を身近に感ずるようになる。

しかも、佐田は生まれついてのイケメンだった。周囲も放ってはおかなかった。

勧められて大学卒業と同時に松竹大船撮影所に入社する。「これからは映画の時代だ」と確信するようになっていた。

佐野周二の生き方も佐田に影響を与えた。

俳優というものが軽薄な仕事だと考えていた常識を破って、表現者として尊敬出来る存在になっていた。

佐田はいわゆる演劇青年でもなく伝統の芝居の世界の出身でもない。顔が良いというだけで映画界に入ってしまう。佐田はそんな新しい生き方のスターだった。

現に、松竹に入ったとたん、いきなり、木下恵介監督の『不死鳥』に抜擢され、主演の田中絹代の相手役を仰せつかってしまうのだ。

大部屋暮らしも端役も体験せずにである。この映画で田中とのラブシーンが話題になり一躍スターとなる。

続いて人気ラジオドラマを映画化した『鐘の鳴る丘』に主演、孤児たちの優しいお兄さんを演じて国民的人気を得る。

この頃、同時デビューした高橋貞二、鶴田浩二と並んで「松竹戦後三羽烏」と呼ばれた。佐田啓二の芸名は佐野周二から二字をもらってつけた。

つづいて『お嬢さん乾杯』『カルメン故郷に帰る』『本日休診』などで実力をつけた佐田は、昭和二十八年、『君の名は』に出会い、大ブレークする。

もともと菊田一夫の『君の名は』はラジオドラマとして一世を風靡、放送時間にはみんなラジオの前に集まり、銭湯の女湯はカラになったといわれた伝説の名作である。

松竹はこれの映画化にあたり、主人公・後宮春樹に若手人気ナンバーワンの佐田を配し、ヒロイン氏家真知子に、当時その美女ぶりが評判の岸恵子を持ってきた。

この美男美女のコンビに世間は沸きたった。そして映画は第三部まで作られた。

『君の名は』でトップスターの座についた佐田は、徐々に演技派に脱皮し、プロ野球選手のスカウト合戦を描いた小林正樹監督の問題作『あなた買います』に主演。見事な演技で毎日映画コンクール、ブルーリボン賞の主演男優賞を受賞。

そして木下恵介の『喜びも悲しみも幾歳月』、小津安二郎の『秋刀魚の味』で佐田の名は不滅となった。

そんな光り輝く功績と二人の子供を残して、佐田啓二は僅か三十七歳の生涯を終える。

長男の中井貴一はいまやこれも日本を代表する俳優になった。テレビ、映画にひっぱりだこである。

長女の中井貴恵は主婦ながら、女優・エッセイストと、これも活躍中。惜しまれて早世した佐田の見事な置き土産といっていい。

里見浩太朗

（昭和十一年〜）

映画『水戸黄門』ポスター（東映）。左から里見浩太朗、東野栄治郎、大和田伸也。

　里見浩太朗といえば、すぐ頭にうかぶのが水戸黄門である。ちょっとインテリくさかった石坂浩二黄門のあとの登場だけに、ファンは「なんと美しい黄門様だろう」と喝采を贈ったものだ。

　この里見浩太朗、かつて時代劇黄金時代の東映を支えた大スターである。

　大川橋蔵、中村（萬屋）錦之助、東千代之介はとっくに亡く、彼らの衣鉢を継ぐ松方弘樹も旅立ってしまったいま、後輩の北大路欣也とともに東映時代劇の語り部といっていい。

　その芸歴は半世紀を越え、出演した映画は、百五十作に及ぶ。

　東京は渋谷の道玄坂で昭和十一年に生まれた。父は十九歳で近衛兵となり、陸軍憲兵隊に転属したのち、里見が生まれて八ヶ月後に支那駐屯憲兵隊に配属された。しかし、山西省で手榴弾を受けて戦死。

　母子家庭となった里見は母の実家、静岡県富士宮市で育つ。

　富士宮北高校で音楽部に所属していた里見は、もともと歌手志望だったので、卒業間近に「NHKのど自慢」に出場、伊藤久男の「山のけむり」を歌って見事合格。

　これが自分の芸能生活の原点であると、里見は後年語っている。

高校卒業後、叔父を頼って上京、念願の歌手を目指した。

しかし、昭和三十一年、何げなく応募した第三期東映ニューフェイスに合格。歌手から役者への道に方向転換することになった。同期には大川恵子、桜町弘子などがいる。

昭和三十二年『天狗街道』で俳優デビュー、翌年『金獅子紋ゆくところ』で初主演。

当初は、美空ひばりや中村錦之助主演映画の脇役だったが、やがて『ひばり捕物帖ふり袖小判』（三十四年）『ひばり十八番弁天小僧』（三十五年）『ひばりの花笠道中』（三十七年）など、全盛期のひばり映画にはなくてはならない存在となり、押しも押されもしない東映の看板スターとなっていく。

ひばりとは公私ともに親しく、ひばりより一歳年上ながら里見は「姉上」とひばりを慕った。

しかし昭和四十五年、日本映画斜陽元年といわれたこの年、芸名を里見浩太郎から里見浩太朗に改名。テレビ時代劇に軸足をうつした。

そして、何といっても里見といえば水戸黄門だろう。昭和四十六年十一月からスタートしたＴＢＳナショナル劇場『水戸黄門』第三部で杉良太郎のあと、二代目佐々木助三郎（助さん）を演じたのを皮切りに、同役を第十七部まで十六年間務め、あおい輝彦にバトンタッチした。

さらに平成十四年十月からスタートしたナショナル劇場『水戸黄門』第三十一部に、体調不良で降板した石坂浩二に代わり、五代目水戸黄門として、十四年ぶりに復帰。

デビュー初期の東映で、渥美格之進（格さん）役を演じたのを加えれば、佐々木助三郎、水戸黄門の三役を演じた俳優は里見ただひとりである。

さすがにいまは主役を張ることはなくなったが、時代劇、現代劇を問わず渋い脇役として、圧倒的な存在感を示してる。

佐野周二

（大正元年～昭和五十三年）

『お嬢さん乾杯！』（松竹）DVDジャケット。左は原節子。

佐野周二は出合う人がホッとするような俳優だった。だから誰もが佐野を愛した。

彼の上にも戦争が通り過ぎて行く。応召の報せが届いた時、彼は胸を張って戦地に赴いて行った。当時、芸能人は慰問という国への奉仕の方法があったので、応召拒否をすることも出来たのだ。

それなのにあえて佐野は戦地に出て往く。

昭和十一年、佐野は『上海の街角で』を歌った東海林太郎の歌にセリフを入れた。

「おい、もう泣くなよ。ほんのりと紅の月がでているじゃないか」

というセリフだったが、上海というエキゾチックな街角で、恋する男と女が別れる場面だ。日本の女の子たちは、見たこともない上海の街角を心に描いて憧れた。

「リラの花散る、キャバレーで会って、今宵別れる街の角」

と歌うこの歌は佐野のセリフも効果的だった。

これが成功したので、『愛馬の唄』でも佐野はセリフを入れた。歌ったのは上原敏だった。

上原とは『愛馬の唄』のあと『只今帰って参りました』でも共演した。佐野のセリフはしみじみと心に滲みると好評だった。

しかし、上原はこの歌をレコーディングした後、南洋に出征して二度と帰って来なかった。上原も芸能人であるから応召は免れたのだが、秋田の役所の手違いで本名で赤紙が届いてしまう。上原は男らしく、召集に応じ、パプア・ニューギニアで命を落としてしまった。

佐野は吹き荒れる戦争の時代を彼らしく実直に送った。

佐野周二、本名は関口正三郎と言った。大正元年、東京は神田の生まれ。家は鳶職である。

佐野は立教大学予科を卒業して軍隊に入る。一年間の軍隊生活を体験して帰って来る。

帰国後、義兄の経営する商社に入り、サラリーマン生活を一年間する。映画俳優になるのはそれからだった。昭和十一年、佐野は松竹に入社する。

俳優になる道を選んだのにはどんなわけがあったのだろうか。おそらく、周囲の勧めがあったのだろう。これだけの美男子である。

「俳優になったらどうかね」など勧められて、佐野は転職を考える。むろん自身も映画の仕事に興味はあったのだろう。二十六歳で松竹に入社する。

入社早々、佐野は『Zメン青春突撃隊』に出演する。しかも、東海林や上原らの売れっ子歌手の歌のセリフを入れたのも同じ年のことだ。

とにかく佐野のスタートは、順調だった。翌年、三作目の『新道・前後篇』では早くも主役として出演する。

佐野を起用したのは五所平之助監督であって、佐野をこの監督は高く買っていた。佐野は五所の期待に応えなくてはならない。佐野は明朗活発な美青年ぶりで、監督のみならず観客たちをも魅了したのだった。

この一作で佐野はしっかりした地位を築くことが出来た。

翌年、『花籠の歌』で田中絹代と共演、『荒城の月』では高峰三枝子と共演する。松竹の看板女優たちの相手役をしたことで、佐野の好感度は高まる一方だった。

その翌年、つまり昭和十二年のことだ。佐野にとって飛躍の年となった。

松竹の二枚目スター上原謙、佐分利信と組み、松竹三羽烏として売り出されることになったのだ。映画『婚約三羽烏』が作られ、三人が三人とも人気者となって行く。

その後も「御三家」とか「三人娘」「中一トリオ」などと、三人のスターを組ませる手法は脈々と続くが、昭和十二年の三羽烏が最初の試みだった。

佐野は、三羽烏に入れて貰ったことで、ぐんと俳優としてのレベルを上げることになった。

他の二人にとってもこの作戦は効果的で、三人が三人とも知名度を上げることになった。

昭和十三年、佐野は再度応召され、中国大陸に送られる。何故佐野だけが何回も応召されるのか。佐野は一言の弁解もしなければ、懇願もせず、命令通り大陸に派遣された。

昭和十六年、佐野が復員した時は大変な話題となった。その年、李香蘭と共に『蘇州の夜』に出演した。大ヒットだった。佐野が中国大陸を見て来たことが、映画の成功につながったのだろう。

帰国後、佐野は戦意高揚に役立つような映画、『愛国の花』『野戦軍楽隊』『陸軍』など、終戦の年まで出演し続けた。最後は『必勝歌』などに出演した。

戦争が終ってからはフリーになり、木下恵介の『お嬢さん乾杯!』五所平之助の『大阪の宿』や『目白三平物語・うちの女房』などに出演して、演技派俳優として認められることになった。

佐野には幸福な家庭があって、息子の関口宏も俳優、司会者として活躍中だ。その宏の妻が歌手だった西田佐知子でその息子が関口知宏である。

佐野は昭和五十三年、急性心不全のために六十六歳で彼岸に旅立った。

佐《さ》分《ぶ》利《り》信《しん》

（明治四十二年〜昭和五十七年）

『軍神山本元帥と連合艦隊』（東宝）ポスター。

上原謙、佐野周二そして佐分利信は松竹三羽烏といわれた。昭和十年代のイケメン三人男は映画会社の方針でセットにされた。三人共演で『婚約三羽烏』という映画も作られた。

上原は東京山の手出身、佐野は東京下町出身、佐分利は地方出身という役回りで、青春ドラマを演じた。これが若い女性に大受けでファンも三つに別れて熱狂した。会社の意図は命中した事になる。

『婚約三羽烏』の時、佐分利は二十八歳だった。端正な整った顔立ちの佐分利は一見、都会の青年ではないかと思わせる風貌の持ち主だった。あか抜けしたほりの深い佐分利の表情は、上原や佐野とは違っていた。この佐分利信、本名を石崎由雄と言った。出身は北海道歌志内村である。

佐分利の父親はこの村の炭鉱夫だった。生活は厳しく、最初から佐分利は独立することを考えていた。

大正十二年、十四歳の佐分利は中学の教師を目指して上京する。貧しさを脱却するにはそれしかないと少年は思ったのだ。

学校の勉強は良くできた。教師を目指したのは、学問で身を立てることを考えたからだった。東京に行けば道が開けるのではないかと思ったのだ。

しかし、現実はそんなに甘くなかった。肉体労働をしながら、夜間部で学ぶが、学業も仕事も続けられなくなる。

九月一日の関東大震災も影響した。学業半ばに仕方なく郷里に戻る。小学校の代用教員になって生きているが、夢を忘れきることは出来ない。

誘ってくれる者があって神戸に出て、婦人向けの新聞を発行することを計画するが、これも挫折してしまう。

ふたたび上京して職探しをしている時だった。ふらふらと入った映画館で映画の魅力に驚く。佐分利と映画がようやく出会えたのだ。

中学教師の夢はそのままにして、映画関係の仕事につきたいと、佐分利は考え始めた。考えればすぐに実行するのが若さである。二十歳で、日本映画俳優学校に入って映画監督を志す。

「働く庶民がこんなに楽しめる映画はすごい！　自分は映画を作ってみたいのだ」。

こうして佐分利はいよいよ映画に近づいた。

その佐分利を俳優の道に引きずり込んだのは、小杉勇と八木保太郎だった。二人は佐分利の容貌が映画向きであると言って彼を俳優への道を強く勧めた。映画人としての直感だったのだろう。

二人の伝手《つて》で佐分利は日活に入社した。佐分利にして見れば俳優になることも生活のためだった。一日も早く、安定した生活の方便を得たいという思いだった。

昭和六年、『日本嬢』（内田吐夢監督）で島津元の芸名をもらい映画デビューをする。まだ主演ではない。

次作『動員令』で主演に抜擢される。朴訥な佐分利の演技が「これまでの俳優にはない味のある存在」と評価され、たちまち人気を獲得する。当人は気のないままに演じていただけなのだそうだ。

当時の映画俳優たちは、演劇

志望者がほとんどで、舞台に立つことを理想としていた。それがままならず映画俳優になったわけで、どうしても演技がオーバーになる。

「押さえて押さえて」と監督は演技を押さえさせるのに四苦八苦していたので、佐分利のような素っ気ない演技は大歓迎だった。

佐分利は「自分は俳優なんかやる筈ではなかった。監督がやりたいんだ」といつまでも乗り気のない態度で映画に出ていたが、「そこがいいんだよ」と言われてしまう。

三作目は『さらば東京』だったが、この作品に出演していた際、佐分利にとってうれしい出会いがあった。共演者の黒木しのぶと恋愛関係となる。

二十三歳の佐分利にとって初めての女性だった。二人は同棲を始め、のち正式に結婚する。

佐分利は愛妻家で、仕事に出る際は玄関で妻とかならず握手していたそうだ。

その後、『女性陣』を最後に日活を退社し、松竹蒲田に入る。その時、初めて佐分利信を名乗るようになる。やがて、『人妻椿』や『新道』などに出演してその名を広め、いよいよ三羽烏時代となる。

年を重ねると役柄も、大学教授や会社の重役、戦争物では山本元帥などが多くなる。それが実にぴったりで、観客は安心して見ることが出来た。

あの時、中学校の先生を目指して上京して来たのにそれがままならず、映画の中で大学の先生になっている。「不思議なものだ」と佐分利は思う。

戦後は、しばらく低迷の時代があったが、二十年後半に入ると輝きを取り戻し、『帰郷』『お茶漬の味』で、毎日映画コンクールで主演男優賞を受賞。テレビでも『化石』でガンに侵された主人公を熱演した。

愛妻家の佐分利は、家庭生活も大切にして七十三年の幸福な生涯を終えた。

黒澤・志村の名コンビが生み出した『生きる』（東宝）ポスター。

志村 喬《たかし》

（明治三十八年〜昭和五十七年）

スターと一口に言っても、様々である。水も滴るような美男子もいれば、実直な勤め人のような地味な俳優もいる。

映画『生きる』の主役を演じた志村喬を記憶される方も多いだろう。

私たちが気がついた時にはすでに名優であって、名監督・黒澤明の映画にはなくてはならない人だった。

この人はどこからやって来たのだろうか。足跡をたどって見たい。

志村喬、本名は島崎捷爾《しょうじ》と言った。明治三十八年、兵庫県朝来郡生野で生まれた。父親は転勤族で、兵庫県も父祖の地ではなく、三菱生野鉱業所に勤務する冶金技師だった。

志村はその父の会社の社宅で生まれたのだった。

志村の祖父は土佐の人で、土佐藩主山内容堂の小姓から、二百五十石取りの祐筆にまで出世した人だが、明治維新により、禄を離れ、自力で生きて行かなくてはならなくなった。

そんな志村家の事情もあって、志村の父親は冶金技師の道を選んだ。

だから志村の家はこの土地の生えぬきではなかった。よそ者であったのだが、子どもはそんな事は知らない。

のびのびと育った。幼少期は

かなりやんちゃで、きかん坊だったし､ガキ大将でもあった。

ただこのやんちゃ坊主、勉強も良く出来た。六年間を通して優等生だったから、皆に一目置かれるガキ大将だった。

大正六年、志村は旧制神戸一中（現県立神戸高等学校）に入学する。伝統ある狭き門に入学出来たことは、志村はもちろん家族も大喜びだった。

が、その頃、父親が転勤となり、宮崎に単身赴任して行ってしまう。

折角良い学校に入れたのだからと父だけが移って行った。ところが、しばらくして志村は軽い肺病に罹ってしまう。


そんな事から進級も遅れていたので、空気の良い宮崎に家族と一緒に移り住んだ。宮崎県立延岡中学に転校する。

中学卒業後は関西大学予科に進学するが、途中で父親が退職したため、学資の支援がなくなってしまう。志村はめげることなく夜間部に移り、昼間は大坂市水道局の臨時職員となる。

こうして学業を続けることが出来るようになった。と同時にここで演劇と出会うことも出来た。

英文科の講師に劇作家の豊岡佐一郎や、シェークスピア研究家の坪内士行がいたことから演劇熱に燃える。


ついにアマチュア劇団「七月座」を立ち上げ、巡業の旅に出るほどになる。

そうなると水道局の仕事も大学も続けられなくなり、演劇に情熱を傾ける。しかし演劇では生活出来ず大坂に舞い戻る。

NHK大坂放送局で声優をしたり、アルバイトでやっと食いつなぐ日々だった。

昭和五年、二十五歳の志村は五月信子の近代座に入れてもらい、職業俳優として舞台に立つようになる。日本中を巡り、中国大陸までも巡業して歩いた。

生活は安定したが、同じような芝居の繰り返しに嫌気がさして、大阪に舞い戻る。大阪でも舞台に立つが、芝居は先細りになる一方だった。

志村は気づいていた。トーキー映画が皆の気持ちを掴んでいるのだ。

「それなら、オレも映画だ」と新興キネマ京都撮影所に入社するのは昭和九年のことだ。

志村、二十九歳のことで、生涯を優れた映画人として生きるその第一歩だった。

その最初の作品は『恋愛街一丁目』で、サイレント映画だった。むろんセリフはない。しかも小さな役しかもらえない。

翌年、伊丹万作の第一回トーキー作品『忠次売出す』で御朱印の伝吉という名前のある役をもらえた。志村はどんなに小さな役でも丁寧に演じた。

自身ものちに認めるように続く伊丹監督の『赤西蠣太』で現代のサラリーマンのような侍・角又鱈之進を演じて、ある種の自信を持つ。実直な勤め人をやらせたら右に出る者はない。この作品によって志村の存在が広く認められ、名脇役としての地位を築いて行く。

その後、志村はマキノトーキー製作所に移籍したあと、日活京都撮影所に移る。ここにいて、昭和十七年までに百本近い作品に出た。「決して断らない」志村の姿勢があった。

そして昭和十八年、黒澤明の監督第一作『姿三四郎』で老柔術家・村井半助を演じて以来、黒澤作品には欠かせない存在となった。

生涯で二十一本の黒澤作品に出たが、『酔いどれ天使』『野良犬』などは高い評価を得る。

昭和二十七年、ついに主演作『生きる』でガンに侵された市役所の職員を演じ、名優と絶賛された。

私は、志村喬のぬくもりのあるあの声を決して忘れることが出来ない。

人の世の哀しみや苦しみを余すことなく表現し尽くした志村は、昭和五十七年、七十六歳でこの世を去った。

代表作『トラック野郎』（東映）ポスター。

菅原文太
（昭和八年〜平成二十六年）

平成二十六年、高倉健の死が日本中を哀しみに包んだ日から十数日後、また訃報が流れた。十一月二十八日、菅原文太、八十一歳の逝去であった。

十一月十三日、定期検診で病院に来た菅原がそのまま入院となった。菅原はそこで高倉の死を知る。

「健さん、東映のこと、映画のことは自分が書きます」と高倉に囁いていた。

しかし菅原は転移性肝癌による肝不全で死去した。高倉と共に、東映任侠映画の二巨頭としてブームの立て役者であった菅原も、高倉の後を追うように鬼籍に入ったのだ。

高倉と菅原とを同時に愛するファンは多く、彼らの失望は大きかった。「健さん、文《ぶん》ちゃん」と呼んで親しみ、身近な人のような気分で二人を愛していた。その二人がほとんど同時に逝ってしまったのだ。「がっくりだよ」とファンたちは嘆いた。

菅原文太、昭和八年、宮城県仙台市で生まれた。父は地方の河北新報の記者をしていた。記者であると同時に洋画家であり、詩人でもあった。つまり文化人だった。

文太が四歳になった時、父は共同通信記者となったため、一家は東京に移住する。文太が小学校四年生になるまで東京暮らしだった。

昭和十八年、父親は出征してしまう。家族は、父親の実家のある宮城県栗原に疎開して地元の小学校、旧制中学までここで育つ。

この頃、学制改革が行われ、新制高等学校が出来た。菅原は名門仙台第一高校に入学する。入学してすぐに、新聞部に入部した。そこで終生の友となる井上ひさし、のちに作家として成功するこの人に出会う。

また、隣接する宮城県第二女子高等学校に若尾文子がいた。男子高の連中は、早くも若尾の存在に気付き、彼女が店番をしているパン屋で、用もないのに菓子を買ったりしたという。のちにその若尾と共演する日が来ようとは露知らぬ菅原だった。

その後、早稲田大学第二法学部に入学する。在学中に中原淳一のモデルになる。

また、この年（昭和二十九年）旗揚げしたばかりの劇団四季に一期生として入団、初期の作品に端役として出演した。面白くてならなかった。

とうとう、昭和三十年には大学を中退してしまう。演劇の面白さにはまってしまったのだ。

翌年、東宝『哀愁の町に霧が降る』に出演。菅原の映画デビューだった。しかし、映画人としての本格的活動はまだ出来ない。

雑誌やショーのファッションモデルとして懸命に働いた。日本で最初の男子のモデルクラブも立ち上げた。

そんな矢先だった。昭和三十三年、喫茶店で新東宝の宣伝部員にスカウトされて、菅原は新東宝に入社する。

長身の新人二枚目スターの「ハンサムタワーズ」の一人として売り出してもらうが、ここでの活動は地味なものだった。

菅原は何本かの映画に出たが、新東宝自身が経営不振で、低予算映画ばかりだったので話題になるような映画は作れなかった。

そしてついに新東宝倒産。ハンサムタワーズのメンバーと共に松竹に移籍したが、女優中心の映画ばかりで男優は添え物の脇役ばかりだった。

「どうしたものか」と悩んでいる時、救いの神が現れた。東映の俳優・安藤昇が声をかけてくれたのだ。そして東映に移籍することが出来た。

だが、セリフのほとんどない役ばかりで腐った。昭和四十四年、『現代やくざ・与太者の掟』で菅原は、東映に来て初めての主役を貰うことが出来た。この『現代やくざ』シリーズは三年も続いて興行的にも成功した。

同年、菅原は『関東テキ屋一家』シリーズ、昭和四十六年『まむしの兄弟』シリーズに恵まれる。その二年後、『仁義なき戦い』シリーズが大当たりして、菅原は東映を代表するスターの一人となった。

また、これらのヒットを受けて東映は任侠路線から実録路線に切り替えて行く。

昭和四十九年末に『新仁義なき戦い』シリーズや、昭和五十年に始まる『トラック野郎』シリーズも大ヒットだった。

菅原文太の名も揺るがぬものになって行く。

仲間がテレビにこぞって出演する中でも、菅原だけは頑固に映画にこだわっていた。しかし昭和五十五年、大河ドラマ『獅子の時代』の主役に抜擢され、その後はテレビ界でも活躍する。大河だけでも『武田信玄』『徳川慶喜』『元禄繚乱』『利家とまつ』などに出演している。全て仕事は順風満帆だった。

しかし、平成十三年、長男(三十一歳)を鉄道の踏切事故で失ってしまう。その時から菅原の人生観が変わった。しばらくして、東日本大震災が起こる。

「今は映画なんて撮ってる場合ではない」と言って、菅原は俳優業を引退して農業や震災復興、国民運動などに精を出した。

そんな矢先の発病、帰らぬ人となった。残念でならない。

杉村春子

（明治三十九年～平成九年）

『女の一生』（文学座）パンフレット。

杉村春子とその名を聞いただけで「演劇」という言葉が浮かんで来る。この人ほど、舞台に映画にテレビにと、その情熱の限りを注ぎ込んだ女優を私たちは知らない。

私は杉村の最晩年の舞台を拝見している。杉村逝去の二年前、平成七年二月のことだ。場所は紀伊国屋ホールであった。出し物は江守徹のオリジナル戯曲『絹布《けんぷ》の法被《はっぴ》』だった。

演劇ファンでもない私が、この舞台を拝見できたのは、杉村の相手役、川辺久造（文学座）と知り合いだったからだ。

高名なる杉村も八十九歳、どんな魔法で恋する女を演ずるのかと興味津々《しんしん》だった。会場は往年の杉村ファンで埋まっていた。恋人役の川辺の手に引かれ、舞台中央に進み出た杉村は朗々とセリフを述べた。声は細かったが、さすが長年の研鑽《けんさん》の故か、滑舌《かつぜつ》ははっきりしていて年齢を感じさせなかった。

「これが芸というものか」と会場は感動に包まれ、泣き出すファンもいた。

翌年予定されていた舞台は、病気降板している。とすれば『絹布の法被』は、最後の完璧な舞台だったことになる。よよとして恋に泣く若い女に成り切っていた杉村の姿が忘れられない。

杉村春子は明治三十八年、広

島で生まれた。母は色街にいて春子はその私生児だった。その母も春子が幼い日に亡くなってしまうが、材木商の夫婦に養女に望まれ、この家の娘として何不自由なく育てられた。

山中高等女学校を卒業する頃「声楽家になりたい」という夢を抱えて上京する。

日本一の東京音楽学校（現東京芸大）を受験する。が、合格することが出来ない。翌年も受験するが、またしても失敗してしまう。芸大の壁は高かった。

しかし杉村はあきらめが早い。さっさと見切りをつけて、広島に戻った。

広島女学院の音楽の先生をしている時、杉村はたまたま築地小劇場の移動芝居を見た。演劇というものの面白さに目を開いた瞬間だった。

大正十五年、杉村は意を決して再び上京し、築地小劇場のテストを受けるが、訛りが強いと言われ不合格になってしまう。

それでも『何が彼女をそうさせたか』の舞台でセリフのない役を貰うことが出来た。オルガン弾きの役だったが、舞台に立てたことは手応え充分だった。

こうして築地小劇場最後の研究生となる。昭和八年、岸田国士、久保田万太郎らが文学座を立ち上げた時、杉村も参加する。

三年後、『ファニー』で主役を演ずる。以後は文学座の中心的女優になって行く。と同時に文学座以外の舞台でも乞われれば迷わず、出演した。

以後の成長はすさまじく、気が付いた時には日本演劇界の中心的存在になっていた。

二十七歳の杉村は五歳年下の慶應大生と結婚したが、その結婚生活は短かった。九年後に夫を結核で亡くしてしまう。戦争中のことで、充分な医療も施せなかったのだろう。

その後『女の一生』を書いた劇作家の森本薫と恋に落ち、愛人関係になるが、森本も結核で亡くなってしまう。

最後に戦後、四十四歳の杉村

は、十歳年下の医者と結婚するが、この人も結核で死んでしまう。杉村の結婚生活はどれも短く、愛する人を皆、結核で失ってしまうのだった。

　そんな私生活とは別に、演劇の世界での杉村の活躍は、戦争中もひるまなかった。

　東京大空襲下の東横映画劇場で初演した『女の一生』で、杉村は主役の布引《ぬのびき》けいを演じた。これが当たり役となり、平成二年まで四十五年間、九百回の上演回数を数えた。

　その他、杉村の当たり役は『欲望という名の電車』『華岡青州の妻』『ふるあめりかに袖はぬらさじ』『華々しき一族』などがあり、どれもロングランとなった。

　一方、映画での活躍も輝かしかった。初出演は昭和二年『黎明』から始まった。その後も『浪子』『浅草の灯』などに出る。乞われれば出るというやり方だった。

　戦後、黒澤明、木下恵介など杉村を起用した監督たちは口を揃えて言ったそうだ。「杉村には既存の映画俳優の持たない自然でリアルな演技力がある」。

　小津安二郎作品にも起用された。『東京物語』や『麦秋』『秋刀魚の味』など、小津映画の常連といっていい。

　その結果、杉村は百本もの名作を彩った名優となる。

　文化勲章を打診されたが辞退し、八十九歳で新藤兼人の『午後の遺言状』に主演。毎日映画コンクール、キネマ旬報などの主演女優賞を受けて健在ぶりを示した。

　順風満帆の杉村の活動と見えたが、ひとつ問題があった。その激しい性格だった。昭和三十六年、文学座を分裂させてしまう。苦難の連続だった。

「誰が選んでくれたのでもない、自分で歩きだした道ですもの」

『女の一生』の布引けいのセリフを杉村は自分の人生に重ねるのだった。

同名主題歌も話題となった『昭和残侠伝・唐獅子牡丹』（東映）ポスター。

高倉 健

（昭和六年～平成二十六年）

平成二十六年十一月十八日の夜、「高倉健死亡」というニュースが流れた。死去したのは十一月十日であったそうだ。八十三歳。その日の夕刊は大きな文字で、この人の死を伝えていた。テレビも健さん一色になった。高倉健という俳優の大きさを感じさせる扱いだった。

高倉健、本名は小田剛一と言った。昭和六年、福岡の中間市で生まれている。

父は旧海軍の軍人で炭鉱夫のとりまとめなどをしていた。この家で生まれた高倉は、幼少期は肺を病むなど虚弱だった。

戦争が終るのは高倉が十四歳の時だった。

旧制中学が新制に移り変わる時期で高倉が通っていた旧制中学はそのまま高等学校になる。

何もかもが変わって行く世の中で高倉は、アメリカ文化に心を動かされていた。とくにボクシングと英語に興味を持った。学校にボクシング部を作って夢中で打ち込み、病弱な体が見違えるほど元気になっていった。

英語は、小倉の米軍司令官の息子と友達になり、自力で身につけた。

福岡の高校を卒業すると、明治大学商学部に進学する。彼は貿易商を目指していたのだ。

しかし、大学を卒業したが思ったような就職口がなく、仕方なく一旦郷里に帰った。だが、ここにも勤め口はない。

再度、上京して知人の伝手《つて》で、ひばりたちが所属する新芸プロのマネージャーになるべく、面接試験を受けていた。喫茶店で面接を受けている時、たまたまそこに居合わせた東映のマキノ光雄が高倉に目を止めた。思いがけないスカウトだった。

就職口を求めていた高倉が、東映ニューフェイス第二期生として東映に入社することが出来た。やれやれだったがニューフェイスの修行については散々だった。全く演技経験がない高倉は、「邪魔だから向こうで見ていて下さい」などと言われてしまう。

ところが、演技経験もない無名の出来損ないの新人だった高倉に、主役デビューの日がやって来る。入社して一年後、映画『電光空手打ち』で高倉は主役を務めた。その後も幅広く現代劇映画に出演し、主演スターになっていくが、高倉にはコンプレックスがあった。

まともな演技指導も受けないうちに映画に出てしまったのだ。そのうち、時代劇まで舞い込むことになり、高倉は人の演技を見て真似るしかなかった。

昭和三十八年、『人生劇場・飛車角』が大ヒットして高倉は任侠映画の担い手になって行く。つづいて『網走番外地』シリーズ、『昭和残侠伝』シリーズなどに高倉は主演してどれも評判を取った。

またこの二作の主題歌『網走番外地』と『唐獅子牡丹』も自ら歌って大ヒットとなった。

世の中は安保を巡る混乱の中で、「不条理な仕打ちに耐え、ついには復讐を果たす着流しのアウトロー」である高倉演ずる主人公に、学生運動に身を投じる学生たちが感情移入して支持した。そして高倉の人気は頂点に達した。

そんな時だった。高倉は映画館に足を運んで自分の出ている映画を見たことがあった。

沢山の観客が映画に熱狂し、終わって出る時は入って来た時とは別人になっている。これほど影響力のある映画というものを恐いと高倉は考えた。それだけにやり甲斐がある。

高倉は身震いして仕事に向かって行った。

昭和五十二年、高倉は不朽の名作『八甲田山』『幸福の黄色いハンカチ』に主演し、第一回の日本アカデミー賞最優秀主演男優賞とブルーリボン主演男優賞をダブル受賞する。

その後、『動乱』『遥かなる山の呼び声』『駅ＳＴＡＴＩＯＮ』など名作に出たあと、『鉄道員』でふたたび前記の二賞をダブル受賞。

そして遺作『あなたへ』が話題となったあと、平成二十六年、文化勲章に輝いた。

さて、高倉の私生活である。昭和三十一年、映画『恐怖の空中殺人』で江利チエミと共演した。その時、二人は心を通わせて結婚にまで至る。その三年後、子どもを授かるが、母体が妊娠中毒症の危険があって中絶を余儀なくされた。

不幸はその後、波のように押し寄せた。二人の愛の住まいが焼失する。江利の異父姉がこの家の全財産を持ち逃げする。

江利はこれ以上、健さんに迷惑はかけられないと言って離婚を決意する。

離婚後、江利は昭和五十七年、脳出血と吐瀉物誤嚥のため、一人ベッドの中で死んでしまう。四十五歳だった。高倉も江利と別れたのち、独身を通した。

高倉は江利の命日には墓参を欠かさなかった。一方、鎌倉霊園に建てた生前墓には水子地蔵を作り、「この世に生を受けなかった我が子のために」祈り続けた。

頑固でさえある徹底した誠実な生き方、それはＣＭで有名になった「不器用ですから」とのフレーズで皆の心に残された。

私たちは高倉健を忘れずにいたいと思う。

高橋英樹

（昭和十九年〜）

『激流に生きる男』（日活）ポスター。

長身の隆々たる体躯、どこから見ても風格のある紳士である。役どころも、会社の重役や大学の教授、政治家といった所だ。特に「西村京太郎トラベルミステリー」の十津川警部は格好いい。この人に迷いや憂いはどうしても見いだせない。自信たっぷりの立ち居振る舞いは、小気味良いばかりだ。

高橋英樹、本名がそのまま芸名になった。昭和十九年の生まれ、戦争中だった。父は当時の首相・東條英樹の名から英樹を頂戴したのだそうだ。

高橋の父親は教職者で高校の校長にまでなった人だ。厳格な生真面目な人柄がうかがえる。

高橋は千葉県木更津で生まれている。二宮小学校、検見川小学校と小学校を転々としているのは父親の転勤のせいだろうか。緑町中学校を経て私立市川高等学校に進学する。

芸能界入りを考えたのは父親への反発からだった。高橋が日活のニューフェイス試験を受けたのは、意外なことに芸能界入りを反対していた父親の命令だった。

父親は「きっと落ちるに決まっている。落ちれば諦めるだろう」と考えたのだった。日本中から「われこそは」と思う美男子が集まるのだろう。高橋のような田舎の少年の出る幕はない筈だ、と父親は考えていた。

ところが、高橋は見事合格して日活ニューフェイス第五期生として入社する。高校在学のままの入社だった。十七歳で芸能界入りをした高橋に、父は「芸能界に入るなら勘当だ」と言ってその後は口もきかなくなってしまった。

この時のことを当人はのちに「芸能界は安定した収入が保証されていない。親として心配だったのではと思います」と語っている。

父の心配をよそに高橋は活動を開始して行く。

そんな折、浅丘ルリ子との出会いがあった。映画『高原児』で浅丘の弟役に抜擢されたのだ。浅丘は高橋を見て「お兄さん役かと思ったわ」と言っている。

さらに、思いがけなかったことは、赤木圭一郎の事故死だった。赤木の代役として『激流に生きる男』に主演することになった。本来であれば、大部屋生活をして、通行人や群衆役をしてやっと端役というのが新人の相場だった。それをいきなり、主役についてしまったのだ。

信じられないほど恵まれたスタートだった。それだけに、短い時間に演技や役に成り切ることの難しさに直面するのだった。しかし高橋はめげずに一つひとつ、難問を解決して行った。第一作はようやくクリアしたものの、問題点も生じていた。

高橋の体型は筋肉質でがっしりしていたが、身長は一八一センチもあるのに股下が短いという欠点があった。

そのため、アクションや青春ものの主役は廻って来なかった。カメラマンは、下から写して股下の長さを強調するのが当時のやり方だった。

共演から親しくなった浅丘は、その後も高橋の先生だった。演技を教えてもらった。正式な勉強をしたわけではなく、見よう見まねでやって来たのだ。知らないことがあまりに多すぎた。おまけに、住まいの心配までしてもらった。

当時、高橋は千葉の実家から電車で通勤していたが、浅丘の実家に下宿させてもらえるようになった。浅丘の家は調布市にあったので、調布の日活撮影所に近くて助かった。

下宿する際、口を利いてくれたのが石原裕次郎だった。浅丘の家では彼女のお母さんに食事まで作ってもらい、物心両面で世話になった。浅丘には「今も頭が上がらない」と高橋は言う。

その高橋はこの年、日本大学芸術学部に入学する。正式に演劇を学びたかったのだが、その後忙しくなり通学出来なくなり中退を余儀なくされる。

高橋が大学に入った翌年、『伊豆の踊子』で吉永小百合の相手役を務めた。この映画はこれまでも田中絹代、美空ひばりらが踊子役を演じていた。

高橋はようやく実年齢に近い学生を演じた。のちに裕次郎が「お前、股下が短いなら着流し姿で任侠物に出たら良い」とアドバイスもしてくれた。

そして、『男の紋章』への出演が決まり、このシリーズもので活路を見出す。

その頃、浅丘ルリ子をはじめ浜田光夫らが裕次郎を慕って石原プロモーションに入ったが、高橋はあえて二代目・尾上松緑の門弟になった。

以後、高橋は一年のほぼ半分を松緑一座の舞台で「時代物」の勉強を徹底的にした。着付けや所作《しょさ》、基本動作、日本舞踊など時代劇スターの基本を学んだのだった。

この勉強がのちの『桃太郎侍』や『三匹が斬る』などの人気テレビ時代劇の折に、大いに役立った。身のこなしが美しく、着流し姿は最高だった。裕次郎の一言が生きていたのだった。

父親の心配をよそに高橋は、押しも押されもせぬ俳優になる。娘・真麻もフリーのアナウンサーとして活躍している。

日本映画の名作といわれる『二十四の瞳』（松竹）ポスター。

高峰秀子

（大正十三年〜平成二十二年）

戦争が終った時、世の中の何もかもがくすんでいた。どこもかしこも焼け野原となっていたし、人の心もくすんでいた。

そんな時、めちゃくちゃ明るい歌声が流れて来た。はじけるような歌は『銀座カンカン娘』だった。

新東宝『銀座カンカン娘』の主題歌で主演は高峰秀子、歌も高峰が歌った。

この頃の高峰秀子人気は大変なものだった。雑誌『平凡』に新しいページが出来た。「希望対談」というものだ。

読者は言った。「スクリーンの中の共演者たちは普段はどんな話をしているのでしょうか」。

この希望対談の第一回が上原謙と高峰秀子だった。この対談の中でも秀子は理知的でハキハキと受け答えしている。いかにも新しい女性という感じで大好評だった。

これは昭和二十三年九月号だったが表紙も秀子で絵筆を持つ姿の大写しであった。

美空ひばりが出て来るまで、秀子は圧倒的ナンバーワンの人気者だった。

高峰秀子、本名は平山秀子、大正十二年、北海道函館の出生だった。父・平山錦司、母・イソの長女だったが秀子が五歳の時、母が病没してしまう。秀子は父の妹・志げの養女となって成長する。この養父母の意向で子役のオーデションに応募する。実は男の子を募集していたのだが、秀子は受かってしまう。だから、秀子は男の子に化けて映画『母』に出演する。秀子は売れっ子になり、忙しくて学校にも行けない。小学校もろくに通えないのだった。

秀子はそれが情けない。松竹は秀子に仕事だけさせて、ギャラは安い。

ところが、東宝は高いギャラと一軒家と女学校へ通えるという条件で、秀子を引き抜こうとした。秀子は何よりも「女学校に行ける」という言葉に動かされた。

東宝に移籍して文化学院に入学するが、撮影などで結局ここも中退するしかなかった。秀子の学校は、撮影所などの仕事の現場であったに違いない。

そんなある日、秀子は『小島の春』という映画に出演した。

その際、共演した杉村春子の演技に驚く。杉村は肩を小刻みに震わせることで深い悲しみを表現した。

「いい演技とはこういうものなのか」頭を殴られたように驚いた。これまで仕方なしにやっていた演技を本気でやろうと決意するのだった。

東宝で『綴方教室』『馬』『秀子の車掌さん』などの名作をこなしながら秀子は子役から女優へと成長して行く。

養母は秀子を金を稼ぐ道具としか考えていない。秀子の学校に行きたい夢をかなえてくれることもない。

秀子は自分の置かれた境遇の中で勉強をした。奥田良三や長門美保を捕まえては発声を教えてもらった。秀子は演技は杉村春子を先生とした。のちに優れたエッセイを書く秀子が小学校にも行けなかったという事実に私たちは驚くのだ。

それにしても、戦時中は映画も戦意高揚を主張しなければならない。『馬』は軍馬を集めるための啓蒙映画であった。馬を愛する女の子に扮して、お国の為に馬との別れを決意するけなげな少女を秀子は演じた。挿入歌『めんこい仔馬』も流行った。農耕馬として生涯野良で平和に暮らせる筈の馬たちが戦場に運ばれて行った。

『馬』は明らかに軍部におもねるものだったが、人々は秀子の名演技に酔ったのだった。戦時中、観客はとにかく娯楽に飢えていたのだ。子供たちも『めんこい仔馬』を歌って悲しい日々に耐えた。

当時、スターの人気のバロメーターにブロマイドの売上げがあった。浅草のマルベル堂が発案して庶民の間に広まったブロマイドは、それを求めることで好きなスターを選びとった気持になれる。この時期ダントツで売れたのは高峰秀子だった。

映画『馬』などの反省から戦後の秀子は徹底した反戦主義者となって行く。絶大な人気に支えられ、昭和二十五年『宗方姉妹』を二十六年には『カルメン故郷に帰る』を世に出す。『カルメン故郷に帰る』は日本で最初の総天然色映画だった。木下恵介監督との出会いでもあり、以後の活動につながって行く。

昭和二十九年、ついに秀子は『二十四の瞳』に出合う。主人公大石先生を通して、私たちは戦争の足跡をたどる事が出来る。平和主義者の大石先生の思いは届かず、少年たちは戦場に出て行った。そして帰らなかった。その哀しみを秀子演ずる大石先生の表情の中に見た。

戦争が終わって九年目に出来た映画だからこそ『二十四の瞳』は大ヒットになったのだといまは納得する。

この映画で助監督を務めた松山善三と秀子は結婚する。子どもの頃から憧れていた本当の家庭を秀子は築くことが出来た。その後も『喜びも悲しみも幾歳月』『名もなく貧しく美しく』などの名作を後世に残した。

皆に愛されたデコちゃんは八十六歳で生涯を終った。

高峰三枝子

（大正七年〜平成二年）

『犬神家の一族』（東宝）ポスター。

「高峰三枝子はトイレにも行かないらしい」と本気で思っていた人たちがいた。確実にいた。それほどこの人は気品を持っていた。近寄りがたいスターだった。

とても手が届かない天空の星のように遠くで輝いていた。

高峰三枝子、大正七年、東京芝の露月町で生まれた。父は高峰流筑前琵琶の宗家であった。その家の長女である三枝子は、何不自由なく成長したのだが、彼女の運命が変わったのは十八歳の時のことだ。それまで東洋英和女学校に通学していたが、その卒業の年、父・高峰筑風は急死してしまう。

それだけの家でありながら、三枝子はすぐに一家を助けるために働き始める。三枝子の美貌は周囲の認めるところであった。迷うことなく映画界入りする。帝国劇場の専務の紹介で松竹に入社。

すぐに『母を尋ねて』に出演する。これが高峰の映画デビューとなる。

昭和十一年、デビューの段階から高峰はスターだった。彼女の持つ天性の美貌と、にじみ出る気品は見る者を圧するのだった。初めて彼女をスクリーンで見た者は早速、ファンになってしまったのだった。

この時、三枝子自身も確かな

手応えを感じていた筈だろう。

翌年、松竹三羽烏と呼ばれた二枚目俳優、上原謙、佐野周二、佐分利信を相手に、三枝子はマドンナ役を演じた。『婚約三羽烏』である。

美男子三人と美女の組み合わせは実に新鮮で、デビューして間もない高峰にとってもこの企画はありがたいものだった。

人々は日中戦争が本格化する暗い世相の中で、この世にも美しい男女の組み合わせにひとときの夢を見るのだった。

高峰が女優の仕事に自信を持ち始めた頃、もう一つ、彼女の世界を広げるものがあった。昭和十二年のことだ。映画『浅草の灯』でオペラの踊り子を演じていた時、三枝子は歌を口ずさんだ。

アドリブではなく予定にあったことだったが、もともと歌の好きな三枝子が、美しい魅力的な声で歌ったので、これが話題になった。早速、コロムビアがレコード歌手として三枝子をスカウトした。また、仕事の巾が広がった。

昭和十三年、映画『蛍の光』の主題歌『蛍の光』を桑野通子、高杉早苗と歌い吹き込んだ。これが三枝子のレコードデビューとなった。続いて映画『宵待草』で主題歌『宵待草』を歌った。

これが好評だったことから、コロムビアは松竹と組んで音楽映画『純情二重奏』を企画した。主題歌『純情二重奏』は、霧島昇とのデュエットでこれも大ヒットとなった。

高峰三枝子はこの時から「歌う映画スター」と呼ばれるようになる。歌えて演技が出来る女優は今までいなかったのだ。

そして、その高峰をもっともっと有名にする曲に彼女は出合う。『湖畔の宿』である。佐藤惣之助作詞のロマンチックなこの曲は服部良一によって作られた。軍歌ばかりの世の中で、何ともさわやかな清々しいこの歌はあっという間に広まった。

高峰もコロムビアも気をよく

していたのだが、軍部は黙っていなかった。

「時局に相応しくない女々《めめ》しい歌である」「歌詞が軟弱でセンチメンタル過ぎる」などの理由で発売禁止になってしまう。

当局は、とにかく売れた歌を目掛けて、発禁の号令をかけて来るものだ。売れない曲は問題にしない。せっかく、手応えを感じた矢先に発禁になってしまって、がっかりしている時だった。時の首相・東條英機からの使いが高峰のもとに来た。

「来日しているビルマのバーモウ高官が高峰のファンでどうしても『湖畔の宿』を聞きたいと言っておられる。すぐにこの車で来るように」

と言われ、高峰はモンペ姿のまま、芝の紅葉館に行き、持ち歌を全て披露した。

高峰は日本中の女性がモンペを着用するようになると、高価な和服をモンペに仕立て直して、舞台衣装にしていた。

ビルマの高官は涙を流さんばかりに感激してくれた。軍部としてはこの顛末を皮肉なものと受け取ったことだろう。

その後も高峰は、モンペ姿で慰問の旅を続けた。特攻隊で出撃する兵士や大陸の前線兵士に『湖畔の宿』は愛された。

戦争が大陸から南洋に拡大すると、歌も南ものが増えて来る。『南から南から』などが流行った。

高峰は『南の花嫁さん』を昭和十七年に歌った。明かるく、はずむような曲で大人も子どもも楽しんで歌った。

戦後の映画全盛期には、昭和四十三年『黒部の太陽』をはじめ、『犬神家の一族』『天平の甍』など大作で元気な姿を見せてくれた。

戦争が終わってしばらくして、二十八歳の三枝子は実業家と結婚し一児をもうける。が結婚生活は長続きしなかった。

晩年になっても高峰は美しいままで高齢者に夢を与え、七十一年の命を終えた。

宝田の代名詞ともなった『ゴジラ』ポスター（東宝）。

宝田明

（昭和九年～）

まだイケメンなどという言葉のなかった頃、美男子とかハンサムとかと言われた俳優の代表が宝田明である。

日本映画の全盛期、東宝を代表する二枚目で、その出演した映画は二百本を超える。

昭和九年、日本統治下の朝鮮生まれ。当時父は、朝鮮総督府鉄道に勤務していた。さらに父が満州に転勤になったため、満州に移る。

終戦後、ソ連軍の満州侵攻の際、ソ連兵に右腹を撃たれハルピンから引き揚げたのち、父の故郷新潟県に移る。

この十二歳の時、満州からの引き揚げ時の言語に絶する辛苦、とくに目の前でソ連兵に乱暴された母の姿などを、宝田はいまでも時々テレビなどで涙まじりに語っている。

昭和二十八年、東宝ニューフェイス六期生として俳優人生をスタート。同期には佐原健二、河内桃子、藤木悠、岡田眞澄らがいる。

そして、翌年特撮映画の名作『ゴジラ』で初主演を果たし、またたくうちに東宝の若手トップスターとなった。ゴジラ映画は平成十六年の『ゴジラＦＩＮＡＬ ＷＡＲＳ』まで六作に主演。宝田は「ゴジラは最強のクラスメイト」と語っている。

また、昭和三十年代後半から

『香港の夜』など、香港の女優・尤敏（ユーミン）と組んだ映画がヒット。宝田明の名はアジア各地で鳴り響いた。

また名匠・小津安二郎が東宝で撮った『小早川家の秋』にも出演している。

ほかには『美貌の都』『青い山脈』（昭和三十二年）、『暗黒街の顔役』（同三十四年）『キングコングの逆襲』（同四十二年）から平成に入って伊丹十三監督の『あげまん』『ミンボーの女』『マルタイの女』と話題作に出演し、日本のトップ男優の名をほしいままにした。

テレビでは、昭和四十年にスタートしたTBS『平四郎危機一髪』に病気降板した石坂浩二に代わり第九話以降、九条平四郎役を演じたのを皮切りに、『のれん繁盛記』『五人の野武士』『鉄道公安官』『特急さくら殺人事件』など、多くに出演。

最近では六年前のNHK朝ドラ『カーネーション』のヒロインの祖父・松阪清三郎役が記憶に新しい。

一方、昭和四十年以降、舞台でも宝田は大活躍。日本におけるミュージカル俳優の草分けといっていい。

『アニーよ銃をとれ』のフランク役(文部省芸術祭奨励賞)、『南太平洋』、そして『風と共に去りぬ』のレット・バトラー役、さらに『マイ・フェア・レディ』のヒギンズ教授役など、世界中でヒットしたミュージカルの日本版で見事に主役を果たした。

余勢を駆って昭和五十五年、東京中野に日本初のミュージカル俳優養成学校「宝田芸術学園」を設立したが、惜しくも三年で閉鎖となった。

私生活では昭和四十一年、日本初のミス・ユニバースの栄冠に輝いた児島明子と結婚。美男美女のカップルと騒がれたが、二男一女をもうけたあと、五十九年に離婚した。

長女は、平成の初めにCMにも採用された『ジプシー』を歌った児島未散である。

田中絹代

（明治四十二年〜昭和五十二年）

『楢山節考』（松竹）ポスター。

元祖アイドルと言われるのが田中絹代だ。まだアイドルなどという言葉が知られていなかった時代だったが、まさしく彼女は元祖アイドルだった。

可憐な花であるアイドル、それなのに決して高嶺の花ではなく、手を伸ばせば届きそうな可愛いスターである。田中絹代は、日本中の男にそう思わせてしまった最初のスターだった。

昭和十三年封切りの、『愛染かつら』の可哀想な看護婦役の田中は、悲恋に泣く女の苦難を見事に演じ切った。それは戦争時代に突入する日本の悲壮と重なって大ヒットになった。

田中絹代は、明治四十二年、下関の丸山町で生まれた。兄弟は多く、男子四人、女子四人の末娘として生まれた。母の実家は代々続く大地主であり、商売も営んでいた。

父はこの店の大番頭だった。優秀だったので家付き娘の婿に選ばれたのだろう。

父と母は呉服商を営み、貸し家を二十軒も持つ裕福な家だった。この家の不幸の始まりは田中が三歳の時、父親が死去してしまった事だった。

それでも母はけなげに立ち上がり、籐表《とうおもて》の製造会社を営んでいたが、使用人に有り金を持ち逃げされるなどの災難に遭い、家族は苦境に陥ってしまう。

田中が下関の小学校に入学する頃は、にっちもさっちも行かなくなり、田中は充分な通学も出来ないほどになった。そんな状況に輪をかけたのが、長兄の兵役拒否、失踪という出来事で、これがこの家の経済を一層悪化させてしまう。

田中が九歳になった時、母の実兄を頼って、大坂天王寺に移り住む。田中は天王寺小学校の三年生に編入される。

幼少期、まだ余裕があった頃、田中は琵琶を習っていた。大坂楽天地の琵琶少女歌劇というものがあった。

十歳の時、田中はこの少女歌劇で琵琶を弾いている。初めて舞台に立った時、何故か胸がときめいた。

そんな田中が映画界に入って行ったきっかけは身近にあった。兄が松竹大坂支社で給仕をしていたのだ。

松竹が新人の映画スターを求めていることを知って、田中を連れて行った。

早速、松竹下加茂撮影所に入社が決まる。映画会社は俳優や女優を一人でも多く欲しいと思っていた事が分かる。

十六歳の田中の最初の仕事は、『元禄女』（野村芳亭監督）という映画だったが、よほど目立たぬ役だったのだろう。まだ頭角を現わすまで行っていない。

次作『村の牧場』（清水宏監督）で主役に抜擢されるが、まだ田中の存在は地味なものだった。

この後、この清水監督と野村監督が松竹蒲田撮影所に移る際、田中も蒲田に移る。このことが出世の糸口となった。

大正十五年、十八歳になった田中は、五所平之助監督に出会う。というよりは、五所に田中の素質を見いだしてもらった、というべきだろう。

五所監督による映画は『恥しい夢』であり、田中の初めての主演映画だった。これが田中の出世作になる。

続いて主演男優の相手役とし

て『彼と田園』や『陸の王者』などに出演。また、小津安二郎監督の『大学は出たけれど』にも出演して、清純な田中の容姿がファンを増やして行った。

時代はトーキー映画になって行く。日本で最初の完全トーキー映画、五所監督の『マダムと女房』にも主演する。あれよあれよという間に出世階段を駆け上って行くのだった。

一方、田中は恋多き女と言われ、清水宏監督との同棲生活に破局すると、慶應大学野球部の花形スターだった水原茂と恋に落ちる。

溝口健二監督も田中に想いを寄せていたが、田中の方は溝口を恋の対象とは思えず、溝口の片思いとなった。

そして、田中絹代をスターダムにのし上げる作品と出合う。それが昭和十三年の『愛染かつら』である。この映画の大ヒットにより、田中の名は日本中に広まった。

田中の前途は洋々で盤石なものであった筈だ。それがつまらない事で人気を失ってしまう。

戦後のことだ。日米親善芸術使節として、アメリカに行っていた田中が帰国した際のことだ。帰国パレードの折、サングラスに派手な洋服でなげキッスをして「ハロー」と叫んだ。

「日本語忘れちゃったわ」などと話して顰蹙《ひんしゅく》を買った。

この一件から田中の人気は急降下するが、田中はめげず、溝口監督が田中のために温めていた企画、『西鶴一代女』に主演。ヴェネチア国際映画祭で国際賞を受賞して完全復活を果たす。

さらに翌年、同じコンビの『雨月物語』で、同祭で銀獅子賞を受賞。その後も田中は『楢山節考』や『彼岸花』さらにベルリン国際映画祭最優秀女優賞の『サンダ館八番娼館・望郷』などの名作を残した。

そんな日本中を熱狂させたアイドルは、六十七歳で借金を抱えて、孤独な死を迎えるのだった。

映画『白い巨塔』のポスター（大映）。

田宮二郎

（昭和十年〜昭和五十三年）

映画やテレビの『白い巨塔』で見せた田宮二郎の、あのクールな名演技を私たちは決して忘れないだろう。

田宮二郎、本名柴田吾郎、昭和十年生まれ。大阪市北区の出身である。住友の大番頭だった父を生後四日で失い、母とも戦後すぐに死別。田宮は京都で親族に育てられた。

勉強も優秀だった田宮は外交官を志すが、学習院大学在学中に「ミスターニッポンコンテスト」に優勝したことから、大映演技研究所十期生として採用される。ファッション誌『男子専科』の専属モデルにも合格し、田宮は華々しいスタートを切ったかのように見えたが、当初は端役が多かった。

しかし、昭和三十六年、山崎豊子原作、吉村公三郎監督の『女の勲章』で俄然注目を集めた。そして同年秋、勝新太郎の『悪名』で勝の相棒「モートルの貞」役に抜擢され、人気スターの仲間入りを果たす。

これはシリーズ化され、田宮は三作目から、絶命した貞の弟、清次を演じ，勝・田宮のゴールデンコンビは大映のドル箱となり、田宮はエランドール新人賞を獲得した。

そして、ついに田宮は昭和四十一年、あの役と出会う。山崎豊子原作の『白い巨塔』の財前五郎である。これで田宮の名声は決定的なものになり、「昭和のクールガイ」と呼ばれた。しかしその後、『不信のとき』のポスターの名前の序列をめぐって大映社長の永田雅一と対立。大映を解雇されてしまう。

映画界から干された田宮は家族を養うためにテレビに進出、昭和四十四年、クイズ番組『クイズタイムショック』の初代司会を務め、映画のクールな印象からは想像もつかない明るいソフトなキャラクターで、軽快に司会をこなした。やはり頭のいい方なのだろう。

そしてまたあの役が巡ってくる。昭和五十二年、フジテレビから出演を求められた田宮は原作の途中までしか映画化されなかった小説『白い巨塔』の完全ドラマ化を強く希望。田宮は財前を演じるのは自分しかいない、財前の死までを完全に演じたいと思い続けていた。年齢的にもほぼ小説の中の財前と同じ、まさに機が熟したのだ。

こうして昭和五十二年十一月にドラマ化が決定した。田宮のこの作品への思い入れは度を越したものがあり、五十三年六月から放映開始、高視聴率でのスタートとなったのを覚えている方も多いだろう。

まさに田宮の神がかり的な演技だったが、この頃から田宮の奇行が目立つようになった。相談された精神科医の斉藤茂太は躁鬱病と診断した。

過労に加え、山本陽子との不倫報道、採掘権を取得したとしてトンガへの出張、迷のM資金との関与など、田宮の精神は極限に達していたのかもしれない。そして突然の死であった。

テレビドラマ『白い巨塔』の放映が残り二話となった昭和五十三年十二月二十八日、田宮は自宅マンションのベッドの上でクレー射撃用散弾銃で自殺。四十三年の生涯だった。残されたのは女優だった妻・藤田紀子と、ともに俳優の長男・柴田光太郎と次男・田宮五郎だった。

田村正和

（昭和十八年～）

『俺たちの恋』（松竹）ポスター。

私たちはあのダンディな古畑任三郎が忘れられない。日本人離れのしたニヒルな男、しかも任三郎は明晰な頭脳で事件を解決して行く。

「分かりました。犯人はわかりましたよ」と会心の笑みを浮かべる任三郎の格好良かったこと。この任三郎に扮して、私たちを魅了し続けたのが田村正和だ。テレビのシリーズものとして古畑任三郎を演じ始めたのが、平成六年、田村が五十一歳の時だった。

昭和十八年、田村は京都市左京区で生まれた。本名も田村正和である。父は往年の名優・阪東妻三郎だが、田村が九歳の時、死去してしまう。

父・阪東妻三郎、通称バンツマは五十一歳の急逝だった。

長兄・田村高廣を頭に四人の男の子が残された。田村の母は一人でこの子らを育てて行かなければならなかった。おまけに、父は余所《よそ》にも子どもを作っていて、田村には異母弟がいた。

母はそんな隠し子発覚にもかまってはいられない。必死で男の子たちを育てた。

正和の兄・高廣は早くから芝居の道に入って活躍していたが、三男の正和は将来について明確な答えはなかった。

それがある日、十七歳の田村が兄の高廣主演の映画『旗本愚連隊』の撮影現場を見学していた時だ。監督が見学者の中に田村の姿をみつけたのだ。

　この時、この映画にいきなり出ることになった。もちろん端役だったが、田村は映画の面白さに目覚め、その時、本格的に映画俳優になる決意をする。

　次作『永遠の人』で正式デビューする。田村はこの時、成城学園高校在学中だったが、すでに映画人だった。自分の進路をしっかり見出し、松竹専属となり映画俳優として歩き出した。

『今年の恋』『お吟さま』『俺たちの恋』など多数の映画出演をした後、昭和四十二年、フリーとなった。ところがさっぱり売れない。端役ばかりが続いていた。

　その頃の田村は地味で暗い風貌であったことや、あまり声が通らなかったことからスターとなることが出来ない。時代も田村と合わなかった。

　高度成長の「行け行けどんどん」の世は内向的な田村のキャラクターとは逆だった。

　悶々としていた田村に解決のきっかけは向こうからやって来た。テレビドラマ『冬の旅』で繊細な二枚目の青年に扮した時、初めて手応えを感じた。

　何よりもテレビの視聴者たちは敏感だった。「ここにこんなステキな人がいた」皆が気がつき始めてた。「やっぱり血は争えないよねぇ」年配の人にはバンツマは忘れられない俳優だったのだ。高廣が出て来た時も喜んだものだが、二人目のバンツマの息子を見つけ出したのだ。

　昭和四十五年の中頃までは『眠狂四郎』などのテレビドラマで田村は「憂愁の貴公子」と呼ばれ、役柄も限られていた。確かに憂いを帯びた田村の表情は凄みさえ感じさせた。

　それに加えて、声のトーンが重々しく心に響く。俳優の要素は「一声、二姿、三顔」というのだそうだ。声の独自性は俳優にとって不可欠な条件だった。

軽薄なバブル時代には重すぎた田村の声が魅力となって受け止められる。

田村の転機はまた、やって来る。昭和五十三年、テレビ時代劇『若さま侍捕物帖』で軽やかで明るい役柄もこなして、芸域を広げて行った。

実はこの役を受ける時、田村は逡巡した。これまでのクールなイメージとあまりにもかけ離れていたので、ギャップがあり過ぎると心配したのだった。

それでもこの役を受けたのは、田村自身の中にも芸域を広げたいという欲求があったのではないだろうか。やって見たら大成功だった。

田村が四十歳を過ぎた頃、昭和五十九年、これまでの路線を完全にひっくりかえすコメディドラマ『うちの子にかぎって』の主役に抜擢された。

これはまた百八十度の転換だった。頼りない優柔不断な先生役である。生徒に振り回されるこの小学校の先生は、実は皆に愛されている。人情味のある先生を田村は好演した。

そうなると続けざまに仕事が入って来る。『子どもが見てるでしょ』『パパはニュースキャスター』『パパは年中苦労する』田村は次々にこれらをこなした。どれも好評だった。

一方、映画の仕事もこなした。

平成五年『子連れ狼』平成十九年『ラストラブ』に主演。また舞台では相変わらずクールな時代劇のヒーローを演じた。

その際、田村は実力派の役者たちに囲まれた時、初めて自分が若くして俳優になってしまったため、力が足りないことを実感するのだった。叩き上げの役者たちの実力に気がつくのだった。自らを「テレビ俳優」と言って、一から学び直す覚悟をした。

そしてたどりついた世界が『古畑任三郎』だった。まさにテレビ俳優としての頂点に達したのだった。

田村の中で、父の血が騒ぐのを感ずるのだった。

司葉子

（昭和九年〜）

『紀ノ川』（松竹）ポスター。左が司葉子。

『徹子の部屋』という番組がある。四十周年を記念して特別番組が組まれた。平成二十七年二月二日、特別ゲストとして現れたのは司葉子と星由里子だった。和服姿の二人の美女が並ぶと花が咲いたようだった。

　とくにピンクの着物を着た司葉子は、昭和九年生まれだから今年、八十三歳になる筈だ。とても見えない。「美人はトシを取らない」と言われるが、その通りだなあと思った。

　司葉子、本名を相沢葉子という。旧姓は庄司葉子である。生まれたのは、鳥取県境港市である。戦争が終わった年、司は十一歳である。

　家は大地主であったそうだ。だから、司の姉たちはお姫様で育ったのだが、司が大きくなる頃は農地改革で農地は取り上げられ、しかも司が六歳の時、父親がなくなってしまっていた。生活は厳しくなった。

　司は鶏を飼って、卵を売ってお金を稼いだそうだ。

「あの頃は皆大変でしたものねえ」

と徹子が上手にあいづちを入れる。

「卵が高く売れるとうれしくて」

と司は懐かしそうに笑った。

　司は地元の高校を経て上京、共立女子短大を卒業する。

昭和二十九年、大阪の新日本放送に入社して、社長秘書となる。司は花の二十歳だった。

同じ年、『家庭よみうり』の表紙を飾ったことがきっかけで東宝の幹部の目に止まり、スカウトされた。

池部良も司を熱心に口説いた。誰の目にもその頃の司は、輝くばかりに美しかったのだ。

司の芸能界入りに猛反対をしたのは故郷の庄司家だった。

司の家は分家だったが、庄司本家の旦那は、

「庄司の一門から河原乞食《かわらこじき》を出したとあってはご先祖さまに顔向けがならん」。

芸能人は河原乞食とさげすまれた時代がまだ生きていた。

「それでも娘を芸能人にさせるというなら未来永劫《えいごう》、縁を切ってくれ。これは天上からの声である」。

この庄司家の大旦那という人は、地元の教育委員を何期も務めた人物、病院の理事長もした進歩的な人だったのだ。

司を女優に迎えたいと考えた池部良もたじたじであった。この庄司家の勢いには勝てない。

それでも、司はさっさと東宝と正式に契約をしてしまう。最初に司に与えられたのは『君死に給うことなかれ』であった。

本来は有馬稲子が主役をする筈だったが、有馬が病気で倒れ、降板してしまった。そこに登場するのが司葉子である。これが司の映画デビューとなる。

司は「一本だけ映画に出てみたい」と考えていて、欲というものはなかった。

池部良は、そんな司を一流の映画女優に育てたいと積極的だった。芸名も本名の庄司葉子から司葉子に変えるなど色々アドバイスしてくれた。

皆の後押しもあって、司は順調に映画女優の道を歩いて行く。黒澤明をはじめ巨匠たちの映画にも数多く出て、三船敏郎の相手役も八回つとめた。

もはや押しもおされもせぬ東宝の看板女優である。ご先祖さ

まも文句のつけようもないに違いない。人が伸びて行く勢いは誰にも止められない。

若くて美しくて、賢いこの女優は破竹の勢いであった。小津安二郎監督の『秋日和』黒澤明監督『用心棒』中村登監督『紀ノ川』成瀬巳喜男監督『乱れ雲』などの、名匠に恵まれて司葉子は活躍を続けた。

『紀ノ川』（原作有吉佐和子）ではキネマ旬報賞主演女優賞、ブルーリボン賞主演女優賞などを受賞、その年の七つの演技賞を独占した。

その司が三十五歳の時、結婚を決意する。相手は十五歳年長の相沢英之だという。

聞けば、相沢には先妻の残した子ども二人あるという。

司ファンは騒然となった。当時、相沢は大蔵省のエリートで局長だった。相沢支持の人々も反対だった。

「不釣り合いだ」というのが二人の周囲の反対理由だった。

しかし、二人の意志は固く、どんな中傷にもめげなかった。「どうせ、女優の気まぐれに違いない」と言って周囲は黙ってしまった。

司の夫、相沢がその後、自民党衆議院議員に立候補した際、司は献身的に応援をして当選に導いた。相沢は司の故郷の鳥取県から立候補している。

田舎のおじさんが「司葉子に握手して貰っちゃったよ」と感激していたと言う話も聞いた。

司は相沢の連れ子とも良い関係を築き、二人を立派に育て上げた。

長男は一橋大学教授、次男はキユーピー常務、三男で司の実子は医者になっている。

自分の仕事を続けながら、出産、子育てを全うしたこの人の懸命さに頭が下がる。

いま、九十八歳の夫・相沢は現役の弁護士として活躍を続けているそうだ。三男は歌手でタレントの相田翔子と結婚している。もう河原乞食だなんていう者は一人もいない。

『マルサの女』（東宝）ポスター。

津川雅彦

（昭和十五年～）

お兄さんの長門裕之と共に誰もが認める名優である。年を重ねるごとに味が出て来る得難い俳優である。

　そのいぶし銀のような個性は昨日今日生まれたものではないことは誰にも分かる。

　津川雅彦、本名は加藤雅彦と言った。昭和十五年、京都で生まれている。

　父は澤村国太郎、母はマキノ智子、祖父は牧野省三、叔母は澤村貞子、叔父は加東大介という役者一家に生まれる。「おぎゃあ」と言った時から津川の周りは、芸能一色だった。

　津川が七歳の時、『狐のくれた赤ん坊』に澤村マサヒコの名で出演した。可愛い子役で人気を呼んだ。

　重宝がられて何本かの映画に子役として出演した。この子は可愛いだけでなく、何となく品のある面立ちをしていた。それでも大人たちの采配で動かされる子役時代には、自分の意志はまだない。

　津川が本格的に映画デビューするのは十六歳の時。日活『狂った果実』に出演。昭和三十一年のことだ。この映画は石原裕次郎の主演作品で、『太陽の季節』でヒットを飛ばした石原慎太郎の第二作であった。

　その時、慎太郎は裕次郎の弟役の俳優を捜していた。その慎太郎が津川を見て、一目で気に入ってしまった。

慎太郎は澤村家に頼み込み、津川をキャスティングしてしまう。津川雅彦という芸名もその時、慎太郎がつけてくれた。

しかし、当の津川はその頃、新聞記者に憧れている学生だった。

早稲田高等学院に席を置く津川は「夏休みで暇だから一本位、映画に出てもいいかな」と軽い気持ちで引き受けたのだそうだ。アルバイト感覚で出演した映画だったから、必死に演技に取り組むという姿勢はまるでなかった。

しかし、分からないものだ。この映画が大ヒットとなると、津川はたちまちスターダムに上り詰めて行く。ついに日活の看板俳優となってしまう。

人気の勢いをかって、松竹に移籍する。が、ここではヒットに恵まれない。フリーに転身してテレビなどでも活躍した。

しかし、津川はデヴィ・スカルノとの不倫騒動を起こしてしまって窮地に陥る。仕事は激減してしまう。

順風満帆でやって来たこれまでの役者人生はそこでハタと行きづまってしまう。人気ももうない。人気ほど当てにならないものはない。その怖さを始めて味わった。

そんな窮地を救ってくれたのが悪役だった。

「お前は皆に嫌われてるんだから、悪役をやれ」と演出の松本明に言われ覚悟が出来た。

昭和四十七年、テレビで『必殺』シリーズが始まった。津川はそのシリーズの中の悪役を見事に演じた。

この時、津川は美男スターのプライドを捨てて、人に嫌われる悪役を演じたのだった。

津川は以前から、叔母の澤村貞子から言われていたことを思い出していた。

「雅彦、お前は顔がいいんだから芝居はは四倍うまくならないと認めてもらえないよ」

叔母に言われるまでもなく、津川はすでに気付いていた。悪役をやって見て、自分の力の無さに唖然となり、一から演技を学び始めた。

昭和五十七年、四十二歳で映画『マノン』に出演し、好色な中年男を演じて評価される。この作品で津川はブルーリボン賞助演男優賞を受賞する。

さらに、『濹東綺譚』で日本アカデミー賞優秀主演男優賞、『マルサの女』『夜汽車』でも同賞優秀助演男優賞とつづく。

津川の中で眠っていた芸に対する欲望がむらむらと目覚めるのを自身で感じていた。

そのように津川が開眼する少し前、三十三歳の時、人生の伴侶を得る。女優の朝丘雪路だった。

宝塚の娘役を経て、女優になった朝丘は日本画の巨匠・伊東深水の愛娘であった。津川と結ばれる前年に父親の深水を亡くしていた。

二年後、津川夫妻は一粒種の真由子を得るが、生後五ヶ月の時、誘拐されてしまう。

「津川雅彦長女誘拐事件」として大々的に報道された。真由子ちゃんは無事に両親の元にもどることが出来たが、津川のこの子への溺愛はいよいよ深まった。

津川には実兄の長門裕之がいた。同業者であり常にライバル視された兄は六歳年長だった。

長門は女優の南田洋子と結婚しおしどり夫婦と言われた。

若い頃は芸についても兄・長門から見ると、弟が自分の容貌に自信を持っていて、演技の努力をしない事が気に入らない。弟のために苦言を呈しても、なかなか分かってくれない。

しかし『マノン』以来、弟を見直し和解をしたのだった。二人は良きライバルとして中年以降は仲良くするようになった。

津川は兄の葬儀の喪主を務めた。妻・南田洋子は先に死去し、子どももなかったので、弟の津川が兄を見送った。

『美徳のよろめき』（日活）ポスター。

月丘夢路《ゆめじ》

（大正十一年～平成二十七年）

とても清楚で、あまりスターらしくないタイプのこの人が、「あれよあれよ」という間に有名人になってしまった。

多くのスターがそうであるように、月丘もこれほどの大スターに自分がなるとは思ってはいなかった。

ただ宝塚に憧れて、入団するおとなしい少女だった。

月丘夢路は大正十一年、広島市大手町で生まれた。本名を旭爪明子と言った。宝塚での「ツメ」と言う愛称は本名の旭爪から来たものだった。ちなみに旭爪という珍しい名字は「ひのつめ」と読む。

彼女の家は薬局を営んでいて、豊かだった。何不自由のなく成長した。袋町小学校を卒業すると、広島高等女学校を受験して合格するのだが、この頃、高等女学校に進む者が増えて受験難であったそうだ。それを見事パスしたので、ご褒美に東京に連れて行ってもらった。

この時、東京で見たのが宝塚の東京公演だった。月丘は宝塚のスター、小夜福子のステージを見て大感激をする。もう女学校になど行ってはいられない。

そして、入ったばかりの女学校を中退して宝塚に入団してしまう。親たちはむろん、大反対である。そんな親たちを必死で説得して月丘は宝塚に入る。昭和十二年のことだった。

「容姿端麗」が入学条件であるが、宝塚は美人揃いであるのだが、その中でも月丘の美貌は群を抜いていた。

「ツメは自分の美貌を鼻にかけている」とか、「男の先生に色仕掛けで接していい役をもらっている」などの中傷に苦しめられた。女の世界は恐ろしい。

そんな時、月丘を救ってくれたのが同期の越路吹雪だった。

「ツメ、あんたは三枚目で行き」などと言って、窮状を救ってくれたのだった。

月丘の同期には越路の他に乙羽信子、東郷晴子らがいた。

昭和十四年、月丘は『宝塚花物語』で初舞台を踏む。それからは類まれな美貌で、娘役スターの花形となる。

もう友人の中傷や誹謗は、気にならなくなっていた。舞台に立てることが何よりも喜びであった。しかも、初舞台で小夜福子と共演することが出来た。もう怖い物などない。

この人に憧れて宝塚に入ったのだ。その人と同じ舞台に立てたのだ。

その後、映画界に入ってからも『満月城の歌合戦』でも小夜福子と共演することが出来た。当時の小夜福子の人気と言ったらなかった。

小夜は、昭和十五年『小雨の丘』をレコーディングした。「雨は静かに降る」と唄うこの歌は、低音の暖かな女性の声が戦時中の皆の心に浸みて行った。

一方、月丘は昭和十五年、宝塚に席をおいたまま映画『瞼の戦場』に主演する。これが月丘の映画デビューとなる。

戦時中のことで、翌年は太平洋戦争になるのだから、この映画も戦時色の強いものだった。

そしてその二年後、昭和十七年、大映『新雪』に抜擢されたのだ。

水島道太郎との共演で映画も主題歌も大ヒットとなった。水島同様、月丘もこの一作でスターダムにのし上がった。

翌年、月丘は宝塚を退団し、正式に映画界入りする。大映に入社して活躍していたが、昭和二十二年、轟夕起子の夫・マキノ雅弘が所長をしていた松竹京都に移籍。

すぐに『地獄の顔』に出演する。この時、月丘の妹、千秋も宝塚を経て松竹入りしていた。月丘姉妹は「いずれがアヤメかカキツバタ」とその美を競い、一層人気を呼ぶのだった。

水島道太郎の当り作品でもあった『地獄の顔』は、日本中の話題となった。

そんな成功の後、昭和二十六年、軽喜劇『東京のお嬢さん』公演のために渡米した。当時はまだアメリカの占領時代であったため、海外渡航は自由化されていなかった。

それだけに、ニューヨーク滞在は月丘にとっても貴重な体験だった。さらに月丘は、二ヶ月の滞在を終えても、声楽と舞踊を学びたいと考え、滞在を延ばした。

その結果、月丘はアメリカ滞在中だった湯川秀樹博士夫妻と面談することが出来た。

そんな栄光に浴したが、日本の家では大変なことになっていた。渡米前まで月丘が同棲していた男が、独断で入籍をし、月丘の家を売却。別の女と、そのお金を持ち逃げしてしまったのだ。

落胆する月丘だったが、良いこともあった。昭和二十八年、NHK紅白歌合戦に出場したのだ。『新雪』を歌った。

映画も『火の鳥』『美徳のよろめき』『華麗なる一族』と活躍した。

私生活でも井上梅次監督と結ばれ、娘をもうけた。そして、井上とは彼が死没するまで連れ添った。

平成二十三年には、日本アカデミー賞会長特別賞を受けた夫の代理として、八十八歳の元気な姿を見せたが、平成二十七年五月、肺炎で惜しまれながら死亡した。

津島恵子

（昭和元年〜平成二十四年）

『ひめゆりの塔』ポスター。右は香川京子。

美空ひばりの出世作と言われる『悲しき口笛』は、戦災孤児の物語だった。

ひばりが扮する孤児の光子には、戦地からまだ帰らない兄がいた。兄は作曲家志望で、たった一曲残して行った。

それが『悲しき口笛』だった。

光子は、場末の酒場で毎晩この歌を歌っている。

一人のきれいなお姉さんがいて、光子を可愛がってくれた。そのきれいなお姉さんが津島恵子だった。

やがて光子はお兄さんに会うことが出来た。お兄さん役は原保美で、津島恵子と恋人同士になる。というなかなか調子のいい話だった。

戦争が終ってまだ四年しか経っていない時だった。孤児の哀しみと優しいお姉さんの美しさが映画を際だてていた。

この映画の試写会に参加させてもらった私は、ひばりの迫力とは別に、津島恵子の美しさに呆然となっていた。

「この世にはこんなにきれいな人がいるのだ」

と田舎の小学五年生の私は目を丸くしていた。

この時、昭和二十四年、津島恵子、二十三歳。花ならば咲き誇る盛りのバラのようだった。

津島恵子、本名を倉成《くらしげ》直子と言った。生誕地は長崎県下県郡厳原町、現在の対馬市である。

東京に出て来たのは音楽学校からだ。当時は、地方の子が東京に出て来るのは大変な経済的負担であったのだから、津島の家は恵まれていたのだろう。

津島は東洋音楽学校（現東京音楽大学）に進んだ。とすれば津島は音楽家志望であったのだ。それが女優への道を歩み出すのには、どんなきっかけがあったのだろうか。

昭和二十二年、津島は松竹『安城家の舞踏会』でデビューする。結局、音楽学校在学中だった。結局、学校は中退することになる。

津島はその後、次々と映画の仕事をこなす事になる。

昭和二十五年『長崎の鐘』、二十六年『海の花火』『適齢三人娘』『純白の夜』などが続いて作られた。

この年に、津島恵子は雑誌『平凡』の読者投票人気スターのベスト一位に躍り出た。男優の一位は鶴田浩二である。

驚いたことには高峰三枝子、池部良を押さえての一位のふたりだった。

鶴田と津島の一位は、昭和二十九年まで三年も続いた。鶴田と津島が一位を明け渡したのは佐田啓二、岸惠子だった。映画『君の名は』のヒットのおかげである。

二位に下がった鶴田と津島だったが、津島恵子は黒澤明監督に起用され、『七人の侍』の村娘、志乃を演じた。

監督としては「志乃はお転婆な娘というイメージで創ったのだが、津島が演じるとお行儀の良い娘になってしまった」と苦笑いしたそうだ。

しかし、決してそのことを厭がってはいなかった。

『七人の侍』の息づまるストーリー展開、汚れた男たちの激しい動きの中で、津島恵子の上品な志乃は映画全体をさわやかにさせていた。

だから黒澤はお転婆な志乃をあきらめたのだ。

映画『七人の侍』は、ヴェネ

チア国際映画祭サン・マルコ銀獅子賞を授賞する。志乃役の津島にとっても記念すべき事だった。津島は『七人の侍』に出合う前年、名作に出演していた。

それが『ひめゆりの搭』だった。女学生たちの先生、宮城先生役として出演した。美しい先生だった。

津島恵子は若い日が過ぎても、それぞれの年齢に応じて美しい女性を演じて行く。

昭和五十九年、津島はまもなく六十歳になろうとしていた。

『男はつらいよ　寅次郎真実一路』で、静子というマドンナ役で津島恵子は出演して寅さんを喜ばせた。

津島恵子には母性がある。それが男たちを感激させるのだった。決して派手なスターではないのにいつも光っている。

若い日には人気投票でベスト一位をとった津島だが、その後は静かに脇役に徹して、それが何とも好印象だった。私生活でもスキャンダルや浮いた噂はなく、気品を保ち続けた。

土曜ワイド劇場『牟田刑事官事件ファイル』シリーズは、昭和五十八年に始まって十九年もの長きに渡って放映された。

小林桂樹扮する牟田刑事官を影で支える奥さんが津島恵子だった。

人情味豊かな牟田刑事官が、捜査に行き詰まったり、悩みを抱える時、奥さんはそれとなく夫を励まし、慰め、影で応援する。それが何とも自然でわざとらしくない。

「何と良いご夫婦かしら」と視聴者は心温まるのだった。理想の夫婦をそこに見た。

このシリーズは平成十四年、小林桂樹が出演不可能になるまで続いたのだった。

津島恵子は最期まで彼女らしく生き、演じ続け、平成二十四年、胃癌のため八十六歳の生涯を終った。

派手な追悼番組もなく、ひっそりと静かに、津島恵子は天国に旅立った。

鶴田浩二

（大正十三年〜昭和六十二年）

歌もヒットした『傷だらけの人生』（東映）ポスター。

戦争が終わった時、鶴田浩二は二十一歳であった。海軍航空隊に勤務していた鶴田は、ようやく戻って来た。学徒出陣令によって召集されていたのだ。

これでやっと好きな芝居の道に戻れるのだと、はればれとした気持ちで帰って来た。

多くの男たちは同じ思いであった筈だ。遠回りをしたが、とにかく生きて帰れた幸せを、だきしめながら帰って来た。

鶴田浩二は、新生日本の新しい顔として人気を集める。

昭和二十五年の雑誌『平凡』の読者による人気投票で鶴田は一位を獲得する。二位の池部良、三位の長谷川一夫を大きく引き離しての一位であった。

『平凡』の人気投票というのは、読者たちが本当に好きな俳優の名を、ハガキに書いて投票するものだった。

『平凡』を創業した私の父・岩堀喜之助も軍隊から帰って来て、雑誌作りを始めたが何分、素人集団だった。

そこで考え付いたことが「分からないことは読者に聞け」という事だった。読者からの「NHKラジオや新聞が伝えるスターは我々の好きな人ではない。本当に皆が好きな人を選びたい」という要望を受けて、人気投票が始まった。

「あなたの好きな歌手、スター

は誰ですか」と聞かれて一位になったのが鶴田浩二だった。

鶴田浩二、本名を小野栄一と言った。大正十三年、静岡の浜松で生まれた。しかし、実は兵庫県西宮で生まれたというのが真実だ。

鶴田の父である大鳥の家では鶴田の母との結婚をゆるさなかったからだ。

鶴田の母は仕方なく、鶴田を連れて静岡に移り住み、別の男と籍を入れる。その男は働きがなかった上に大の博打好きだった。母は水商売に出た。

幼い鶴田は、目の不自由な祖母と狭い長屋で暮らした。祖母は鶴田の母を生んだ時、栄養失調のために失明したのだった。祖母は、孫の鶴田を抱えて極貧に喘《あえ》いだ。洗面器でご飯を炊くほどの暮らしであったという。

それでも祖母が生きている頃は何とか暮らして行けた。祖母が死んでしまうと鶴田は一人ぼっちになってしまう。あまりの母恋しさに遊廓に行くが、客の相手をしていた母ににべもなく追い返されてしまった。

鶴田の一番嫌いなものは夕日であるという。寂しかった幼年期、夕暮れは耐え難い時間であったのだろう。

十四歳で俳優に憧れて高田浩吉の劇団に入団して、五年後には自力で関西大学専門部商科に入学する。

その矢先、学徒出陣で入隊、そして終戦。ようやく鶴田は本来の夢に立ち返ることが出来た。昭和二十三年、松竹に入る。高田浩吉と大曽根辰夫監督の口ききだった。

その折、浩吉の浩の一字をもらって鶴田浩二の芸名をつけてもらって、映画界デビューするが、現実は大部屋生活だった。何本か端役をこなした後、長谷川一夫主演の『遊侠の群れ』で本格デビューする。

鶴田が初めて主演をするのは昭和二十四年、『フランチェスカの鐘』だった。

二葉あき子の同名の歌が大

ヒットして作られた映画だったが、鶴田の存在は一気に知れ渡った。

雑誌『平凡』の人気投票で一位になるのは松竹に入って二年目、昭和二十五年のことだ。この年はマルベル堂のブロマイド売り上げも一位になった。

佐田啓二、高橋貞二と鶴田浩二の三人は「松竹青春三羽烏」として人気を集めた。三人はいかにも新しい顔だった。世の中が変わったのだから、戦前の手垢のついた大御所よりは、少々下手でもフレッシュなスターが欲しい。三人を起用して映画『恋愛三羽烏』が作られた。これも大ヒットとなる。


鶴田はこの追い風を受け、昭和二十七年、独立プロを立ち上げた。戦後、最初の俳優によるプロダクションの誕生である。

この年、鶴田の新生プロ制作の『ハワイの夜』は戦後初の海外ロケで完成し、これも大ヒットとなる。

そして、鶴田と共演の岸惠子とのロマンスが囁かれた。実際、二人は恋に落ちていた。しかし、人気スター同士の恋は周囲が許さなかった。特に岸が所属する松竹が大反対だった。

そんな哀しみと引き換えのように鶴田は「歌」に出合う。きっかけは『男の夜曲』だった。吉田正との出会いもあり、『街のサンドイッチマン』が生まれた。昭和二十八年のことだ。大都会の華やかさの中で哀愁漂う男の姿を歌ったものだった。

その後、傑作映画『雲流るる果てに』『湯島の白梅』『人生劇場・飛車角』や歌でも『傷だらけの人生』のヒットもあった。

昭和六十二年、あと二年で平成になるという年、鶴田は六十二年の生涯を終えた。沢山の夢を残して。

葬儀には多くの戦友や元特攻隊員が駆けつけ、その亡骸は旧海軍の礼服である白い夏服を着せた上、旭日旗で包み、戦友たちの歌う軍歌の中、送られていったという。

『乱』（東宝）DVDジャケット。

仲代《なかだい》達矢

（昭和七年～）

仲代達矢という名優がいる。何をやらせてもうまい。生まれながらの役者であると誰もが思ってしまう。しかも、自分の仕事だけではなく、若者たちのために「無名塾」を作り、俳優たちの養成所とし、役所広司、真木よう子などを育て日本の演劇界に貢献している。

仲代達矢、本名を仲代元久《もとひさ》と言う。昭和七年東京、目黒に生まれた。父は茨城県の農家出身で京成電鉄のバスの運転手だった。母は五反田小町と呼ばれた薬局の看板娘だった。

父の転勤により千葉県津田沼に移ったが、仲代が小学校二年の時父が病死してしまう。仲代たちはふたたび東京にもどる。

母一人の稼ぎでは生活に困窮した。一家は青山の弁護士事務所の留守番をすることになった。これで住む所と食べる心配はなくなった。仲代は青山の青南小学校に転校するが、一家は極貧状態で弁当のおかずもなかった。

やがて戦争が厳しくなると、仲代は母のすすめで、母を青山に残したまま調布市仙川の寺に疎開した。

仲代は小学校を卒業して青山に帰って見ると、母が住み込み先の弁護士の愛人になっていて、弟まで生まれていた。母は生きて行くためにそうするしかなかったのだろう、と子ども心にも分かる。

この弁護士が仲代母子のために渋谷に家を借りてくれたが空襲で焼失してしまう。

敗戦を迎えて、仲代は東京都立千歳高等学校定時制に席をおき、学費捻出のため、あらゆるアルバイトをした。ポン菓子屋や中華そば製麺所などの真似ごとをしたり、中学校の用務員をつとめたりして、とにかく定時制高校を卒業したが、定職にはつけない。

大井競馬場で、鑑札を持たない違法な予想屋を取り締まる警備員をしたり、ボクシングの三回戦ボーイの職にありつくなどありとあらゆる仕事をした。生活して行くためには、なりふり構ってはいられなかった。

また、暇とお金さえあれば映画館、芝居見物に通った。そんな日々の中、仲代は俳優座の公演を見た。千田是也の演技に感銘を受けた。

それがきっかけで、仲代は俳優座養成所に第四期生として入所する。同期生には佐藤慶、佐藤允《まこと》、宇津井健らがいた。仲代はバーで働きながら役者修業にはげんだ。

しかも、俳優座に通うための電車賃を節約するために徒歩で移動した。

養成所時代に、映画『七人の侍』のセリフなしの浪人役という仕事が舞いこんだ。宇津井健も一緒だった。これが仲代の映画デビューとなる。仲代はこの映画で、時代劇の歩き方というものがあることを初めて知った。黒澤明監督はそれにいらだち、たかがエキストラの歩き方で半日をかけてしまったのだ。

昭和三十年、仲代は養成所を卒業し俳優座に入団した。その際、芸名を仲代達矢とした。「的に達する矢のごとく」と異母姉がつけてくれた。

同年秋の公演『幽霊』に抜擢される。これを見た月丘夢路が感激して推薦してくれる。

月丘の夫の映画監督・井上梅

次からオファーが舞いこみ、『火の鳥』に月丘の相手役として出演。翌年に映画『黒い河』に出演し冷酷なヤクザ・通称人斬りジョーの演技で存在感を示す。

昭和三十二年、仲代は俳優座の女優・宮崎恭子と結婚。

宮崎とは舞台『森は生きている』の共演が縁で結ばれる。家族というものが出来て仲代の仕事はいよいよ油が乗って来る。

昭和三十四年からは『人間の條件』という大作にいどみ、撮影は一年に及んだ。作品は六部で上映時間十時間という大作だ。仲代はその主役を演じた。『人間の條件』の監督小林正樹も仲代の演技に感服したという。東宝では、三船敏郎の敵役として黒澤監督が仲代に白羽の矢を立てた。

『用心棒』の出演依頼を受けた時、仲代は『七人の侍』の時、散々NGを出したことを言って、固辞したのだが黒澤は覚えていなくて、結局出演し好評を得る。

続けて『椿三十郎』でも起用される。そして黒澤の期待に応える事が出来た。それからの仲代は怖いものなし。与えられた仕事を誠実にこなした。

さらに『切腹』『天国と地獄』『上意討ち　拝領妻始末』『影武者』『乱』と快進撃は続く。

仲代は出演映画がアカデミー賞と世界三大映画祭の全てを受賞しており、これは森雅之、山形勲と並び、さらにキネマ旬報ベストテン入賞は二十五回に及び、これは三國連太郎に次ぐ。さらに平成二十七年には文化勲章を受章、まさに日本を代表する名優といっていい。

昭和五十年、仲代は妻の宮崎恭子と共に無名塾を創立した。仲代夫妻は申し分ない結婚生活だったが、一つだけ、妻・恭子が死産してしまい子どもに恵まれなかった。恭子の妹の子・奈緒を養女にした。

苦楽を共にした恭子を平成八年、癌で失う。その哀しみにも耐えて仲代は、演劇の道をいまも歩き続けている。

『宮本武蔵・般若坂の快斗』（東映）ポスター。

中村錦《きん》之助
（萬屋錦之介）
（昭和七年～平成九年）

歌舞伎界の御曹司である美貌の青年が突然、映画のスクリーンに登場した。

これまでは決して梨園という花園から出ることのなかった歌舞伎役者が、映画で見られるのだ。それも美空ひばりの相手役として。『ひよどり草紙』が封切られると日本中が熱狂した。

これまで一般の女性たちは歌舞伎役者の顔を拝む事さえ出来なかったのだ。昭和二十九年のことだ。

当時人気絶頂の美空ひばりの新芸術プロは、ひばりの相手役の若い俳優を捜していた。ひばり本人も錦之助を気に入っていた。白羽の矢は錦之助にたった。

しかし、錦之助は躊躇した。もちろん周囲の人々も大反対した。歌舞伎の世界を汚すとまで言われた。

だが、錦之助は決断をする。どう考えても四男である錦之助には将来はない。歌舞伎界で主役を目指すのは難しい。

「中途半端はいけない。映画界に行くなら歌舞伎を辞めてから行きなさい。もし映画で失敗しても歌舞伎にもどることは許さない」父はそう言って錦之助に決断を迫った。

結局、錦之助は歌舞伎を断念する道を選んだ。歌舞伎卒業公演をして梨園に別れを告げた。新しい世界に羽ばたいて行く若武者は身震いしていた。錦之助、二十二歳の春だった。

　中村錦之助、のち萬屋錦之介、本名は小川錦一と言った。昭和七年、京都市中京区で生まれた。父は中村時蔵、立女形として名高かった。子どもの時からしっかりと仕込まれて、一廉《ひとかど》の役者になっていた。父のような立派な歌舞伎役者になること、それが錦之助少年の夢だった。

　その歌舞伎の御曹司が映画界に入って行くのだ。そしてデビュー作、『ひよどり草紙』のひばりとの共演は大ヒットとなった。これは多分にひばり人気によるものであったろうが、錦之助の名を知らしめるのにもこの一作は大いに役立っていた。

　その後、『笛吹童子』に出演、これも大評判を取る。錦之助の名は日本中に知れ渡った。雑誌『平凡』のあなたの好きなスターで昭和三十年には錦之助は男性一位に踊り出ている。

　石原裕次郎が出て来るまで、錦之助は一位を譲らなかった。

　錦之助は大川橋蔵、東千代之介と並んで東映の看板スターとなっていく。

　共演をした美空ひばりは、錦之助が好きで結婚を望んだほどだったが、錦之助の母・小川ひながが大反対で二人は結ばれなかった、との噂がまことしやかに流れたのもその頃だった。

　ひばりはその頃、横浜磯子の高台にひばり御殿と呼ばれる豪邸を建てたところだった。

　雑誌『平凡』のグラビアには錦之助母子、ひばり母子が仲良く、ひばりの新居でくつろぐ映像が残されている。

　ひばりは生涯「錦兄《きんにい》」と呼んで彼を慕った。五十二歳で死去したひばりの遺骨は、錦兄に抱かれて帰って来た。そんな日が来るまで、錦兄にもひばりにも黄金の日々があった。

　錦之助は『一心太助』シリーズ、『宮本武蔵』シリーズで主役を演じた。大当たりだった。

　しかし、時代は映画からテレ

ビへと移行する時を迎えていた。

錦之助もいち早くこれを察知し、昭和四十三年、東映を辞めて「中村プロダクション」を設立して本格的にテレビ時代劇に進出して行った。

『子連れ狼』『破れ傘刀舟悪人狩り』『破れ奉行』『長崎犯科帳』『破れ新九郎』が放映され、評判を取った。もはや錦之助は事業家としても成功者であった。

「もどらない」との決意で飛び出した歌舞伎界も、錦之助を必要として舞台復帰もする。

「待ってました」の大向こうからの掛け声、役者は「待っていたとはありがてえ」と答える。


錦ちゃん復帰の一幕だった。

昭和四十年、中村時蔵十三回忌法要公演の際、屋号を「萬屋」と変えた。

中村錦之助も萬屋錦之介と変えた。錦之助は萬屋に変更する前、『浪速の恋の物語』で共演した有馬稲子と盛大な結婚式を挙げていた。

しかし、私生活はまさに波瀾万丈であった。有馬と別れた後は淡路恵子と再婚する。淡路はフィリピン人の歌手、ビンボーとの間にもうけた二人の男の子を連れ子していた。そこに新しい子が二人出来て、錦之助一家には四人の子がそろい幸福な歳月が過ぎた。


不幸は突然やって来る。昭和五十七年、中村プロダクションが倒産し、莫大な借金を抱えてしまう。そこへ持って来て、錦之助自身が重力筋無力症という奇病にかかり、さらに胸腺腫摘出手術をして退院する。淡路は生活のために、バーの雇われママなどをして生活費を稼いだ。

淡路としては必死だったのだが、そんな矢先に錦之助は女優の甲にしきと不倫関係になってしまう。淡路とは離婚に至る。

錦之助は、甲にしきのもとで平成九年、六十四歳の生涯を終えた。「俺の兄弟がいなくなってしまった」と勝新太郎は泣いたそうだ。

夏目雅子

（昭和三十二年〜六十年）

『時代屋の女房』（松竹）ポスター。

この美しい女性が旅立って、もう三十数年が経ったと聞いて、驚く。つい昨日まで私たちの身近にいてくれて、太陽のように笑っているような気がしていた。

二十七歳の若さで旅立たなくてはならなかった時、どんなに無念であったかと思う。やりたいことも沢山あっただろう。結婚したばかりで夢もいっぱいあったろう。

元気で活発な夏目に一体何があったのだろうか。

それは十円玉大の口内炎が始まりだった。発見したのは共演の西岡徳馬だった。「すぐ病院に行った方がいい」と西岡は言った。舞台『愚かな女』公演中だったので、仕事熱心な夏目は病院に行くことを拒んだ。

そんな夏目を説得して、病院に連れて行く。慶應義塾大学病院に緊急入院させられる。

病名は急性骨髄性白血病だったが、当人には知らせなかった。「極度の貧血」とだけ言った。

この日から七ヶ月という長い闘病生活の末、一時は回復したように見えたが、抗癌剤の副作用が原因と見られる肺炎を併発して高熱を発し、一時熱が引いたが、翌日から再び高熱を出して意識不明になり、二十七歳で帰らぬ人となってしまった。

昭和六十年、秋の初めのこと

だった。

日本中が悲しみに包まれた。あの美しい人はもういないのだ。夏目雅子は突然現れ、突然消えて行った。

夏目雅子、本名は小達《おだて》雅子。結婚後は西山雅子である。

昭和三十二年、東京都港区旧高樹町の日赤病院で生まれた。夏目の家、小達家はもともと四谷に薬草園を拝領していた徳川将軍家の御典医であった。明治になってからは「赤門堂」という薬草問屋を始めて、昭和八年に「亀甲屋」と改めた。

戦争で家を焼かれ、一からの出直しになったが、父親には才覚があったのだろう。

同じ亀甲屋の屋号で輸入雑貨屋を始め、順調に成長した。自宅兼店舗だった建物も平屋から二階建て、さらにビルへと発展していく。

幼い雅子もこのビルで育った。そして、この六本木から高輪、横浜市中区山手と居を移す。山手の家はとくに広く、敷地も二百五十坪もある豪邸だった。夏目の父はこの家を買い取った上に、千葉の館山にも別荘を持っていた。夏目は恵まれた家のお嬢様だった。

小学校三年の時にテレビドラマ「チャコちゃんハーイ!」を見て女優になりたいと思い、子役になることを考えたが、母・スエは大反対だった。

この時から母との葛藤が始まる。母親は娘が女優を目指そうとするのを阻止しようとした。お嬢様の夏目は小学校から東京女学館で、そのまま中学、高校に進む。何の苦労もない人生が約束されていた。

しかし夏目は十七歳の時、ビットリオ・デ・シーカ監督の映画『ひまわり』を見て衝撃を受け、ソフィア・ローレンに憧れ、本格的に女優をめざす。

東京女学館短期大学にそのまま進学して、フランス語を専攻した。入学直後はタオルの内野のCMに出る。これが夏目のテレビ初出演だったが、学校は許さない。結局、短大を中退するしかなかった。

その年、日本テレビ愛のサスペンス劇場『愛が見えますか』のオーディションを受ける。四百八十六人の応募者の中、夏目はこの難関を突破。盲目のヒロインを演じた。しかし、彼女の演技はお粗末で、NGばかり出す始末だった。この作品では、まだ小達雅子の名で出演したのだが、芸のまずさは「お嬢様芸」と言われるほどであった。

それでも夏目はめげない。やがて夏目の名を広く知らしめるチャンスがやって来る。

昭和五十五年、カネボウ化粧品のキャンペンガールとなり「クッキーフェイス」のCMで夏の女を演ずると、世はその健康的でモダンな新しい女性の魅力に騒然となった。

その後、TBSの連続ドラマ『すぐやる一家青春記』に出演。東映『トラック野郎』のマドンナ役で出演。しかしまだまだ芸よりも美貌の方が高く買われていた。

「スターよりも女優になりたい」と彼女は言って、血の出るような努力を続けた。日本テレビ『西遊記』では三蔵法師役を演じて大好評だった。

そしてついに夏目は昭和五十七年、『鬼龍院花子の生涯』で演技開眼する。その迫真の演技は見る者の目を見張らせた。「なめたらいかんぜよ」とドスの利《き》いた夏目のセリフは流行語になるほどだった。

夏目はこの作品でブルーリボン賞を受賞した際、挨拶で「これからもお嬢様芸で頑張ります」と言って拍手喝采を受けた。その翌年には松村友視の直木賞作品『時代屋の女房』に主演する。ようやく自信の持てる演技が出来るようになった。夏目は作家の伊集院静と結婚し、何もかもが満たされていた。そんな矢先の病であった。

夏目は、忘れられない女優の一人として、私たちの心に永遠に残り続けている。

倍賞千恵子

（昭和十六年〜）

『下町の太陽』（松竹）ポスター。右は勝呂誉。

昭和三十七年、キングレコードのディレクター長田暁二は、『下町の太陽』という曲を用意していた。「これを誰に歌わせるかだ」と長田は思い悩んでいた。

そんな時だった。明るい声でキングの事務所に女の子が飛び込んで来た。カラカラと下駄を鳴らして入って来た少女が倍賞千恵子だった。

「この子だ。この子が下町の太陽だ」直感で倍賞の個性とこの歌が見事にマッチするのを感じたのだ。『下町の太陽』は大ヒットとなった。もともと倍賞千恵子は、女優というよりは歌手志望だった。童謡や叙情歌を歌わせたら右に出る者はいない。

長田は倍賞の透き通るような声に期待したのだった。そして、その期待は見事に当たった。同名の映画も作られたがこれもヒットした。キングとしてはどうしても欲しかった「歌えるスター」を見出したのだった。

その頃、テイチクは石原裕次郎の『銀座の恋の物語』をヒットさせ、コロムビアは小林旭の『北帰行』、ビクターは吉永小百合の『寒い朝』のヒットがあった。何とか各社に追い着きたいキングは見事、倍賞千恵子という「歌えるスター」をものにしたのだった。この年、倍賞は二十一歳だった。

倍賞千恵子、生まれは昭和十六年、東京都北区滝野川である。父は都電の運転手、母は車掌だった。父は、十五歳で中学卒業も待たず、東京に出て来て少年車掌の試験を受けて合格した努力家だった。母も小学校卒業後、茨城から東京に出て来て車掌になった。

そんな両親のもとに生まれた千恵子は、歌のうまい女の子だった。幼少期からのど自慢荒らしで知れ渡っていたほど、歌が上手かった。みすず児童合唱団に入っていたが、昭和三十二年に松竹音楽舞踊学校に入学した。十六歳だった。

昭和三十六年、同校を首席で卒業して松竹歌劇団（ＳＫＤ）十三期生として入団する。同期に榊ひろみ（松竹女優）、加藤みどり（声優）がいる。

この年、倍賞はグランドレビュー「東京踊り」で初舞台を踏む。この年から同歌劇団では首席入団生に、フィナーレの先頭を切って大階段を下りるという栄誉が与えられるというシステムが出来た。

倍賞はその栄誉の第一号だった。バトンガールに扮して、大階段を踏みしめて下りて来た。努力家の倍賞は両親の生真面目な性格を受け継いだのだろう。

昭和三十六年、倍賞は松竹映画にスカウトされてＳＫＤを退団して女優への道を選んだのだ。映画デビューは『斑女』だった。しかし、まだ倍賞は無名だった。

倍賞の名が一気に広まるのは、『下町の太陽』の大ヒットの後だった。その年の暮、『下町の太陽』でレコード大賞新人賞を受賞した。同じ年、この歌でＮＨＫテレビの紅白歌合戦に初出場をする。

また、『下町の太陽』のレコードヒットを受けて同名の映画が作られた。倍賞主演の映画は山田洋次監督で作られた。

山田監督と倍賞の縁が出来、以後『男はつらいよ』に至るまでも山田は倍賞を自分の作品にいつも使った。山田作品の庶民的な女性は倍賞の他には考えられないのだった。

『男はつらいよ』では主人公の「フーテンの寅」こと車寅次郎の妹さくら役で倍賞の人気は不動のものとなった。

人は良いのだが、万事にだらしなく困り者の兄の味方になり、兄の一日も早い自立を願っている、純真な妹・さくらを観客は皆愛した。

「大変だなあ、さくらちゃん」と同情も集まった。倍賞はそんなさくら役をけなげに演じ続けた。

でも、普通でない生き方ばかりする寅さんは魅力的だ。

誰もが浮き世の義理に縛られて平凡な生き方しか出来ない。寅さんのように自由気ままに人の世を渡れたらどんなに面白かろう。

『男はつらいよ』がかくも長い間、人気を保ち続けたのは、渥美清や倍賞千恵子という俳優たちの魅力もさることながら、日本中の人が憧れたのは「フーテンの寅」という生き方だった。

「こんな人はいないかも知れない」と分かっていながら、いたらいいなあと思う。

さくらを演じた倍賞の人気は爆発的に高まった。優しくしとやかなさくらと、チャキチャキの江戸っ子の倍賞とは少し違いがあった。映画『駅ＳＴＡＴＩＯＮ』や『幸福の黄色いハンカチ』の女主人公も、素の倍賞とはまた違う貧しく哀しい女たちであった。倍賞の演技の巧みさが、これらの作品を際だたせていたのだった。

キネマ旬報賞、毎日映画コンクール、日本アカデミー賞など、名だたる映画賞の主演女優賞を軒並み獲得していることをみても、倍賞のうまさがわかる。

アニメ映画『ハウルの動く城』の女主人公ソフィーの声も忘れられない。

倍賞は音楽家、小六禮次郎と結婚して好きな音楽活動をゆったりと続けている。

長谷川一夫《かずお》

（明治四十一年〜昭和五十九年）

『雪之丞変化』（大映）ポスター。
上の二役が長谷川一夫。

「長谷川一夫のようにいい男」という言い方が、私の子どもの頃はあった。

元祖イケメン長谷川一夫は当時、全女性の星だった。特に若い女性たちは長谷川一夫がなければ世も日も明けぬという具合だった。

ミーハー族という言葉は女の子たちの好きな「みつまめ」と長谷川一夫の「ハ」の字から出来た言葉だと言う。

本名長谷川一夫、明治四十一年、京都に生まれた。一夫に宗太郎という叔父がいた。母の弟である。この叔父が家業の造り酒屋を継いだのだが、根っからの芝居好きで大手座という芝居小屋を持っていた。そんなわけで一夫は幼い時から芝居というものを身近に感じていた。

一夫が五歳の時、思いがけないチャンスが巡って来る。『菅原伝授手習鑑・寺子屋』という芝居にでていた子役が急病で倒れたのだ。

年齢もぴったり合うということで、一夫が代役を勤めることになった。これが一夫のデビューとなる。

昨日まで芝居を見る立場だったのが突然、舞台に立つことになって一夫は興奮した。演ずることの面白さを五歳で知ってしまったのだ。

翌年、中村福円の弟子になり、

全国を巡業することになる。漂泊の旅は幼い一夫には厳しいものだったが、好きな芝居のためと頑張った。

五年後、十歳で中村鴈治郎の門下に入れてもらって関西青年歌舞伎で林長丸を名乗り、女形として活躍する。

飛躍のチャンスはふたたび訪れる。大正十五年、大阪松竹座のこけら落としの舞台に出ていた一夫を白井社長が見そめ、映画界に引き抜かれる。映画スター林長二郎の誕生である。

銀幕デビューは『稚児の剣法』だったが、映画というメディアに乗った一夫の美貌は、驚きと感激の嵐を日本中に巻き起こした。いつの時代も女たちは美男子の登場を待っているものだ。

彼は日本中の女性を虜《とりこ》にしてしまったのだ。十九歳の一夫は自分の人気に対して戸惑うばかりだった。何故それほど騒がれるのか分からないのだ。

その林長二郎の人気が頂点に達するのは、昭和十年の『雪之丞変化』公開の時だった。その後、東宝に移ってからも人気は落ちるということがなかった。

そんな折、昭和十二年のある日、新聞は「林長二郎、暴漢に顔を斬られる」と報じた。この年、林長二郎、三十歳の花の男ざかりだった。日本中の女の子が泣いたと言われている。

この怪我はやがて癒えるがこの時、林長二郎の名を捨て、長谷川一夫に戻している。どちらもハー様には違いない。

東宝に移った長谷川は、『籐十郎の恋』『鶴八鶴次郎』『男の花道』『婦系図』などの娯楽作品を次々に発表して、ますますその名を不動のものとした。

しかし、舞台人から見るとまだ映画は邪道だった。「泥芝居」「地べたの役者」と蔑視され、低く見られていた。

それでも長谷川はめげなかった。「活動写真が好きでした。阪妻にあこがれたのは十四、五歳でしたが、活動に出たいと思いましたよ」と述懐している。

一方、世の中は日中戦争が本格化して行く。国策映画でも長谷川一夫は渇望され、李香蘭と共演した『白蘭の歌』『支那の夜』などが生まれた。

戦争という息が詰まるような閉塞感の時代の中で、美男子の日本男児が中国娘と恋に陥る映画は、ひとときの夢を見るのと同じだった。その上、それは美しい中国の風景の中で繰り広げられるのだ。

しかし、それが国策映画で、日中戦争を国民に納得させるためだとは思いも至らなかった。長谷川は命じられたままに演ずることが、お国のためになっているのだと信じ切っていた。

日本中の誰もがそう思って生きていた。長谷川は自分のしたことが日本軍の一翼を担っていたと知った時、俳優のはかなさを感じた。戦争が終わった時、長谷川は三十七歳だった。

その長谷川が映画界を引退するのは五十五歳の時だった。

「五十五歳になったら映画は辞めようと若い頃から思っていました。しわくちゃのジジィになって映画に出ていたらおかしいでしょう。私は二枚目で売ってますからいい男でなけりゃあならないんですよ。顔がたるんでからいい男の役で出るのはいやですから」。

そう言って映画を辞めた。何故五十五歳なのか。

当時のサラリーマンの定年が五十五歳だったからだろうか。いい男のしわくちゃじいさんも見てみたかったと思う。

映画界は退いたが、テレビは長谷川を放っては置かなかった。NHKの大河ドラマ『赤穂浪士』の大石内蔵助役で大当たり。長谷川、五十六歳のことだ。

テレビを見たものは、往年のスターの初老の姿を見て、また感激するのだった。長谷川一夫は常に演ずることが好きで、それを貫いた一生だった。

昭和五十八年、七十六歳で終わる。没後、国民栄誉賞が授与される。

浜田光夫

（昭和十八年〜）

『キューポラのある街』（日活）ポスター。左は吉永小百合。

浜田光夫の名を聞いただけで、「青春」という言葉が浮かんで来る。それも良家の坊ちゃんの青春ではなく、下町の勤労青年の青春である。

吉永小百合とのコンビで、純愛路線と呼ばれる青春ドラマが大受けだった。浜田の演じる青年は、貧しくとも希望を持って明日に向かって生き抜こうとする強さがあった。

時代も浜田の後押しをした。高度成長に向かう日本の方向とぴったり一致したのだ。

浜田は昭和十八年、東京は新宿区白銀町で生まれた。父親は、浜田が生後一ヶ月の時に結核で死去してしまう。母の手一つで育てられる。兄弟もなかったから、母一人、子一人の寂しい子ども時代を過ごさなければならなかった。母はそんな息子が不憫でならない。

「どうすればこの子の孤独を慰めることが出来るのか」と母は考え、この子にバイオリンを与えることを思いついた。

この母の思いつきが浜田の将来に光を投げた。きっかけは音楽映画『ここに泉あり』だった。浜田が通っていたバイオリン塾の子どもたちがこの映画に出演することになった。

習いたての子どもたちが、バイオリンを弾くというシーンだった。

浜田たちは「下手に弾くように」と指導され、わざと下手に弾いた。何故「下手に弾け」と言われるのかと不思議でならなかった。浜田はバイオリンの実力があって、人前で聞かせるほどだったのだ。それなのにわざわざ下手に弾けとはどういうことか。

演技というものがそういうものだと得心が行くのはずっと後のことだ。

そしてこの映画に出演したことがデビューとなる。おそらく、浜田はこの時、演劇への興味を抱いたのではないだろうか。

その後、百貨店の劇場で公演『青い鳥』を見て、自分もやって見たくなった。それで楽屋に行ってみると「明日から来なさい」と声をかけてくれる人がいた。浜田はまもなく劇団東童に入団する。

そんな浜田が劇団民芸の若杉光夫監督に見出され、『石合戦』の主役に抜擢された。浜田は主役の少年を見事に演じた。

一方、『石合戦』に出演する少し前のことだ。浜田はバイオリンの練習中、大きなおならをしてしまった。先生は「バイオリンよりいい音だったね」と言った。先生はなにげなく言ったつもりだったのだろう。

しかし、浜田はこの一言に傷ついた。「これまでのレッスンと月謝は無駄だった」と非常にショックを受け、さっさとバイオリンをやめてしまった。

このおならがきっかけで浜田はバイオリンを捨て、演劇に力を入れ始めたのだから、人生は面白い。

中学三年の時、劇団四季の『永遠の処女』、そしてＮＨＫの民芸ユニット作品『メリイクリスマス』（演出・若杉光夫）などに出演した。

昭和三十五年、浜田、玉川学園高等部在学中であった。若杉監督の勧めで『ガラスの中の少女』のオーディションを受けて、採用される。これは吉永小百合の相手役募集だったので、ゴールデンコンビといわれる吉永との共演はここから始まった。

この頃、浜田はまだ本名の浜田光曠で出演していた。若杉監督はそんな浜田に自分の名前、光夫をプレゼントした。これが浜田の芸名になった。

浜田は以後も日活映画に数多く出演した。

それまでのアクション路線がマンネリ化して行き詰まっていた日活にとって、浜田・吉永の純愛路線は救世主であった。

浜田は日本大学芸術学部に進学していたが、映画出演も勢力的にこなした。浜田の目は可愛かったので女の子たちは「バンビの目」と呼んだ。

昭和三十七年、十九歳の浜田は運命の作品に出会う。後世にまで語り伝えられる名作、浦山桐郎監督の『キューポラのある街』である。

戦後のまだ貧しさの残る、工場地帯の街で育つ高校生の主人公たち。苦しみ、悩み、助け合い、けなげに生きて行く若者たちの清々しさは、日本人のすべてに感動を届けた。

つづく『愛と死をみつめて』で、浜田も吉永もトップスターになっていく。その頃の浜田は仕事が面白く、恐いものなしの日々だった。

悪魔はそんな浜田を突然襲った。名古屋での仕事の後の酒場で、酔った客が俳優たちにからみだし、襲撃して来た。浜田は投げられたガラスの破片で黒目、水晶体などを傷つけられてしまう。奇跡的に失明は免れたが、次作『愛と死の記録』は降板するしかなかった。

この事があってから浜田の人気は戻らず、暴飲するようになる。そんな浜田を救ってくれたのが、元タカラジェンヌの妻と二人の娘の家庭だった。長女は美空ひばりの遺児・和也と結婚し、幸福な家庭を築いている。

浜田は今年七十三歳、「青春・浜田光夫」(展望社)を出したり、トークショウを開いたりと、妻と平穏な老後を送っている。

『青い山脈』（東宝）ポスター。

原節子
（大正九年〜平成二十七年）

この人のことを「永遠の処女」と名付けたのは誰だったのだろう。戦前、戦後を通じてその清楚な、一点の曇りもない美しい表情が人々の心をひきつけ続けた原節子は、どんな生い立ちだったのだろうか。

原節子、本名は会田昌江《あいだまさえ》と言った。大正九年、横浜市保土ケ谷で生まれた。父、会田藤之助、母ナミの間に生まれる。八人兄弟だった。

保土ケ谷の小学校を卒業すると私立横浜高等女学校に進学する。当時、女学校まで進める女の子はほんの一握りだった。

しかし、子沢山のせいもあってか、家は次第に経済的に困窮するようになる。

原は女学校を中退することを考えるようになった。そんな時、姉の光代と結婚していた映画監督の熊谷久虎に勧められて、映画界に入った。

原が日活多摩川撮影所に入社するのは、昭和十年の四月であった。女学校をやめなくてはならない事は原にとって辛いことではあったが、撮影所に入ると翌日から目の前の仕事に邁進することになる。

これまで演技などしたことがないのだから、原は一から学ばなければならない。懸命の日々だった。

同年『ためらふ勿れ若人よ』

で映画デビューする。この映画の中の役名・節子をとって原節子を以後名乗ることになる。

翌年、『河内山宗俊』を撮影している所に思いがけない見学客があった。ドイツのアーノルド・ファンク監督だった。ファンク監督の目にとまった原は日独合作映画『新しき土』のヒロインに抜擢される。

ファンクは最初、田中絹代も起用したいと考えていたが、田中は松竹の専属であったために起用出来ず、原だけの採用となった。

伊丹万作監督も協力したこの作品、伊丹とファンクが意見が合わなくなって、結局二本の『新しき土』が完成する。映画完成の翌年、原は招かれてドイツに向かう。

下関から船で大連に向かった一行は、大連からシベリア鉄道でベルリンに向かう。二週間の旅だった。

ベルリンに到着するとファンク一行が出迎えてくれた。すでに完成されていた映画『新しき土』は、アドルフ・ヒトラーやナチ党幹部たちにも好評であったそうだ。原たちはドイツ各地を回って大歓迎を受けた。

この秋、日独防共協定が結ばれるのだが、実はこの映画製作は、日独のスタッフが往き来するためのカモフラージュのために企画されたのだった。

それは戦後、知らされたことであって、その当時は映画製作に携わった者たちは懸命に努力したのだ。また、ドイツに同行した原の義兄、熊谷久虎の影響もあって、原は右翼的な思想を身につける。

そんな事もあって、戦時中は戦意高揚映画に積極的に出て政府に協力をした。

『ハワイ・マレー沖海戦』『決戦の大空へ』『勝利の日まで』などに出演し、殺伐とした戦争映画に一陣の爽やかな風を送るのだった。

戦争中も原節子は一生懸命だった。

『新しき土』によって原の名は一気に広まったが、一方で「演技が未熟だ」とか、「実力を身につけずにスターになってしまった女優」などと影口を叩かれるようになる。そんな事を耳にする度に原は一層、戦争映画に熱中した。

やがて敗戦。原は二十六歳になっていた。原節子は雄々しくも立ち上がる。戦後最初の仕事は、資生堂のイメージガールだった。

戦後一年目の街中に原のカラーポスターが張られて話題になった。

その上、原の演技をレベルアップさせる出会いがあった。黒澤明監督の戦後初の作品『我が青春に悔いなし』のヒロインに抜擢されたのだ。原の持つ爽やかさは戦後も皆が必要とするものだった。この頃、原の所属する東宝は争議のただ中にあったため、原はフリーの女優として独立をする。

昭和二十二年、松竹で『安城家の舞踏会』が企画され、原は主演する。

続いて『青い山脈』では女子教師役を好演する。同名の主題歌も大ヒットして社会現象となるほどだった。

大柄な原は先生役がぴったりだった。暖かな優しい母性の溢れる原の演ずる先生は、戦後の哀しみに打ちひしがれる人々に大きな慰めを与えたのだった。

小津安二郎監督との出会いはまず『晩春』からだった。小津は原の演技力を高く買った。

「彼女ほど理解が早くて深い、そしてうまい演技をする女優は知らない」と小津は絶賛した。そんな事からもう「原は大根だ」と言う者はいなくなった。

『東京物語』は小津と原の代表作となる。『秋日和』『小早川家の秋』『麦秋』などの傑作が残る。昭和三十八年、小津が没した。

原はその通夜に出席した後、ぷっつりと映画界を去って行った。そして、その訃報が届いたのは平成二十七年だった。

阪東妻三郎《ばんどうつまさぶろう》

（明治三十四年～昭和二十八年）

『無法松の一生』（大映）ポスター。

「バンツマ」の名で親しまれたこの人のことは、私たちの世代ではあまりよく分からない。かすかに、『無法松の一生』で見せた人力車夫、富島松五郎の祇園太鼓のみだれ打ちぐらいの記憶しかない。

むしろ、田村高廣や正和のお父さんとしての認識の方が強い。阪東妻三郎とはどんな俳優だったのだろうか。

阪東妻三郎、本名を田村傳吉《でんきち》と言った。明治三十四年、東京神田で生まれている。この子が生まれた頃、この田村の家は木綿問屋として立派に栄えていたのだ。

つまりお坊ちゃまとして、幼少期を豊かに過ごした。

田村が小学校を卒業する頃のことだ。ほんのささやかな父親の失敗から一気に家業は傾いてしまう。しかも母、兄、姉が相次いで亡くなってしまった。不幸が波のようにこの少年を襲うのだった。

しかし彼はめげなかった。早くから自分の道を模索していた。

小学校卒業と同時に自身の判断で、芝居の道に飛び込んで行く。死んだ母や姉が常磐津《ときわづ》や長唄などの芸事に秀でていたことから、田村も芝居が好きだった。

豊かな家の子どもは、こんな風に芝居や舞台を見る機会を与えられていたのだ。

田村は高等小学校を卒業した日、成績表を手に市村羽左衛門の邸に走った。面識もなく紹介状もないのに、いきなりやって来た少年は信用されることもなく、門前払いの憂き目に合う。

この世の現実を見せつけられた瞬間である。十六歳の田村少年はすっかり落ち込んで歩いていた。その時、十一代目片岡仁左衛門の邸の前を通りかかった。思い切って飛び込んで見ると、思いがけず内弟子を許可される。

田村少年の芝居人生のスタートである。彼は、自分一人で生きて行くしかないという事をすでに知っていた。

誰にも頼らない。自分一人で道を切り開いて行く。内弟子に入ってからも雑用ばかりで、肝心の芸はなかなか教えてもらえない。雑用の合間に舞台を見学して芸を盗むという日常だった。歌舞伎界という所は、因習と家柄によって成り立っていることを、少年は身を以て思い知らされた。二年間辛抱するがうだつが上がらない。

限界を感じ始めていた時、浅草の吾妻座から声がかかる。一座に入り下っ端ながら役をもらえるようになるが、モノにならない。

その田村が映画の世界に飛び込むのは、新しい娯楽として世の中が映画に突き進んで行く時代のせいでもあった。

大正八年、国際活映のエキストラに採用され、日給一円二十銭をもらった。生きて行くためにまず金を稼がなくてはならないのだ。

映画の世界は因習も伝統もない。実力の世界であることが魅力だった。

そうこうするうち、松竹キネマ蒲田撮影所が出来る。ここに入社して無名のまま、脇役をやっていたが、その後、国活に舞い戻る。しかし、役は相変わらず、下っぱでエキストラばかりだった。実力の世界でも目が出ない。

大正十年、「阪東妻三郎」を名乗って阪東妻三郎一座を立ち上げるが、これも失敗してしまう。最初は上州あたりで大受けをとったのだが失敗してしまう。

一座は解散。尾羽打ち枯らして実家に帰る。一家再興を志して芝居道に飛び込んだのだが、何をやってもうまく行かない。二十二歳の時だった。

大正十二年、映画界の父といわれる牧野省三が、東京に俳優を捜しにやって来た。彼は阪東に目をつけた。スカウトされたのだ。これで成功しなければ二度と東京の土は踏まないと言って、阪東は京都のマキノプロダクションに入社する。

月給六十円で阪東は大部屋俳優となる。

大正十三年、正月映画『火の車お萬』で環歌子と共演したが、阪東の顔が目立ちすぎる。端役にしては立派過ぎるのだ。

「しょうがない。役をつけてしまえ」と言うことになった。『怪傑鷹』で阪東は敵役を演じて、これが出世の糸口となった。

その後、『鮮血の手型』を世に出すとこれがまた、当たった。

そして、大正十四年、熱狂的なファンにこたえ阪妻プロダクションを設立、名作『雄呂血《おろち》』が完成する。

『雄呂血』では阪東は形通りの殺陣《たて》をやめて、形破りの殺陣を見せた。それが当時の人の心を捕らえ、何とも言えない新しさだった。バンツマ人気に目をつけた松竹が彼と組むことになった。これでバンツマの存在は全国に広まった。

『無法松の一生』『国定忠治』など阪東の映画は、講談調の英雄ではなく阪妻演ずる武士や浪人、やくざに至るまでが、人間的な明暗を持ち、不正な権力と闘う不屈の精神が描かれていたので巾広い愛好者を得た。

昭和二十八年、『あばれ獅子』撮影中、体調を崩し、五十一年の生涯を終えた。

平《ひら》 幹二朗

（昭和八年〜平成二十八年）

NHK大河ドラマ『樅の木は残った』のポスター。

訃報は突然やって来た。平成二十八年十月二十三日、平幹二朗の死である。あんなに元気な姿を見せていたのに、びっくりしたのは私だけではないはずだ。しかも、自宅浴槽で倒れていたのを発見したのが、長男の平岳大だという。

平といえば私の脳裏に残っているのは、NHK大河ドラマ『樅ノ木は残った』の原田甲斐と同じく『国盗り物語』の斉藤道三の姿である。特に、『国盗り物語』の初回冒頭の赤兵衛役の山谷初男と、盗賊と争うあの胸のすくようなシーンは忘れられない。

平幹二朗、本名も同じで、昭和八年、広島市中区で生まれた。生後九ヶ月で父・文雄が病死。以後、祖母と母との三人家族となった。二十年八月、広島原爆投下。平は大叔父宅に疎開していて無事だったが、郵便局勤めの母は広島に残っていた。

しかし通勤途中の母は、建物の陰で靴をはき直していたため一命を取りとめたという。

幹二朗が演劇に関心を持ったのは、俳優座養成所の研究生募集を読んだ時からだった。

一回目は不合格だったが、翌年には合格、平は上京して養成所五期生となる。昭和三十一年、俳優座座員となり『貸間探し』で初舞台を踏む。以降、その端正な容姿とスケールの大きな演技で、仲代達矢とともに俳優座のホープと目された。

昭和三十一年、『森は生きている』で映画デビュー。以降『天草四郎時貞』『千姫と秀頼』『昭和侠客伝』と、年三本の割で映画に出るが、まだ脇役にすぎない。そして皮肉なことに平の名が大きくクローズアップされるのが、映画でなくテレビだった。

昭和三十八年、鬼才・五社英雄演出の『三匹の侍』にレギュラー出演。リアルな殺陣でテレビ時代劇を大きく変えた話題作で、平は三匹のうちの桔梗鋭之介役で一躍人気者に躍り出る。それからの平はお茶の間ではおなじみの顔となり、時代劇を中心に多くのドラマに主演した。

そしてNHKの大河ドラマには前記二作のほか、脇役も含めて七作に出演、まさに平の時代の到来である。

一方舞台でも浅利慶太演出の『ハムレット』『狂気と天才』などで高い評価を受けたあと、蜷川幸雄と出会い、『王女メディア』『近松心中物語』『リア王』などに主演、海外公演でも大好評を博し、平は日本を代表する舞台俳優のひとりとなった。

映画でも『天城越え』『帝都物語』などでその重厚な演技を見せ、テレビ、舞台、映画、どれをとっても一流と、平の才能は大きく花開いた。

私生活では昭和四十五年、佐久間良子と霊南坂教会で挙式。人気スター同志の結婚と当時のマスコミを賑わせたが、一男一女の双子を授かったあと、五十九年に離婚。子供たちは佐久間のもとへと残った。

長男の平岳大は高校時代にアメリカへ渡り、苦労して名門ブラウン大学に学んだ俊才である。一般企業に就職したが、親のDNAが騒いだのか、俳優に転向。平成二十九年夏封切りの大作、『関ヶ原』で石田三成の名参謀・島左近役で父親譲りの見事な貫禄を見せていた。

天国の平幹二朗も「もって瞑すべし」であろう。

『緋牡丹博徒』（東映）ポスター。左は高倉健。

藤 純子
（富司純子）
（昭和二十年〜）

現在は富司純子《ふじすみこ》だが、私たちはやっぱり藤純子の方が分かりやすい。あの美しい静御前《しずかごぜん》の姿が忘れられない。

昭和四十七年のNHK大河ドラマ『源義経』で、藤は静御前に扮し、義経役の歌舞伎俳優の尾上菊之助（現菊五郎）と恋に落ち、結婚に至る。

当初は、二人の結びつきを危惧する声が高かったが、そんな声は無視して二人は見事に意志を貫いた。

そこに揺らぐことなく、自分の気持ちをまっすぐに通して行く強い女性を私たちは見た。

藤純子、昭和二十年生まれ。本名は俊藤《しゅんどう》純子と言った。出生地は和歌山の御坊市である。

藤は終戦の年の年末に生まれている。おそらく、戦火を逃れて和歌山に疎開していて、ここで純子は生まれたのだろう。

一家は純子が五歳の時、大阪に戻っている。純子はここで育つ。七歳の時、日本舞踊を習い始める。日舞に熱中する以外は特別に変わったところもない子どもだった。

この子が芸能界に入って行く機会はやがて訪れる。純子が京都女子高校二年の時のことだ。よみうりテレビの歌謡番組『ハイハイ、マヒナです』のカバーガールとして姉・允子と共に出演した。

高校生の純子は初々しく、可憐な花のようだった。でも、まだ芸能界入りまでには及ばなかった。

昭和三十八年、純子は父・俊藤浩滋《こうじ》の仕事場である東映京都撮影所に見学に行った。ここで純子はマキノ雅弘にスカウトされる。

純子が最初にもらった仕事が『八州遊侠伝・男の盃』で千葉真一の恋人役だった。ズブの素人にその役はかなり重いものであった筈だが、純子はケロリとやってのけた。

その年、純子は朝日放送テレビのコメディ『スチャラカ社員』に若い女給役で出演した。

藤純子という芸名はマキノ雅弘がつけてくれた。一つひとつ、与えられた役柄をこなして行った。

その純子の名が広まるのは昭和四十三年のことだ。

純子はこの年、『緋牡丹博徒《ひぼたんばくと》』で初めて主演をさせてもらう。緋牡丹のお竜こと矢野竜子が主人公のこの映画は大ヒット、シリーズ化し八回まで続いた。主題歌も純子が歌っている。

途中、純子は背中に刺青の緋牡丹を見せるシーンがあったのだが純子はどうしてもこのシーンがいやだった。

この純子を説得したのは父親の俊藤だった。純子は渋々、父の説得に応じたのだが、この事が緋牡丹シリーズのヒットの要因になった。緋牡丹お竜の名は日本中に広まった。その頃のことだ。大河ドラマ『源義経』の静御前役が舞い込むのだ。純子に戸惑いはあった。

東映の売れっ子スター藤純子ではあったが、ＮＨＫの大河ドラマは格調高いものと思われている。

純子は不安な気持ちでおずおずと引き受けた。ところが義経役の尾上菊之助が優しく教えてくれたので、何とか務めることが出来た。

ほっとすると同時に、歌舞伎で鍛えたこの人の演技力の深さを見せつけられた。

尊敬と同時にこの人に頼る心がいつか愛となった。菊之助もまたこの小柄な女性が緋牡丹お竜であったのか、と目を見張り、純子に惹かれて行った。

周囲の反対をものともせず、この恋を全うし、結婚にまで至るのだった。二人の情熱はまことに純粋だった。

背中の刺青を惜しげもなくスクリーンに映し出していた女優が歌舞伎界の御曹司に嫁ぐ。その事自体、奇跡であったが、純子はひるまない。

藤純子という人は実にしっかりした人だった。共演者にすぐに手を出すことで有名な梅宮辰夫、山城新吾らがどうしてもナンパ出来なかったのが藤純子だったと語っている。

「東映の女優で手が出せないのは彼女だけだった」と彼らは口を揃える。

藤純子は結婚と同時に引退を表明した。最後の仕事は『関東緋牡丹一家』であった。

昭和四十九年、純子は寺島純子の名でフジテレビのワイドショー『三時のあなた』の司会に就任する。「司会者」として純子は芸能界に復帰した。

その後、昭和五十二年より三年間出産、育児のため番組を降板するが、昭和五十五年より復帰。十年十一ヶ月に渡りこの仕事を純子は続けた。家庭を持ち、二人の子に恵まれたことは主婦番組の司会にとって役立つことだった。

やがて映画『あ・うん』で白紙の新人女優としてスタートしたいと言って、富司純子の名で仕事に取り組んだ。

以後、映画『おもちゃ』や『フラガール』などに精力的に取り組んだ。

二人の子どもが優秀で長女・寺島しのぶは女優。長男・五代目尾上菊之助も活躍。仕事をしながらの子育てだったが大成功だった。藤純子という人は美しいだけでなく、間違いなく聡明な人だと私は思う。

フランキー堺《さかい》

（昭和四年〜平成八年）

『私は貝になりたい』DVDジャケット。

この人の名を聞いただけで何だかとてもモダンなしゃれた感じがする。

戦争が終わって世の中がやっと落ち着いて来た頃、この人は私たちの前に現れた。

そしてそのテンポの早い軽快な演技で、私たちのハートをつかんだ。

フランキー堺は昭和四年に鹿児島で生まれている。とすれば戦争が終わった時は十六歳だったことになる。多感な時期である。

戦時中は軍国少年であっても、この年齢の少年たちは戦後はたくましく時代に順応して生きて行った。

フランキー堺は本名を堺正俊《まさとし》と言った。彼の父親は鹿児島の士族の末裔である。また、親戚に有名な曽我栖家五九郎《そがのやごくろう》がいた。この人は映画「のんきなとうさん」の主役を演じて国民的英雄になっていた。

身内に芸能人がいることをフランキーは誇りに思っていた。士族の流れを汲む家に生まれながら芸人への道を歩む素地がそこにあった。

しかも、子ども時代は大変な優等生だった。鹿児島師範学校付属小学校に通っていた。名門である。

この時、フランキーはボーイソプラノの歌い手として注目された。

早速合唱団に入って活躍していたが、ある時、鹿児島放送局のラジオ番組に出演することになった。これがフランキーのメディアデビューになった。

その後、父親の仕事の関係で一家は東京大田区池上に出て来る。

フランキーは池上第二小学校に転校する。成績が優秀だったのだろう、私立麻布中学校に進学し、慶應義塾大学法学部に進み、ここを卒業する。中学時代の同級生に、ともにベテラン俳優として名を残す小沢昭一、加藤武がいた。

フランキーは鹿児島から東京に出て子どもながらにその違いに驚いた。

音楽に興味を持っていて早くから音楽家を目指していたフランキーにとって申し分のない環境だった。

戦争が終わると東京は活気に満ち、すさまじいエネルギーで変って行った。

そんな最中、大学在学中、昭和二十一年、バレエ『白鳥の湖』の日本初の公演が企画されたが男性ダンサーの人数が足りず困っていた。

この時、立ち役は早稲田、慶應、上智の学生が駆り出された。フランキーもその一人として出演している。

フランキーはこんな風に文化が進んで行く東京を間近に見た。またフランキーは大学在学中、進駐軍のキャンプに行って「シックスレモンズ」のジャズ・ドラマーとして演奏をした。やがて芸能界に進むのだが、芸名をフランキーとしたのは進駐軍相手の演奏の時、通りがよかったからだ。

フランキーは最初、バンドを結成して、当時流行りの冗談音楽を目指した。

ある時、築地のクラブで演奏をしている時、伴淳三郎と会い、知り合いになった。伴の引きもあってフランキーは映画にも進出した。最初は喜劇が中心だった。

昭和三十二年、『幕末太陽伝』では居残り佐平次をコミカルに演じ、主役の石原裕次郎を完全に食ってしまう。監督の川島雄三はこれに気をよくし、「次回はフランキーで写楽を取る」と意欲満々だったが、急死してしまう。

フランキーは川島の意志を継いで、ようやく平成七年、死の一年前に、自ら企画・総指揮・主演で『写楽』（篠田正浩監督）を完成させている。見事といっていい。

一方、翌三十三年から始まった東宝の『駅前』シリーズでは森繁久彌、三木のり平などとともになくてはならない役者となっていた。

そんなフランキーにまた転機が訪れる。昭和三十三年、一つの作品がフランキーの前に現れた。それが『私は貝になりたい』だった。

何の罪もないBC級戦犯の悲劇を描いて、戦争というものの無慈悲さ、切なさを伝えてあまりある物語だった。

当初『私は貝になりたい』はフランキー堺の主演でテレビ放映され、日本中の人々の涙を誘った。

その翌年、この作品はやはりフランキー堺の主演で映画化されたのだった。フランキーの演技が素晴らしくて作品は見事なものとなった。

フランキーは哀しくておかしい、おかしくて哀しい演技が出来る俳優だった。

『赤かぶ検事奮戦記』シリーズも大ヒットだった。昭和五十五年に始まり、十二年間も続く。

落語家としても桂文昇の名を持つ桂文楽の弟子であった。

また喜劇人ながらもその知識、教養は群を抜いていて、大阪芸術大学の教授、学科長も務めあげた。

そんな得難い俳優として地位を築いた矢先だった。平成八年に肝不全のため、六十七歳の命を閉じた。

数多く作られた「若大将シリーズ」のうち『ハワイの若大将』（東宝）ポスター。左は加山雄三。

星由里子

（昭和十八年〜）

何と言ってもこの人が一番美しかったのは若大将の恋人役を演じていた時だった。映画『若大将』シリーズの中ではヒロイン澄子役が大当たりだった。

クセのない庶民的な美貌の持ち主の星は、若大将の恋人役にぴったりだった。

それで星のことをみんな「澄ちゃん」と呼んだ。星由里子が澄ちゃんになるまでどんな道のりがあったのか。いくつ苦労の涙をこぼしたのか。それとも何の苦もなく澄ちゃんになってしまったのか。

生誕の日からたどってみたい。昭和十八年、星由里子、東京は千代田区鍛冶町で生まれた。星由里子は本名である。

星が生まれた頃は太平洋戦争も激しくなっていて、星がヨチヨチ歩く頃は空襲も日に日に激しく、とても東京にはいられなかった筈だ。疎開は東京育ちの者には大変なことだったと聞いている。が、まだ小さかった星には何のこともなかったかも知れない。

星はすくすくと育ち、一六四センチの身長になる。千代田区立今川中学校から精華学園高校に進む。

この学校は芸能界に入った女の子たちが大勢通っていた。美空ひばりや吉永小百合もここの卒業生である。

星は高校二年生の時、東宝が募集した「ミス・シンデレラ娘」に応募して優勝する。

これは東宝が宝塚歌劇団東京公演を記念して企画されたものだった。優勝した星は「八重歯のシンデレラ」と名付けられ、芸能界入りをする。

そんな時、精華学園は芸能活動に理解があって、在学中にも関わらず芸能界入りを可能にしたのだった。

翌年、昭和三十四年、星は『すずかけの散歩道』でデビューする。同名のレコードで歌手デビューも果たす。しかし、まだ星の存在は地味なものだった。


東宝としては星の売り出し方について頭をめぐらせていた。そこで「スリーペット」という三人組を思いついたのだ。

三人は同時期にデビューしていた。控え目で大人しい田村奈巳と日本人初のボンドガールとなる明るく活発な浜美枝。浜美枝は女殺し屋やスパイもこなす女優だった。

星はこの二人の中間に位置していた。清楚だが、現代的な気の強さも持ち合わせた役柄をこなした。

しかし、「スリーペット」はあまり受けなかった。

星を世に送り出したのはやはり「澄ちゃん」だった。昭和三十六年、十九歳の星が加山雄三の『若大将』シリーズの相手役に選ばれた。

戦後、二十年近く経ち、世の人々の暮らしにも余裕が生まれて来ていた。

高度成長を突き進む日本の国では、右肩上がりで伸びて行く経済を背景に、若者たちも享楽的になって行く。勤労青年とは別に豊かでお気楽な若者たちが生まれつつあった。

また若者たちの姿も新しくなっていた。

すらりと伸びた両足、明るい表情、幸福感に満ちている。

星はそんな若者達のアイドルとして存在した。

名曲も登場した。ギターを抱えた加山雄三が即興的に自ら作詞作曲した『君といつまでも』を歌い出す。恋人役の星が傍で唱和する。

昭和四十一年、この曲が映画『エレキの若大将』で発表された時には、日本中の若者たちが熱狂した。

「幸せだなあ、僕は。君といる時が一番しあわせなんだ」という有名なセリフは、録音時に即興的に加山が入れたもので、この〝君〟とは澄ちゃんのことであった。

とても若大将のような生活は出来ないものの、映画館の中でだけは夢見ていたい。澄ちゃんは皆の夢だった。そして加山の出演する映画には必ず星の姿があった。

星の健全なお嬢さんイメージが、東宝のポリシーとぴったりだった。

しかし、当時は映画も衰退期にかかっていて、先輩の司葉子にくらべ星は大作や話題作に恵まれなかった。

『モスラ対ゴジラ』『三大怪獣地球最大の決戦』などにしぶしぶ出演するが、このことでかえって子どもたちの間に星の名は知れ渡って行った。

そんな女優として人気絶頂の頃、星は財界人・横井英樹の長男と結婚する。話題となったがこの結婚は八十日で解消。その後、星は劇作家の花登筺《こばこ》と再婚するが、これも花登の死によって終る。

今は会社役員と再々婚しておだやかな生活を送っている。

昭和四十三年の『リオの若大将』を最後に、加山との共演は途絶えるが、平成六年、NHKドラマ『赤ちゃんが来た』で二十六年ぶりに共演する。以降CMなどでも加山とそろって登場して往年のファンを喜ばせている。

いまでも街を歩くと「澄ちゃん」と声をかけられることがよくある、と星は当時をなつかしんでいる。

松方弘樹
（昭和十七年～平成二十九年）

『広島仁義』（東映）ポスター。左は小林旭。

偉大なる父を持つことは俳優にとって幸福なことに違いない。すでにデビューと同時にその名は人に知られ、誰々の子というレッテルが張られ、やすやすと芸能界に出て、認められる。

松方弘樹は時代劇でならした近衛十四郎の長男、本名目黒浩樹《こうじゅ》として昭和十七年に東京で生まれた。

しかし、松方の最初の夢は父の跡継ぎになることではなく、歌手になることだった。

作曲家の上原げんとの下で修行を始めたのだった。本気で歌手になるつもりだった。ところが同じく上原の所に五木ひろしがやって来たのだ。その五木の声を聞いて松方はがっくり来る。こんなうまい奴がいるのか。すっかり自信を無くしてしまう。それで歌の道を諦めたと、松方はテレビでよく語っている。父と同じ役者で生きて行こうと路線を変えた。切りかえは早かった。

十七歳で松方がデビューするのは東映『十七歳の逆襲・暴力をぶっ潰せ』だった。むろん、主演である。いきなり主役が与えられるのも、父の七光りのせいであることを松方は良く知っている。その父に恥をかかせないために、松方はそれなりの努力はした。松方の母も女優で水川八重子と言った。まさに芸能一家である。

そんな演劇の空気は、子どもの時から知っているので飲み込みは早い。スターがほしい映画会社にしても得難い人材であったと思われる。

当然、大部屋の苦労や通行人しか出来ない無念は味わってはいない。その後の松方のイメージとなってしまう、どこか気楽な生き方をしてしまうのも仕方ないかも知れない。

そんな松方にライバルが現れる。同じく二世の市川右太衛門の長男・北大路欣也である。年齢もほとんど同じであったから、人は勝手に二人を比べて面白がった。そうなると当人たちもそんな気になる。

それにしても松方は恵まれていた。のちに東映の社長になる岡田茂が当時、企画制作担当重役であったが、松方の父・近衛十四郎は松方をこの岡田に個人預かりとして託したのだ。

映画『昭和残侠伝』シリーズでは助演であったがテレビ『人形佐七捕物帖』は主演。つまり佐七役を松方が演じた。これはNHKテレビであったから、松方の名は一気に広まった。名門の御曹司らしく松方は、なかなかの美男子であったから評判は高まった。

特に、佐七は人気あるキャラクターで松方の当たり役となった。

その後、テレビ朝日系でも『人形佐七捕物帖』は放映されてヒットした。日本人は捕物帖が大好きである。江戸時代の刑事ものなのだが何とものんびりしていて楽しいのだ。大人のお伽噺《とぎばなし》のような楽しみであったのだろう。しかも犯人探しという今でいうゲーム感覚もあって捕物帖は常に人気だった。

昭和四十四年から四十五年にかけては岡田茂の指示で大映に一時的に移り、死去した市川雷蔵の後継者として期待され、雷蔵のやり残した仕事などをしてそれなりにやり甲斐はあった。

しかし、代理はあくまで代理

だった。

　そんな折、大映の永田社長と衝突をしてしまう。罰として松方は半年間仕事をさせてもらえなかった。

　その大映も倒産してしまったので松方は東映に復帰した。昭和四十八年、復帰第一作は四カ国合作映画『東京―ソウル―バンコック実録麻薬地帯』だった。そして『仁義なき戦い』シリーズや『広島仁義』では悪役、敵役をこなした。その事が、どんな役でもこなせる俳優へと松方を導いたのだった。

　昭和四十九年、また別のチャンスがやって来る。ＮＨＫ大河ドラマ『勝海舟』の主役の渡哲也が病気で降板したことから、松方に代役出演のチャンスが巡って来たのだった。

　しかもこの仕事で女優・仁科亜季子と夫婦役で共演したことから、不倫関係が生じてしまう。松方はすでに妻帯していた。仁科は当時、すでに人気者であったし、歌舞伎の岩井半四郎の娘でもあったので、マスコミを賑わし大騒ぎだった。

　そしてまもなく松方はこの新しい恋を貫き、仁科と晴れて結婚することになるが、その後、仁科とも離婚している。

　松方は私生活でも仕事でも思うままに生きる男であった。

　昭和五十三年、『柳生一族の陰謀』で時代劇映画に復帰した。時代劇は松方を高揚させた。血が騒ぐというのだろうか。父・近衛十四郎のＤＮＡが勝手に松方を突き上げるのだった。

　また、事実上初めての主演といっていい昭和五十九年の『修羅の群れ』も忘れられない。

　テレビドラマでは『大江戸捜査網』の主役も務めた。三英傑信長、秀吉、家康を全て演じた。

　そんな功績とは別に松方は冗談好きで気楽な性格であった。

　父親と同じく、釣りが何よりも好きで人生を楽しむことでは誰にも負けなかったが、惜しいことに平成二十九年一月、脳リンパ腫で死去した。

『男はつらいよ 浪速の恋の寅次郎』（松竹）ポスター。

松坂慶子

（昭和二十七年〜）

この人の名を聞くと反射的にすらりとした足を網タイツでつつんで、『愛の水中花』を歌う妖艶な姿を思いだす。その堂々とした体躯が魅力的で男性たちの目を釘付けにした。色気があるのにベタベタしない、さっぱりしている。

そういうキャラクターがこの人の持ち味だった。男性にとって理想的な女性像である。

松坂慶子、本名は高内慶子という。昭和二十七年、東京大田区で生まれた。育ったのは、ごく普通のサラリーマン家庭であった。

演劇や芝居に関わる人も近隣にはいない。むしろ、松坂は自身の内なる要求から芸能の世界に近づいて行った。

しかし小学校二年の時、「くるみ児童合唱団」に入団したのは周りの者の智恵によるものだろう。とにかく歌が好きだった。中学校では演劇部に入部した。これはもちろん、松坂自身の選択である。

昭和四十二年、松坂が中学三年の年、劇団「ひまわり」に入団した。この年、松坂は幼児向けコメディ『忍者ハットリくん＋忍者怪獣じっぽう』（ＮＥＴ）で、初めてのテレビ出演を果たした。

翌年、人気番組『ウルトラセブン』の第三十一話「悪魔の住む花」ではミクロ怪獣ダリーに寄生された少女、香織役として出演する。

中学生でこれだけの活躍である。子役の域を越えている。そして日本大学第二高校に進む。高校二年生の昭和四十四年、松坂は大映からスカウトされる。同年、『ある女子高校医の記録続・妊娠』で女高生の一人としてスクリーンデビューする。

昭和四十六年、チャンスは向こうからやって来た。映画『夜の診察室』で主演予定だった渥美マリが降板した事によって松坂起用となった。松坂、十九歳のことだった。

一つひとつ、階段を上がって行くように、松坂は自分の足で目的に近づいて行った。

昭和四十七年、松坂は松竹に移籍している。そして三年後の昭和五十年、時代劇『江戸を斬る』に出演する。これはテレビドラマである。テレビ出演は松坂の名を広く世に知らせるのに大いに力があった。

昭和五十三年、映画『事件』に出演。この時、松坂は清純派から脱皮して大人の女を演ずることが出来るようになった。これがきっかけで松坂はまた一段、上に昇ることになる。

翌年、昭和五十四年、『配達されない三通の手紙』で松坂は体当たり演技を見せて、トップ女優に躍り出ることになる。

時を同じくしてテレビドラマ『水中花』に主演して、主題歌『愛の水中花』を歌うとこれが大ヒットとなる。歌う時の妖艶なバニーガールが話題となった。この年、もはや松坂は女優として頂点に上り始めていた。

子役から地道な努力を続けて来た松坂が花開くのは二十八歳、たてつづけにヒットを出した。『青春の門』『男はつらいよ浪花の恋の寅次郎』『蒲田行進曲』『人生劇場』『火宅の人』などの映画に出演。特に『青春の門』『男はつらいよ』では昭和五十六年の、『蒲田行進曲』では五十七年の、そして『死の棘』で平成二年の、それぞれ日本アカデミー賞最優秀主演女優賞ほか各賞を総ナメの快挙をなしとげた。

テレビドラマもNHK大河『春の波濤』などの作品に立て続けに出て話題となった。仕事一筋の松坂はいつのまにか三十八歳になっていた。「この松坂慶子を射落とす男はいないのか」と男のファンたちは穏やかではない。気がもめる。

そんな矢先である。突然、松坂のスキャンダルが報道された。しかしスキャンダルではない。当人たちは真面目な結婚である。

二人とも不倫ではないのだから、祝福してあげれば良いものを世間は大騒ぎをした。

平成二年、松坂はジャズギタリストの高内春彦と結婚して米国ニューヨークに移住した。もしこの結婚に問題があるとすれば、松坂の両親の反対の件だけだろう。親はいつも娘の結婚には不満を抱くものだ。松坂は二人の娘を得て、幸福な日々を送っていた。

その後、松坂の結婚生活がどうなったか、私は知らない。ただ、その後も松坂は旺盛に仕事をこなしている。

とくに松坂は積極的にコマーシャルに出演している。東京電話のコマーシャルで話題になった。大根を持った主婦に扮して演技した。コマーシャルはいわば寸劇である。短い時間で商品のイメージをどれほど強く伝えられるかが勝負である。演技者にとってバカにしてはいけない分野であると思う。

松坂は映画『火垂《ほた》るの墓』では主人公をいじめるいやな叔母さんを演じた。徹底的ないじめ役だった。

最初、松坂は躊躇《ちゅうちょ》し、オファーを断ろうとしたそうだ。けれど松坂はその役も見事にやりぬいた。そして毎日映画コンクール女優助演賞を受賞する。

松坂慶子はこれからも良い女優さんになることだろう。

『蘇える金狼』（東映・角川）ポスター。

松田優作
（昭和二十四年～平成元年）


平成元年十一月、一人の俳優がこの世を去った。まだ温かいこの人の遺体に抱きついて仲村トオルは泣いていた。

「優作さん、起きて下さい！早すぎるよ！」といつまでも泣いていた。

松田優作、四十歳の死であった。訃報が流れると、その慟哭《どうこく》は日本中に広がって行った。どんなに彼が愛されていたか。去って行った人の大きさを人々はかみしめていた。

松田優作、昭和二十四年、山口県下関で日本人の父と在日韓国人三世の母との間に生まれる。非嫡出子であった。

松田の父は長崎の出身で保護司をしていた。百八十センチもある大柄な男であったという。松田は二人の異父兄と共に育つ。兄弟は仲がよかったが、松田は自分の出生の真実を知ると、次第に孤独となって行った。

昭和四十二年、松田は母に「米国に行って弁護士になれ」と言われて、それまでの下関市立第一高等学校を二年で中退して米国籍を得るために渡米する。

松田は、アメリカ在住の叔母夫妻を頼っての渡米であったが、この夫妻が離婚訴訟を始めてしまう。

言葉についての不安もあって翌年、カリフォルニアのシーサイド高校を中退して帰国してしまう。十九歳になっていた。

帰国後、長兄一家が居住するアパートにころがりこみ豊南高等学校に編入して、その後、関東学院大学文学部に入学する。

演劇に目覚めるのはその翌年になる。

劇団文学座の入所試験を受けるが一次の筆記試験で不合格になる。松田は金子信雄主催の劇団「新演劇人クラブ・マールイ」に入団。ここで最初の妻・美智子と出会う。

昭和四十七年、文学座付属演技研究所十二期生となる。同期には阿川泰子、一年先輩に桃井かおり、一年後輩に中村雅俊がいる。

その頃にはしっかりと演劇の道に進む覚悟が出来ていた。松田は大学を中退する。そして新宿駅近くのバーでバーテンダーをしていた。

その時、客として来ていた原田大二郎や村野武範やひし美ゆり子と知り合いになる。

村野は自身が出演していた『飛び出せ！青春』のプロデューサーである岡田晋吉が新人俳優を探していることを知り、松田を紹介してくれた。

これがきっかけになり、松田はテレビ『太陽にほえろ』にジーパン刑事としてレギュラー出演することになる。

ジーパン刑事の活躍、殉職が話題となり、松田優作の名が広まるきっかけとなった。また東宝『狼の紋章』は志垣太郎の主演映画だったが、松田も共演し、松田にとっての映画デビューとなった。

その後、松田は気にかかっていた国籍の問題を片づけた。帰化申請をして日本国籍を取得したのだ。ようやく韓国名ではなく松田優作を本名にすることが出来た。

仕事も本名も得て、何もかもがうまく行ったとほっとする矢先、松田は暴力沙汰に巻き込まれてしまう。

昭和五十一年一月のことだ。『俺たちの勲章』の鹿児島ロケ打ち上げを東京に戻って新宿で行っていた時だ。

十九歳の予備校生が松田たちに失礼なことを言った。よほど腹に据えかねたのだろうか。松田は共演者と共に暴力を振い、その青年に全治三ヶ月の重傷を負わせてしまう。

新宿警察所に松田は逮捕され、テレビ出演の自粛を強いられる。ほんの些細な喧嘩沙汰であったのに、松田は懲役十ヶ月，執行猶予三年の実刑をくらう。

しかし、映画復帰は意外に早く、半年後には東映『暴力教室』がクランクインする。同年松田は『ひとごろし』で臆病な侍役を演じた。松田にとって初めての時代劇主演だった。また『大都会PARTⅡ』でテレビに本格復帰した。

傷害事件は松田にとって遠回りだったが、その後は仕事が舞いこみ、演劇一筋の日々を生きられることになった。

昭和五十四年には、角川映画『蘇える金狼』に主演する。つづいて『野獣死すべし』、さらに、にっかつ『家族ゲーム』などに出会う。

また五十四年にはテレビドラマ『探偵物語』に主演した。昭和六十三年、映画『華の乱』では吉永小百合と共演を果たし、その後アメリカ映画『ブラック・レイン』には尊敬する高倉健とともに出演、話題となる。この時、自身が癌に侵されていることを知った。

私生活ではちょっとバタバタした。昭和五十年、前妻・美智子と結婚して長女が生まれるが、女優・熊谷美由紀と不倫状態になり昭和五十六年、美智子と離婚。美由紀との間に三人の子を得た。

長男・松田龍平、次男・松田翔太の現在の活躍はご存知の通りだが、松田が存命であったなら、どんな感慨を抱くだろうか。

ともあれ、四十歳で死んで行った松田優作は男気に溢れた情の熱い、愛さずにはいられない俳優であった。

山口百恵との共演『絶唱』（東宝）ポスター。

三浦友和

（昭和二十七年〜）

山口百恵の夫として、幸福な家庭を築き、仕事も順調にこなしている。

私生活での安定は自らが作り上げて行くものだとこの人の人生が教えてくれる。六十五歳の現在、三浦友和は理想的な父親像であり、夫婦はこうありたい夫婦像でもある。

三浦友和は本名を三浦稔と言った。昭和二十七年に山梨県塩山市で生まれた。

父親は塩山で警察官をしていた。父の仕事、警察官というのはとにかく、転勤がやたらと多かった。

三浦はそのたびに転校しなければならず子ども心に苦労をした。ただ、三浦の父親は大菩薩峠の麓に限られていた。この周辺を六回も転勤している。

駐在所は職住が一つだったから三浦はそういう環境で育った。駐在所周辺は何故か坂道ばかりだった。それで幼い三浦は道とは全て坂になっているものと思っていたそうだ。「平らな道なんて道ではない」そう思ったそうだ。

幼い時は日夜、野原を駆け巡り、健康そのものの子どもだった。そして三浦が小学校三年生の時、一家は東京に転居した。父が警察官をやめて国際興業に転職したのだ。一家は新宿区の社員寮に移り住んだ。

三浦は東京の子どもになった。何もかもが三浦にとって目新しく、新鮮だった。しかし、自然の中で育った三浦にとって東京の空気は悪かった。東京の空気汚染によって三浦は呼吸器の病気になってしまう。

これまでの健康優良児が一気に虚弱児になってしまった。

しかしそれも次第に解消されて、彼はシティボーイになって行く。

彼が中学生になる時、立川市に一家は転居した。そこは自然もあり、しかも都会だったので三浦は存分に中学生生活を満喫した。

都立日野高等学校に進学する。ここで三浦は生涯の友となる忌野清志郎と出会う。

二人は毎朝の通学バスで出会った。それがきっかけとなって三浦は、清志郎率いるＲＣサクセションのメンバーたちとも親しくなった。

音楽界と芸能界に関心がたかまり、二十歳でＴＢＳテレビの『シークレット部隊』で芸能界デビュー。その際、芸名を三浦友和とする。先輩の宇津井健がつけてくれた。

そして三浦の若々しい美男ぶりが人気となってスターダムにのし上がる。しかし何と言っても三浦の幸運は山口百恵と出会ったことである。

昭和四十九年のことだ。二十二歳の三浦にチャンスが訪れる。名作『伊豆の踊り子』で山口百恵の相手役に選ばれたのだ。最初、百恵の相手役は一般公募でみつけようとした。

しかし、西河克己監督には胸の中で、「この男」と決めたものがいた。

この前に、百恵と三浦はグリコプリッツのＣＭで共演していた。西河監督はこのＣＭを見て、百恵の相手は三浦しかいないと決めていたのだった。

それで西河は、最終選考の書類の中に三浦の書類をこっそり入れておいたのだそうだ。

そんな裏話もあったが、映画

は大当たりだった。すでに大スターになっていた百恵の添え物のような相手役だったが三浦は見事に演じた。

　二人はその後、『潮騒』『絶唱』『風立ちぬ』『春琴抄』『霧の旗』『古都』など十二本もの共演をする。二人はゴールデンコンビと呼ばれ、お似合いだった。

　この二人、ともに素人っぽくて演技の巧者では決してなかったがそこがよかった。素のままでスクリーンの中で動き回って、青春の喜びや哀しみを表現してくれる。ファンにはそれがたまらなかった。

　踊り子と別れて舟に揺られている三浦扮する旧制高校の学生が一筋の涙をこぼす。見知らぬ人が声をかけてくれた。

「どうかしましたか」

　と尋ねられて学生は小声で答えた。

「人と別れて来ました」。

　それで映画は終わる。川端康成の原作は随筆のように短いものだが、繰り返し映像化される魅力のある作品である。

　踊り子に扮した女優は田中絹代、美空ひばり、高橋恵子、松田聖子と限りない。

　さて、三浦友和のことだ。百恵と共演してどの作品もヒットさせる。

　この二人が実生活でも恋愛、結婚を意識してそれを願うが、人気者同士の結びつきは難しい。事務所としては出来ればして欲しくないことだった。

　この時、百恵は引退という決断をする。人気絶頂にあった百恵が全ての芸能界の仕事をやめて、三浦との幸福を求めたいとの決意を固めた。危惧された二人の結婚だったが、苦労をした二人だけに、着実に豊かな日々を構築して行った。

　ミュージシャンの長男・三浦祐太朗、次男で俳優の三浦貴大と、子どもたちも立派に成長した。年と共に渋さと風格を増した三浦の仕事もテレビ、映画ともに順調で芸巾も広がり、立派な俳優になっている。

三國連太郎《れんたろう》
（大正十二年～平成二十五年）

『飢餓海峡』（東映）ポスター。左が三國連太郎。

三國連太郎と聞いた時、反射的に『釣りバカ日誌』のスーさんの粋な姿を思い出す方も多いのではないだろうか。

とても人情味があって時々甘えん坊のスーさん。彼は大会社の社長さんなのだ。釣り仲間の西田敏行扮するハマちゃんは会社で一番下の勤め人。それなのに釣りをする時は社長に説教するハマちゃんだ。

人間の世の順列とは別に人間対人間の温かな交流があることをこの映画は教えてくれた。

それにしてもスーさんはこれまでの三國のイメージをすっかり変えてしまった。

私たちは生真面目に社会に抗う三國連太郎も好きだが、スーさんも好きだった。

三國連太郎、本名を佐藤政男と言った。大正十二年、群馬県太田市で生まれた。三國の母は可哀想な人だった。十六歳の時、一家が離散してしまう。母は海軍の軍人の家に女中奉公に出されるがこの家の主人のお手つきとなり、身ごもってしまう。その上、この家を追い出されてしまう。

ひどい話だが泣く泣く帰郷するしかない。

しかし、帰郷しても快く迎えられるわけではない。その時、お腹にいたのが三國だった。

母は静岡の沼津の駅でどうし

たものかと行きくれていた。その時、声をかけてくれる男がいた。その人がお腹の赤ん坊ごと母を引き受けてくれたのだ。大正十一年、養父の勤務先である群馬県太田市で二人は結婚し、三國は翌年生まれた。

養父は電気工事の渡り職人であったが、そろそろ落ち着きたくなったのか、三國が生後七ヶ月の時、郷里、静岡県西伊豆にもどる。その結果、三國はこの西伊豆で成長する。いつ、三國は自分の出生の秘密を知ったのだろうか。養父はよい人だったらしく、三國は伸び伸びと育った。ただ血を分けた実父のやり方には憤りを感じたに違いない。

三國は旧制豆陽中学に進学するが、折角入った中学校も中退してしまう。

大坂で働いている時に二十歳になり、徴兵検査の通知が来る。その通知を持って実家に帰ると「これでやっと天子さまにご奉公が出来る。とても名誉である」と母は言う。

そして、赤紙が来た。この時、三國は召集拒否を考える。「戦争に行きたくない。行けば必ず死ぬ。死にたくはない」そう考えると同居していた女性を連れて逃げた。山口まで逃げたところで捕まってしまった。途中で母親に手紙を書いたのがまずかった。

「僕は逃げる。どうしても生きなきゃならんから」と書いた。母へのこの手紙には九州まで行って中国大陸に渡るルートまでも記してあった。

母はこの手紙を憲兵隊に差し出したのだった。三國は佐賀県を目の前にして憲兵隊に捕まってしまった。

しかし、これと言った処罰は受けず、そのまま中国大陸の前線に送られた。

部隊は総勢千数人であったが、生きて帰れた者は二、三十人に過ぎなかった。死体の山に入れられていた三國は焼かれる寸前に意識を取り戻し、危機一髪のところで命を拾った。

三國の「生きたい」という激しい思いが奇跡を生んだのかも知れない。

終戦、収容所暮らしを経て、復員のための方便として偽装結婚をして無事帰還した三國は、宮崎市の妻の実家に身をよせ、宮崎交通に整備士として二年間勤めた。まだ俳優への道は見えない。

この妻と離婚し鳥取県に出たり、福島で商売しても失敗する。なかなか身は定まらない。

昭和二十五年、東銀座を歩いている時、松竹のプロデューサーにスカウトされ、大船撮影所に入社する。翌年木下恵介監督『善魔』に岡田英次のピンチヒッターで主演して映画デビューを果たす。ずぶの素人の三國が独特の勘でブルーリボン賞新人賞をもらうほどの演技を見せた。この映画の主人公の名をそのまま芸名として世に出る。その翌年、稲垣浩監督『戦国無頼』に出演。これは東宝の作品だったから松竹と喧嘩してしまい、解雇される。

「出たい」となったら五社協定もへったくれもない。三國は思うままに生きる人だった。

昭和三十五年、『大いなる旅路』でブルーリボン賞主演男優賞、四十年『飢餓海峡』『にっぽん泥棒物語』で毎日映画コンクール男優主演賞などを受賞し、三國は日本を代表する名優になって行く。

そして二度目の離婚、三度目の結婚をした。俳優の佐藤浩市はこの三度目の妻との子どもだ。

この後の三國は『戦争と人間』『はだしのゲン』『約束』『八甲田山』『あゝ野麦峠』などの名作に出演した。まるで生まれつきの俳優であるかのような活躍振りだった。

この激しい三國の命は九十歳で終った。長男の佐藤浩市は、父親としての三國は許し難いと、葬儀の席でむっとしていたのが印象的だった。

晩年も元気で活躍した。

（初代）

水谷八重子

（明治三十八年～昭和五十四年）

昭和十四年二月、二人の有名な女性が出産を控えていた。当時のマスコミは二人の出産がいつになるか、どちらが先か、と騒ぎ立て、下町のおばさんたちまで話題にしたという。一人は昭和天皇の皇后良子《ながこ》様、そしてもう一人は水谷八重子だった。

水谷は二年前、歌舞伎の十四代守田勘弥と結婚して話題となっていた。この二人の出産に便乗して、私の母は同じ頃に身ごもっていた。そこで生まれたのが私である。

有名な二人の方は水谷八重子が好重（後の良重）を出産、皇后様は末の内親王清宮貴子さまをご出産。そして私の母が私を出産。前者のご出産は華々しく報道されたが、我が家の赤ん坊はどうと言うことはない。それでも私の母はこの事を生涯の誇りにしていた。

その話で驚くのは、水谷八重子という女優が、なんと皇后様と同列に取り扱われたということである。

明治三十八年、八重子は東京神楽坂で生まれる。家は時計商を営んでいた。本名は松野と言った。八重子が二つの時、年の離れた姉が作家の水谷竹紫と結婚した。八重子が五つになった時、時計商の父が死去してしまう。母と八重子は姉の嫁ぎ先の水谷の家に身を寄せる。その事が八重子の進む道に影響を与えることになる。

義兄の竹紫は島村抱月の芸術座の理事であったため、水谷は八歳の時から舞台に立つことになる。

大正二年、有楽座のメーテルリンクの『内部』に端役として出演する。八歳の水谷は子役上がりの素人に近い少女だったが、「この子には光るものがある」と水谷に着目したのは小山内薫と島村抱月であった。

大正五年、帝劇公演『アンナ・カレーニナ』で松井須磨子演じるアンナの息子の役が水谷に与えられる。その大役も水谷は見事にこなした。

水谷は十三歳になると雙葉高等女学校に入学する。女学校に通いながらも水谷は声がかかれば舞台に立った。

水谷は、十五歳でメーテルリンクの『青い鳥』のチルチル役を演じた。ここでも水谷は絶賛されて、少しずつ自信を持てるようになる。

翌年大正十年になるといよいよ映画時代の到来である。水谷の映画デビューはこの年、『寒椿』出演だった。

相手は井上正夫という記念すべき作品だったが、通学する雙葉高女は難色を示した。学校の名誉が問題にされた。水谷は名前を出すことが出来ず「覆面令嬢」という匿名で出ることによってようやく出演が許可されたのだった。

当時の映画界も演劇界も覆面令嬢の女学校卒業の日を待っていた。卒業後は水谷は「研究座」に席を置いた。新劇、大衆劇の双方から水谷はひっぱりだこになる。

水谷自身は理想の演劇を目指していたので井上正夫の一座で『大尉の娘』を演ずることに喜びを感じていた。

やがて関東大震災が東京を襲う。そうなるともはや芝居どころではなくなる。震災後、壊滅した関東を避けて関西に移住する者が多かったが、水谷の家ではそんな事は考えない。義兄の竹紫は震災翌年に早くも第二次芸術座を再建する。大正十三年のことだ。ここで中心的に活躍したのが水谷だった。『人形の家』のノラや『復活』のカチューシャなどを演じて一廉《ひとかど》の女優になっていた。

　そして何と言っても水谷の名を広く知らせたのはやはり映画だった。映画の伝幡力と言ったら途方もない。

　映画会社は演じてくれる女優や俳優を集めることが急務となった。水谷は義兄の水谷竹紫の姓をもらい、水谷八重子の芸名で世に知れ渡った。そんな矢先、昭和十年、義兄の竹紫が死去してしまう。その事が水谷を必然的に新派に誘い込んで行く。ここでも新しい出会いがあった。昭和四年に初競演をした花柳章太郎と共に新派を盛り上げて行くことになる。

　水谷・花柳の名コンビはこの後、長く演劇界を牽引して行くことになる。と同時に水谷の全盛時代の到来である。

　父親を早くに亡くしたとは言え、姉の嫁ぎ先でお嬢様として育った水谷。彼女は一体がどこで庶民性というものを学んだのだろうか。

　庶民の持つ哀しみ、苦しみを体一杯で表現する姿に観客はしびれた。しかも新劇界で学んだモダンなセンスもしっかりと身につけていた。

　私生活では世紀のグランド・カップルと言われた歌舞伎界の色男、守田勘弥との結婚にゴールインする。水谷は三十歳になっていたので遅い花嫁だったが二年後、出産して良重を得る。この子が二代目水谷八重子となって新派の後継者となる。水谷の結婚はうまく行かず二年後に離婚。

　それからの水谷は良重を引き取り、新派の劇団を担い、気丈に生きた。

　戦中戦後を通じて常に新派一筋の道を歩み、昭和五十四年、七十四歳の生涯を終えた。

『悲しき口笛』（松竹）ポスター。

美空ひばり

（昭和十二年〜平成元年）

平成二十三年六月、美空ひばりの二十三回忌が帝国ホテルで開かれた。六百名が招かれたのだが、『美空ひばり　ふたたび』（北辰堂出版）という著書を著した私も、その六百人のうちの一人に入れて頂けた。私以外は、みなさん著名な方でひばりと縁の深かった方ばかりである。ひばりの遺影の前に紫のカーネーションが山のように摘まれていた。それがとても美しかった。「一本ほしいな」と思ったがこれは献花用のもの。

ひばりが紫色をことに愛したので献花用の花も紫で用意されているのだった。

会費一万円の追悼会だったが皆囁いていた。「とても一万円ではすまないだろう」と。

「きっとコロムビアが出してるんだよ」とも言っている。挨拶に立ったコロムビアの偉い人は「ひばりさんは亡くなってもなお、わが社に利益をもたらしてくれている。死んでも稼げる歌手なのです」と話した。

確かにいまもなお、テレビ局は二時間のひばり特集を組んでいる。ひばり人気は死後二十八年を経ても衰えることがない。

さてこの日の司会は徳光和夫だったが、彼はあのひばりの靴事件の話をした。それは私が初めてひばりに出会った最初で最後の時である。

昭和二十四年秋の事だった。夕方から激しい雨になった。有楽町の毎日ホールで映画『悲しき口笛』の試写会が開催された。『悲しき口笛』は雑誌『平凡』に連載され、松竹で映画化、レコードはコロムビアから発売された。こういうのをメディアミックスというのだそうだ。

その頃、雑誌『平凡』は創刊して四年目、まだ吹けば飛ぶような零細雑誌だった。

私の父は仲間と焼け跡の銀座で雑誌を立ち上げたが、いつ倒産するか分からないちっぽけな会社だった。

それが芸能雑誌に切り替えてから息をつき、ようやく歩き出したところだった。

それで『悲しき口笛』の試写会に百人の読者を招いたのだった。

ひばりの名はまだそれほどに広まってはいなかったが毎日ホールは沢山の客で埋まった。

小田原に住んでいた私たちも父に呼ばれて会場にいた。その頃、楽屋で一悶着あったことを帰りに私は父から聞いた。雨のために長靴で来たひばりが、ステージ用の靴を忘れた付き人に当たり散らして「もう歌わない」とすねていたのだそうだ。

その時、私の父が舞台の袖をちょっとめくって「皆、ひばりちゃんの歌を待っているよ」というと、ひばりはにっこり笑って「わかったわ」と言い、見事な歌を聞かせたのだった。

まだ小学校の六年生である。映画の撮影にも疲れていたのだろう。

しかし、私の父は「この子はすごい。大物になる。我々はこの子と組むべきだ」と決意し、以後『平凡』のグラビアはひばりで埋まることになった。

それからのひばりの勢いはもう誰にも止められない。大スターへの階段を駆け上がって行った。『平凡』四十周年の記念誌に「ひばりは『平凡』さんと共に大きくなりました」とコメントを寄せてくれた。

横浜、磯子の新開地の魚屋の娘であった女の子が、歌が上手で歌が好きで、母親と共に大変な努力をして世に出て行く。そんなひばりに行く手を阻むものは次々に出てくる。しかしひばり母子はめげない。「きっとひばりの時代が来る」そう信じてひばりは進んで行った。

戦争が終わった時、敗戦国として日本の国自体が世界の中の孤児だった。その寂しさをひばりは歌と映画で表現した。だから今でも「あの時、ひばりに励ましてもらった」と当時を振り返る人が多い。そういう意味でひばりは特別の歌手だった。

また、女優としてのひばりも秀逸だった。『あの丘越えて』では鶴田浩二と共演し、同名の歌も大ヒット。

東映でも、ひばりは時代劇も現代劇もこなした。特にひばりの殺陣《たて》は見事だった。

「今日の我に明日は勝つ」とひばりは言った。自分のライバルは明日の自分であるというのだ。

超多忙な中でもひばりは小林旭と結婚をした。普通の女性の幸せをつかんで見たいと考えたのかも知れない。

結局、結婚生活は短く終わった。「自分には芸というものがある。それを失うことは出来ない」と言ってふたたび芸の道にもどって行く。

平成元年、五十二歳の人生を終わるまで病気と戦いながら壮絶な道をひばりは歩いた。

そのひばりの最晩年に出会った歌がすごかった。私はそれを「神がくれた三曲」と呼んで、著作にした。『愛燦々』『みだれ髪』『川の流れのように』の三曲を残して、ひばりは旅立った。

平成の世をほんの少ししか生きられなかった。「平成の我、新海に流れつき　命の歌よ　おだやかに」そんな歌を残してひばりは去って行った。

あれから二十数年、徳光は、なつかしいあの雨の日の長靴の話をしてくれた。

三田佳子《みたよしこ》

（昭和十六年〜）

『Wの悲劇』（東映）ポスター。左は薬師丸ひろ子。

昭和三十五年、三田佳子は突然私たちの前に現れた。楚々とした美しい人で周囲を圧倒した。

でもそれは私の勘違いだった。三田佳子はずっと前から活躍していて、皆に愛されていたのだった。三田は中学生の時から女優だったのだ。それを私は知らなかっただけだ。

三田佳子、本名は高橋嘉子《よしこ》という。NHKプロデューサーの高橋康夫と結婚する前は石黒嘉子と言った。

芸名に三田を名乗ったのは慶應義塾大学の野球部のファンだったからだそうだ。

その三田、昭和十六年、大阪で生まれた。生後半年で東京に移った。父親の仕事の関係だった。三田が三歳になる頃、空襲が激しくなり、もう東京には住めない。一家は知人を頼って山梨県に疎開する。

三田が物心つくのは戦争が終って、東京の下北沢に戻った頃からだ。幼少期はその下北沢で育つ。

最初から三田は女優志願だった。中学生になった頃から、劇団ちどりに所属して演劇の勉強をした。そして機会あるごとにテレビに出ていた。そういう事が好きだったのだ。

女子美大付属高校に進むと三田の美貌は人目を引くように

なって行った。映画会社も放っては置かない。各映画社がスカウトに来る。

が、三田は断り続けていた。高校だけはきちんと卒業したかったのだ。昭和三十五年、高校を卒業すると第二東映に入社する。

しっかりしたお嬢さんではないか。

各映画社の中でも自分を生かしてくれる会社を選んでいる。入社してすぐに『殺られてたまるか』で女優デビューする。

最初から主役級で起用されて佐久間良子につぐ東映現代劇の看板女優の扱いを受ける。

私が三田佳子に気付くのはこの頃のことだ。三田佳子は田舎の私たちの近くにもやって来てくれたのだった。

その後、三田はフリーになって映画の他、テレビや舞台でも活躍を始める。

昭和五十九年の映画『Wの悲劇』での演技が高く評価され、各映画賞を受賞する。また、昭和六十一年のNHK大河ドラマ『いのち』に主演し高視聴率を獲得し、三田佳子の名を確固たるものとする。

舞台では『春の坂道』をはじめとし、『雪国』や『化粧』などが代表作とされる。

三田の好感度は数々のCMにも起用されCMの女王と呼ばれた。高額納税者番付の俳優・タレント部門でも三田は四年連続首位に輝いた。

NHKテレビ紅白歌合戦の司会も連続して務めている。三田佳子は名実共に日本を代表する女優になっていた。

良いことばかりの人生であった。怖いものなんて何もない。演技も容貌も完璧だった。仕事はやれば当たる。

そんな絶頂期の三田を襲った不幸とは思いもかけない事から始まった。次男の祐也が覚醒剤取締法違反で逮捕されてしまったのだ。三田は高橋康夫と結婚して、二人の男の子をもうけていた。

当時、祐也が未成年であったことからマスコミから三田の責任が追及されるが、三田は記者会見で言った。

「母が女優であるということで未成年である息子の事件が報道されてしまって可哀想だ」。

三田は次男に毎月五十万円の小遣いを渡していたことを明かした。その事が一般の人の反感を買ってしまい、世論の批判を浴びることになってしまった。

三田は「原因は私の人生をかけて究明します」ときっぱり言い放った。そして七社あったCMの仕事を全て降板した。しかも女優活動も十ヶ月間自粛すると発表した。

懸命に築いて来たものが音を立てて崩れて行くのを感じた。自粛の反省期間がようやく終り、仕事に復帰することが出来た。三田が以前と同じ活躍を見せ始めた頃、何ということだろう。次男が同じ容疑で再び逮捕されてしまう。

もう立ち上がれない。女優生命の危機だった。自粛が明けても仕事は来ない。

満足な活動も出来なくなってしまった。

そんなピンチを救ってくれたのは以前から親交のあった水野晴郎だった。三田の復帰の手助けとして自身の映画『シベリア超特急3』の主演に起用してくれた。その後、映画『海猫』やテレビドラマ『いま、会いにゆきます』など仕事を再開したのだが、次男が覚醒剤所持の現行犯で三度目の逮捕。

翌日の記者会見で三田は「すべては私たちの教育の失敗」だと泣きながら話した。

「引退も考えたが仕事はさせて欲しいし、降板したくない」

三田は母である前に女優だった。仕事が出来ないなら生きていても仕方ないとまで思い詰めた。苦難を越えた三田は三年前に、旭日小綬賞を受賞する。ご子息は立派に立ち直ったということだ。七十五歳の三田は美しいまま活躍を続けている。

『七人の侍』（東宝）ポスター。

三船敏郎

（大正九年〜平成九年）

映画『七人の侍』の三船敏郎の演ずる菊千代は精一杯戦って死んだ。まるで悍馬《かんば》のような尻と太股を見せて死んだ。

三船というスターの核心を黒澤監督はあの菊千代の尻に見ていたのではないか、と言う評論家がいる。

菊千代の尻については外国の俳優も言及している。死んで行った菊千代の泥だらけの尻に雨が降っている。それは死というものを浄化する崇高な儀式である、とその人は言う。

ものいわぬ尻まで演技が出来る三船を日本中の人が絶賛し、世界が絶賛した。それで「世界のミフネ」になった。

三船が逝って二十年、三船が残した強烈な仕事は、今もなお忘れ去られることはない。

その三船敏郎は大正九年、中華民国の青島市で生まれる。その頃、青島は日本の占領下にあった。三船の父、徳造は秋田県鳥海町の旧家の出身だったが、青島では貿易商と写真屋を営んでいた。

徳造は日本にいた時、医者を目指していたのだが、写真の魅力に取り付かれ、被写体を求めて各地を旅するうちに中国にたどりついて、ここでカメラ屋を開いたのだった。三船が五歳の時、父はまた放浪癖が出て、大連に「スター写真館」を開く。

そして三船はこの町で育つ。

大連中学校に入学する頃はかなりのワルだったというが、成績はきわめて良く、きちんと中学を卒業する。

徴兵検査は昭和十五年で甲種合格、そのまま入隊するのだが、大陸での徴用から「死を覚悟した方がよい」と父に言われて、神戸まで旅をした。これが三船が最初に見た日本だった。

入隊したのは陸軍第七航空隊である。写真の経験と知識が買われたのだという。しかし軍隊の内部のしごき、いじめはすさまじく三船は体が大きく、鍛えていたので、一発や二発のビンタでは倒れない。すると上官はムキになってよけい殴る。声が大き過ぎると言っては殴られ、顔が変形するほどだった。

その後、上官から家族写真を撮ってくれと言われる。その出来がよかったので教育隊に配属される。これが運命の分かれ道であった。

仲間は皆、南方に転進させられ、ほとんどが命を落としてしまった。三船は写真のおかげで命拾いをしたのだった。

昭和十六年、内地勤務となり、滋賀県八日市の飛行場で写真工手に配属される。戦争末期には熊本の特攻隊の遺影を撮る仕事を任された。

少年兵たちが毎日命を落として行く様をファインダーの中から見つめていた。

「あの戦争は無益な殺戮であった」と三船はその後、さかんに語っている。

そして終戦、三船は父の実家のある秋田に身をよせ、軍隊で知り合いだった人の勧めてくれた東宝撮影所に行って撮影助手を願い出た。

ところがこの時、何かの手違いで俳優志願の申し込み書の方に入ってしまった。俳優部門の面接を受ける段になると「笑って見て下さい」と言われて「面白くもないのに笑えません」と答えた。人を食ったふてぶてしい奴だと審査員の心象を悪くして、不合格の烙印が押された瞬間だった。

それを見ていたのが高峰秀子だった。高峰は三船を見たとたんに駆けだして行った。黒澤監督に三船のことを伝えた。

黒澤も三船を見て、胸騒ぎを感じた。しかし、反対者が多く危うく落とされるところだったのだが、山本嘉次郎監督のツルの一声で合格となった。当人はどこまでも撮影部に入れてもらえるのを待っているつもりで、腰掛けとして俳優部に席を置いたに過ぎなかった。

「男の癖にツラでメシを食うのは好きじゃない」と三船は言い続けた。

昭和二十二年、谷口千吉監督に口説かれて三船は『銀嶺の果て』に出演する。三船は白銀の雪山に追いつめられる凶悪強盗役を演じた。これが三船のデビュー作品となる。

昭和二十三年、黒澤と三船の最初の作品『酔いどれ天使』が出来る。破滅的な生き方をするヤクザ役の三船がスクリーンいっぱいに暴れ回る。まるで昔から映画俳優をやって来たような勘の良さだった。黒澤は初めて彼を起用して「とにかく、彼はスピーディだ。理解が早い」と驚く。

その後、三船と黒澤のコンビは次々に傑作を生んで行く。『静かなる決闘』『野良犬』『醜聞』『羅生門』などが生まれた。

あれほどいやがっていた俳優業を三船は見事にやってのけた。特に『羅生門』はヴェネチア映画祭で金獅子賞を取り、「世界のミフネ」の出発点となった。

戦争が終わったばかりだった。三船は言う。「私は日本と日本人が正しく描かれるよう断固戦っているのだ」また「残酷な軍人やエコノミックアニマルだけが日本人だけじゃない」。

三船は『七人の侍』『用心棒』など世界の人々にも評価される作品に出て、平成九年、七十七歳で生涯を終えた。各国の映画人が彼の死を嘆いたそうだ。

『母白雪』（大映）ポスター。左上が三益愛子。

三益《みます》愛子

（明治四十三年〜昭和五十七年）

「ハンケチを二枚お持ち下さい」そんなキャッチフレーズで思いっきり泣ける映画が作られた。「母もの」と呼ばれる映画がブームとなった時代である。

三益愛子はそのお母さん役でなくてはならない女優だった。きっかけは昭和二十三年、『山猫令嬢』で女学生の母親になったことからだった。

悲劇の母親が三益のあたり役となり、三益は十年間に三十三本もの「母もの」映画を作り、どれも当たった。

同工異曲と知りながら何回も母もの映画に足を運んだ女たちがいた。

三益愛子はこれらの「母もの」の中で、「子」の哀しみとは別に「母も悲しいのだ」と訴えた。そしてそれはそのまま日本の国の哀しみでもあった。

戦争に負けて、何もかもをなくした上に、国際社会での信用もなくしてしまった。どのように自信を持って立ち上がれるのか分からない。

とにかく、悲しいことには泣いてみよう。思いっきり泣いて明日に向かえばよい。それが「母もの」だった。

三益はその体型や顔立ちから見ても決して弱い女ではない。どこか、三益の演ずる母は凛とした母親像で、泣いて崩れるだけの女ではない。哀しみの中にも明日への希望を与えてくれる映画だった。

　だからこそ母ものは大衆の心をつかんだのだ。私の母には数人の田舎の友達がいた。夜になるとその友人たちが座布団を抱えて呼びに来る。母も座布団を持って出掛けて行く。

　駅前に出来た映画館で夜の最後の放映を割安で見せてくれるのだ。掘立て小屋の映画館は暖房など全くない。吹きさらしで床は土のまま。寒い映画館で母たちは涙をしぼって母ものを見たのだ。

　日本中の母たちを泣かせた三益愛子とはどんな女優だったのだろうか。


　明治四十三年、大坂に生まれた。旧姓、乾愛子と言った。三益は芝居への憧れを早くから持っていた。「女優になりたい」との一念で阿倍野高等女学校を中退して、大阪の劇団「新潮劇」に参加する。

　若い女の子が学業を投げ打って芝居の道に飛び込む時、応援してくれる人はいたのだろうか。三益はいつでも自分の判断で決定して行く女性だった。

　昭和四年に上京、三年後、榎本健一の劇団「ピエル・ブリアント」に入り、エノケンの相手役を務めた。翌年には松竹傘下の『笑の王国』に招かれ、三益愛子の名で看板女優となる。のちに日本中を泣かせる三益がスタートはコメディアンだったことに驚く。

　「笑わせることは泣かせること」という演劇の神髄《しんずい》を三益は若くして知るのだった。

　そんな中、昭和九年太秦発声映画で三益は初の映画出演、翌年は東宝に移った。そこで作家の川口松太郎と出会い恋に落ちる。恋をするのも三益は一直線だ。決してよそ見はしない。「好きとなったら好きなのだ」。

　しかし、その頃の川口には本妻の他に四人の愛人がいたのだった。作家として売れに売れていた川口は、この頃三十代で恐いもの無しの歳月だった。

川口は四人の愛人にそれぞれに家を与え、不自由ない暮らしをさせていた。三益はその四分の一の女に過ぎなかった。それでも構わない。三益は昭和十一年、愛人のまま、川口の子どもを身ごもる。これが川口浩（のちに俳優）である。

川口は三益以外の三人の愛人の始末はした。しかし川口には妻子がいるのだから、三益は川口と結婚することは難しかった。三益は仕事と子育てをこなして平然としていた。

昭和十七年に芸能界を引退したのは、時代が最悪で自由な発言が出来なくなっていたからだった。家庭に入って三益は「お母さん」をしていた。しかし、溢れ出る仕事への情熱はいかんともしがたくうずうずしていた。

戦争が終わって二年目、ある日、川口は言った。

「芸能界が君を待っているよ」

そんな川口の勧めもあって昭和二十二年に三益は芸能界復帰をする。

その頃川口が大映の専務に就任していたので三益も大映に入社する。その翌年、三益は早くも最初の母もの作品に出合う。以後、『母恋星』『母椿』『母白雪』など、母ものの三益として揺るぎない地位を築く。そんな中、昭和二十六年、ようやく川口の妻として入籍された。

川口と三益の愛は男と女のべたべたしたものではなく、演劇を通して、まるで同志のような愛と言えそうだ。その三益が四十九歳の時、『がめつい奴』という作品に出合う。これは菊田一夫作の舞台だったが、三益はお鹿ばあさん役を演じて大ヒットとなる。

三益の最後の仕事は、東映の『横浜暗黒街』で菅原文太の母親に扮して、親子でマシンガンを撃ちまくる麻薬強盗犯役だった。

昭和五十七年、三益愛子は七十一歳で膵臓癌で死去。夫、川口より三年早い死であった。

森雅之

（明治四十四年～昭和四十八年）

『白痴』（松竹）ポスター。中央が森雅之。

「何てきれいな人だろう」と私の母はそう言ってため息をついている。

それは『雨月物語』のスチール写真だった。「日本にこんないい男がいたなんてねえ」ともう一度ためいきをついた。

真っ黒な田舎のオバサンである母が、森雅之と言うスターに夢中になっている様子がおかしかった。

その後も母は森雅之の映画が来たと聞けば迷うことなく見に行った。姑である祖母に嘘をついては小田原の街に映画を見に行った。

母のような森雅之ファンは、日本中にどれほどいただろう。女はいつもどんな時代にもいい男を求めているものなのだ。

森雅之、本名、有島行光《ゆきみつ》と言った。明治四十四年のことだ。北海道札幌で生まれた。父親で作家の有島武郎はその時、札幌で教職についていたからだ。

母・安子は陸軍大将・男爵・神尾光臣の娘であった。つまり森は名門の出身だったのだ。

森が三歳の時、一家は東京に出る。東京麹町の有島邸で暮らし始める。幸福な暮らしが始まる筈だった。

ところが、二年後、森が五歳の時、母親を結核で亡くす。その上、十二歳になった時、父・有島武郎が軽井沢で編集者の女性と心中するというスキャンダルが起こる。

森を頭に三人の男の子が残された。叔父の画家・有島生馬の元で育てられる。

森は番町小学校から成城小学校に転校し旧制成城高等学校を卒業して京都帝国大学哲学科に進学するが、中退する。

彼の心を捕らえたのは演劇だった。森雅之は、実は高等学校時代から舞台俳優を目指していたのだ。

十九歳の森は築地小劇場の『勇敢なる兵卒シュベイクの冒険』でエキストラ出演をしている。これが森の初舞台だった。

翌年、森は長岡輝子らと「テアトル・コメディ」を立ち上げる。第一回公演『芝居は誂向き』に出演して高く評価されたが、直後、胸のカリエスを発症し四年間の闘病を余儀なくされる。

昭和十二年、二十六歳の森は本気で役者として身を立てる覚悟を決めていた。文学座の結成に加わり、『怒濤』では老け役が見事で絶賛される。

それまで映画出演については消極的で決して乗り気ではなかった。それが一転するのは昭和十七年、文学座が提携した東宝『母の地図』で森は映画デビューしたからである。これが森に自信を与えた。

そして、森は数年後には映画界にはなくてはならない男優になってゆく。

戦後、すぐの仕事は松竹『安城家の舞踏会』で没落華族の長男役で注目される。

この後、森雅之は本格的に映画界に進出して行った。この頃になると監督たちも森をしきりに欲しがった。溝口監督の『雨月物語』、黒澤監督の『羅生門』成瀬監督の『浮雲』などが完成される。

そのどれもが成功で、森はアカデミー賞を始め、世界三大映画祭（カンヌ・ヴェネチア・ベルリン）全てで各賞を受賞している。『浮草』では第一回キネマ旬報主演男優賞も受賞した。

映画ばかりではなく、舞台も盛んに活動をしている。ここでもフリーの立場で文学座などの新劇を始めとし、新派、東宝現代劇など声がかかれば、何でも挑戦した。演ずる事が面白くてならなかった。

また、テレビ出演も厭わなかった。昭和五十六年、芸術祭奨励賞作品『勝利者』でテレビ初出演、これが好評だった。

この頃の森は怖いものなしの日々であった。知的で彫りの深い端正な顔立ちであった上にどこか不幸な影が付きまとい、憂いに満ちた表情が何とも言えず魅力的だった。

私の母たち、つまりオバサンがこの人に熱中したのはこの頃のことだ。

森の表情に深い憂いが浮かぶのは、幼少期に両親を亡くして叔父の家で育ったことが原因なのであろうか。この俳優のこの憂いがたまらなく、母性本能をくすぐるのだった。

一方、森は私生活では、昭和十四年に文学座の堀越節子と結婚。森が二十八歳の時だった。

しかし平穏な家庭生活を営むことはできなかった。森の不倫である。宝塚歌劇団出身の梅香ふみ子と恋愛関係となる。梅香との間に子どもまで出来てしまう。マスコミも放っては置かず、話題となった。

結局、堀越と離婚した。梅香とも離別を経て、戦後すぐ日劇ダンシングチームの女性と再婚した。何とも落ち着かない生活だった。

一方、森は黒澤明の作品にはなくてはならない男優だった。『虎の尾を踏む男たち』『続姿三四郎』『羅生門』『白痴』『悪い奴ほどよく眠る』などに出演した。

そして三船敏郎とのからみも黒澤映画を味のあるものとした。「動の三船敏郎、静の森雅之」と言われた。

森雅之は多くの人に愛されて、昭和四十八年、六十二年の生涯を終えた。

森光子

（大正九年〜平成二十四年）

『放浪記』帝劇のポスター。

割烹着を着た日本のお母さんが元気に動き回っている。どこにでもいるようなお母さん、どこの道の奥からも飛び出して来そうなお母さん。

自分の子どもばかりではなく、大きな愛情で周囲の人を幸せにしてくれる。森光子はそんなスターだった。

森光子、本名を村上美津《みつ》と言った。大正九年、京都生まれ。森の母は祇園の芸者で父は紡績会社の社長の御曹司。父は母を見初め、深い仲になる。が、家族は大反対、ふたりは泣く泣く別れる。

その時、母のおなかには森がいた。森は母の私生児として育てられる。母の実家は割烹旅館「国の家」を経営していた。

阪東妻三郎はこの店がお気に入りで芸者衆を率いてよくやって来た。

森は小さい時から芸事の好きな女の子だった。阪東の賑やかな座敷をかいま見てそういう世界に憧れるようになる。

幼少期から、森は歌と踊りが好きだったのだ。熱心に踊りや三味線の稽古をしていた。一方、学校の勉強もよく出来た。十三歳の森は京都府立第一高等女学校（現鴨沂高等学校）にめでたく入学していた。

その時、森の両親が立て続けに肺結核で亡くなってしまう。

しかも「国の家」も倒産してしまった。

森は折角入った女学校を一学期で中退するしかなかった。この時から森は自分一人で生きて行くしかなくなってしまう。好きな芸事で生きて行きたいと考えた。

水の江滝子に憧れていた森は、歌劇の道を目指すが果たせない。時間もお金もかかるのだ。なんとか早く収入を得なければならない。十三歳の女の子が一人で世の荒波に漕ぎ出したのだ。

不本意だったが従兄の嵐寛寿郎のプロダクションに所属して娯楽映画に出るようになる。


が、そのプロダクションが閉鎖されると日活に移籍することになる。その時、森は十八歳になっていた。

その後、新興キネマに所属するが相変わらず『阿波狸合戦』と言った安直な喜劇映画ばかりだった。

それは森の理想とする杉村春子の芸とはひどくかけ離れていた。そうこうするうち映画界にも戦争の影響が迫って来た。昭和十四年、映画制作は制限され始める。

森は二十一歳で歌手を目指し陸軍の南方戦線の慰問団として東海林太郎の前座歌手になる。「笑わし隊」のミスワカナらと

同行し、客の、つまり兵隊たちの心を掴む手口を学ぶ。

森は正式な演技を学んだわけではないので、このように仕事場で自分の力で学ぶのだった。そうした勉強の積み重なりが森を一流の女優に仕立て上げて行ったのだ。

森はこの慰問団で赤木春恵と出会い、終生の友となる。

やがて戦争は終わったが、森は相変わらずパッとしない。

芸術座公演『花のれん』や『がめつい奴』などに端役として出演するが森に脚光が当たることはなかった。出し物自体は話題となり大成功だったのに、端役の森の存在など誰の目にも止ま

らない。

その頃、森は「あいつより上手いはずだが、なぜ売れぬ」などとふざけて詠んだ。案外、本音であったかも知れない。

その森にチャンスが訪れる。

梅田コマ劇場で『あまから人生』に出ていた森がアドリブで流行歌を口ずさんで見せた。まず客受けがよかった。たまたま、それを見ていた菊田一夫が森の存在をみつけてくれたのだ。

昭和三十六年、森は『がしんたれ』で端役ながらも林芙美子役を演じ、世間から高い評価を受ける。

その時、菊田は『放浪記』の脚本を執筆中だったが、彼の強い要望でこの芝居の主役として森が抜擢された。昭和三十八年、四十三歳の森光子のおくればせの出発だった。

何もかもを犠牲にして森はこの舞台にかけた。

「私はいつも仕事に体をぶつけて生きてきました。俳優というみじめさをよく知っています。退職金も失業保険もない職業の仕事がある時がチャンスなのです」と、この時の心境を語っている。

昭和三十四年に結婚したテレビ演出家の岡本愛彦との生活も、家庭より仕事を優先する森のため修復不可能となってやむなく離婚。

そしてこの『放浪記』は、平成二十一年五月九日、森自身の誕生日、東京の帝劇で前人未到の上演二千回という大記録を達成する。

『放浪記』以降の森はテレビに映画に大活躍、「日本のお母さん」の座に上りつめて行く。特に昭和四十一年の『時間ですよ』シリーズでは、下町の銭湯のおかみさん役で大当たりとなった。四十九年から十四年間にわたり、ワイドショー『三時のあなた』ではメイン司会を務める。

そして、紫綬褒章や国民栄誉賞などのあと平成十七年、文化勲章に輝き、二十四年、九十二年の生涯を終えた。

森繁久彌

（大正二年～平成二十一年）

大好評だった社長シリーズのひとつ『社長洋行記』（東宝）ポスター。中央が森繁久彌。

「花ひらき花こぼれなほ薫る」

これは森繁久彌の詩である。

親交深かった作家の向田邦子の墓石に刻まれているそうだ。

スターたちはそれぞれに咲き輝き、私たちに生きる力を与えてくれて散って行く。それでもスターが去った後も薫り続ける人がいる。

強烈な残像を残して行ったスターの一人が森繁久彌である。

大正二年、森繁久彌は大阪枚方で生まれている。実父の菅沼達吉は旧制二高教員から日本銀行、大阪市庁、さらに大阪電灯常務と実業家になっていた。母親も名門の出であった。

この夫妻の三人の息子の末っ子として久彌は生まれた。大三菱の岩崎家の岩崎久彌と父親が親しかったことから「久彌」の名をもらう。

さらに、母方の祖父の名字を受け継いで森繁姓を名乗る。だから森繁久彌は本名と芸名が同じである。

久彌は旧制北野中学を卒業後、東京に出て、早稲田第一高等学院に進学、そのまま早稲田大学商学部に進む。この時点では親の希望通り実業家を目指していた。

その久彌が演劇への関心が生じたのにはどんなきっかけがあったのだろうか。在学中に演劇部に入り、谷口千吉らと共に活動する。この頃に東京女子大生の萬寿子（後の杏子）夫人に出会っている。

演劇に熱中し始める。築地小劇場で『アンナ・クリスティ』を上演する。大きな手応えを感ずる。

が、必須課目であった軍事教練を拒否して大学を中退させられる。長兄の紹介で東京宝塚劇場（現東宝）に入社する。その後の森繁は下積み時代を送る。

日劇の進行係を皮切りに東宝新劇団、ロッパ一座などを渡り歩くがさっぱり芽が出ない。馬の足などやらされていた。

日劇で、藤山一郎ショーの舞台進行を務めた事から藤山と知り合いになり、彼に頼み込んで通行人の警察官役で舞台に立つが、これがまた受けない。褒めてくれたのは古川ロッパだけ。それでロッパ一座に入る。

そんな矢先だった。ＮＨＫの臨時募集でアナウンサー試験があった。昭和十四年のことだ。大陸の放送局がアナウンサー不足で困っていたのだ。

森繁は採用されれば徴兵拒否が出来ることと海外赴任に魅力を感じていたそうだ。当時、国内で失業していた若者が試験に押しかけて狭き門であった。

森繁はめでたく合格して満州の新京放送局に赴任した。ここで内地から巡業に来た落語家たちと知己を得る。

また、満映の映画のナレーションをしたことから甘粕正彦とも交流する。

そして終戦、大陸には沢山の日本人が取り残されていた。政府の見解は「在留邦人は住んで居たところに留まって下さい」というもので、一アナウンサーとしてはその通り放送するしかなかった。

結果的にはこの放送が邦人の帰国を遅らせ、沢山の犠牲者を出してしまう。明らかに国家による棄民である。

この事を森繁は生涯を通じて悔やみ続けた。

昭和二十一年、自身もソ連軍

による収容などを経て、帰国。ようやく森繁の活躍の日がやって来る。きっかけは昭和二十二年、東宝の『女優』に端役での出演だった。ほんの少し話題になった。

その森繁人気に火がつくのはラジオ番組『愉快な仲間』だった。放送後あちこちから声がかかるようになった。

昭和二十五年、新東宝『腰抜け二刀流』で初主演をつとめた。そんな森繁が源氏鶏太原作の『三等重役』に出会う。

最初は助演だったが主役の河村黎吉が急逝したことにより、森繁が社長役の主演を演ずることになった。『三等重役』は続編もつぎつぎに作られて話題となった。

もちろん森繁久彌の名は知れ渡った。サラリーマンの悲哀や苦悩をさりげなく表現して、戦後の社会を生き抜く男たちに希望を与えたのだった。

昭和三十年、森繁はその名を決定的なものとした作品に出会う。『夫婦善哉』だ。淡島千景との共演で、森繁は意志の弱いどうしようもない夫を見事に演じた。

最後のセリフ「おばはん、たのんまっせ」の森繁の声が忘れられない。のちに他の俳優によって再演されたが、森繁と淡島の共演を越えることはなかった。まさに名演技だった。

もう一つの森繁の才能は歌うことで、なかなか味があった。『銀座の雀』や『知床旅情』など、この人でなければ出せない味があった。

人はそれを森繁節と呼んだ。『知床旅情』は森繁の作詞作曲でのちに加藤登紀子によってカバーされた。

永年の大衆演劇に尽くした功績で、森繁は平成三年に芸能界初の文化勲章を受章する。

森繁久彌は長命で九十六歳まで生きた。一つの時代を見事に生きぬいた森繁は、色々なものを私たちに残してくれた大スターだった。

八千草《やちぐさ》薫《かおる》

（昭和六年〜）

『蝶々夫人』（東宝）ポスター。

世の中はいつも騒々しく忙《せわ》しない。そんな喧噪の中でおっとりと静かに語りかける女性がいて周囲を和ませてくれる。そんな女優さんがいた。私はこの人を嫌いだという人に会ったことがない。

「お嫁さんにしたい女優」のアンケートでは常に首位に輝いていた。

「八千草薫は女神さまだ」と言う男性もいる。八十六歳になった今も楚々として美しい。年より臭さがどこにもない。その八千草が老人用の入れ歯の薬品のCMをやった時、おじさん達は悲鳴を上げた。

「止めてくれえ」

八千草は昭和六年、大阪で生まれた。幼少期に父を亡くして母一人子一人の静かな家庭で育った。兄弟がいないという事は寂しいけれど母との関係は濃密になる。

そんな物静かな母と子に時代は容赦なく風雨を叩きつける。八千草がプール女学院に在学中、戦争は激化し、空襲で家が焼かれてしまう。親戚を頼って身を寄せる日々だった。

周囲には美しいものなど何一つなかった。幼い八千草は色のある、夢のある世界に強く憧れていた。そんな時だった。八千草は宝塚音楽学校生徒募集の新聞記事を見た。ここに美しいものがある。八千草は迷うことなく、宝塚音楽学校を受験し合格する。女学校を中退して宝塚に入学する。

戦争が終わるのは八千草が十四歳の時、宝塚の学生として終戦を体験する。

昭和二十二年、十六歳の八千草は正式に宝塚歌劇団に入団する。八千草は『文福茶釜』の狸に扮した様子が可愛いと評判になった。長身の人が多い宝塚で一メートル五十ちょっとの小柄な八千草がコミカルな狸を演じたのだ。「狸の子」と皆は呼んだ。八千草の最初のファンは同級生たちだった。

その後、戦後の宝塚で活躍を始める。『源氏物語』の可憐で無垢な若紫を演じて絶大な評判を取った。若紫は八千草そのものだった。その後も『虞美人草』『ジャワの踊り子』などで八千草は好評を得る。美貌でしかも清楚な容姿が八千草を宝塚の中でも突出させていた。

その八千草が、宝塚から映画やテレビの世界に移って行くのは、それから間もなくのことだった。

宝塚在団中から東宝に外部出演していたが、昭和三十二年、八千草は正式に宝塚を退団してフリーになって映画女優として活躍することになる。何と言っても映画スターになると知名度は一気に上がる。

八千草薫の名はたちまち全国的となった。「お嫁さんにしたい女優ナンバー1」となるのもこの頃だった。

八千草にとって、この年はうれしい事があった。二十六歳の八千草が実生活でお嫁さんになったのだ。

祝福したいところだが、八千草の相手が三十歳も年上でしかも三度目の結婚だという。ファンは面白くなかった。

それでマスコミは様々な噂を流した。しばらくこの二人の結婚は話題となったが、当の二人は全く意に介することなく二人だけの幸せを築いて行く。谷口千吉監督と八千草はおしどり夫婦と言われ、仲睦まじく平成十九年、谷口が死別するまで五十年間の結婚生活を全うしたのだった。

二人に子どもはなかったが幸福な生活であったと八千草は語っている。そんな幸せな結婚生活に入る二年前、八千草にビッグな出来事があった。

昭和三十年、イタリアとの合作映画『蝶々夫人』の主演を八千草が演じたのだ。それまで、海外の日本に対する理解は誤解が多く、日本文化を正しく分かってもらおうという意図でこの映画が企画された。

主演の八千草の他にもヅカガールが十七人もイタリアに渡った。筑紫まり、東郷晴子、淀かほるなど、宝塚の生徒たちがイタリアに向かう様子や映画撮影などが、ニュース映画になったほどだった。

この時、八千草は寿美花代とヴェネチア国際映画祭に参加するために、一足早く羽田を出発した。当時は戦後まもない頃で、海外渡航自由化以前だったから、四ヶ月にも及ぶ八千草たちの旅行は話題になった。

そして、映画は八千草の蝶々夫人が美しく清楚で、各国の人の日本女性へのイメージを変えるものであった。それは柔軟な優しい女性像だった。

八千草はそのイタリア旅行の二年後に谷口夫人となる。八千草薫はかくも素直なおとなしい女性であったが、芸の世界では厳しい人であったという。

その前年には『宮本武蔵』でヒロインお通を演じた。この作品はアカデミー賞最優秀外国映画賞を受賞する。

最近では、往年の大スターがそろって出演、ということで話題となった倉本聰原作『やすらぎの郷』で大女優「姫」の役を演じ、元気なところを見せたのもファンにとっては嬉しい。

八十歳をとっくに過ぎても、自分の仕事を大切にする八千草の生きる姿勢が美しい。

『伊豆の踊子』（東宝）ポスター。

山口百恵

（昭和三十四年～）

昭和五十五年秋だった。山口百恵ファイナルコンサートが日本武道館で開催された。

「私のわがまま、許してくれてありがとう。しあわせになります」百恵は華やかな髪飾りを揺らせてこう言った。

そして静かに『さようならの向こう側』を歌い始めた。涙で歌は時折、つまりそうになる。百恵は必死で歌いきった。

歌い終わると深々と頭を下げて、マイクをステージの中央に置いて去って行った。

いかにもこの人らしい去り方だった。そしてそれきり彼女は姿を見せなかった。それがあまりにも潔い去り方であったので私たちは一層、この人に惹かれ続けるのだった。

山口百恵、本名は三浦友和と結婚したため三浦百恵、旧姓は山口百恵、そのままだ。昭和三十四年、百恵は横浜市瀬谷区で生まれた。その後、横須賀に移り、さらに東京に移る。

百恵は家が貧しくて幼稚園にも行けなかった。それで友達が皆、幼稚園に行ってしまうと一人ぼっちで公園の鉄棒にぶらさがって空を見ていた。

どうして百恵の家が貧しいかと言うと、母が父の正妻ではなかったからだ。父は時折、ふらりとやって来て、酒を飲んで一晩泊って帰って行く。

それが百恵の父だった。百恵と妹はそんな当てにならない父の子どもだった。

「幸せになりたいなあ」と百恵はいつも思っていた。そして、「幼稚園に行きたいなあ」とも思っていた。

東京に移ってからは百恵は品川中学に通い、日出女子学園高等学校に進むのだが、その前の中学三年生の時のことだ。

何気なく見ていたテレビに自分と同じ年の森昌子が歌っていた。この子は「スター誕生」という番組に出てスターになったのだと言っていた。「私も出たい。出てスターになりたい」そう思いこみ、オーディションまでこぎつけたのは昭和四十七年十二月のことだった。

『回天木馬』を歌ったが準優勝で審査員の阿久悠からは「青春ドラマならともかく、歌はやめた方がいいでしょう」と言われてしまう。

この時の百恵は暗くて、地味な女の子だった。この時点で百恵の将来を見抜ける人は少なかったと言われている。

百恵自身も気落ちしたが、気を取り直して与えられた仕事をした。それが映画『としごろ』で、同名の歌もレコーディングして歌手デビューもした。

同じ年でデビューした森昌子、桜田淳子と共に「花の中三トリオ」と呼ばれた。中学三年生で芸能界で活躍する三人の女の子たちは話題となった。

こうして売り出されたが百恵の『としごろ』はあまり受けなかった。レコードも売れない。

そこでスタッフは急遽、百恵のイメージチェンジをはかり、第二弾『青い果実』をリリースする。これは「性典ソング」と呼ばれるようになり、翌年の『ひと夏の経験』で大ブレーク、山口百恵は大きく花咲くこととなった。

この歌詞にある「女の子の一番大切なものとは何でしょうか」と質問されると、百恵は必ず「まごころです」と答えた。

同年、百恵は映画『伊豆の踊子』に主演し、女優としての評価を得る。さらにこの作品の共演者・三浦友和との愛も得た。この三浦起用の裏話は「三浦友和」の項で述べた通りである。

その前年、百恵はテレビ初レギュラー出演し、『顔で笑って』のあと、あの「赤いシリーズ」の大ヒットを生む。『赤い迷路』から始まって『赤い疑惑』『赤い衝撃』とつづき、シリーズは六年にも及んだ。前半は宇津井健との親子役が話題となり、後半は三浦との共演がファンを魅了した。

本業の歌では、昭和五十一年の『横須賀ストーリー』から阿木燿子・宇崎竜童夫妻の作品を歌って新境地を開く。『夢先案内人』『プレイバックＰａｒｔ２』『しなやかに歌って』『ロックンロール・ウィドウ』『さよならの向う側』とつづき、山口百恵の世界を作って行った。

ＮＨＫ紅白には六回出場し、とくに昭和五十三年には『プレイバックＰａｒｔ２』で紅組のトリをつとめた。十代の歌手が紅白のトリとなったのは初めてであった。その記録はいまでも破る者はいない。

百恵の正式な芸能界引退は、昭和五十五年十月十五日のホリプロ二十周年記念式典で、その時に歌ったのが『いい日旅立ち』であった。

式典のあとの記者会見が当日のテレビ朝日『山口百恵今夜旅立ち！』で一部生放送され、これが百恵のテレビ出演最後のものとなった。

百恵引退時は二十一歳で、芸能人としての活動はわずか七年だったが、シングルは三十一作、千六百三十万枚、ＬＰは四十五作、四百三十四万枚という驚異的な売上を記録し、当時の最もレコードの売れた歌手ナンバーワンだった。

まさに昭和最後のスターのひとりと言ってよく、「山口百恵は菩薩である」といまだになつかしむ中年ファンは数多い。

『蜘蛛巣城』（東宝）ポスター。

山田五十鈴《いすず》

（大正六年〜平成二十四年）

　美貌と演技の実力を併せ持つ女優はそうそういるものではない。特に山田五十鈴のようにずば抜けた美貌と胸のすくような演技力を持っている女優はめったにいない。

　山田五十鈴、本名を山田美津と言った。大正六年、大阪市南区で生まれた。

　父は新派俳優の山田九州男で母は北新地の売れっ子芸者だった。そんな関係で山田は小さい時から芸事と縁の深い生活だった。常磐津、清元、舞踊などを習い、十歳で清元の名取りとなった。

　学校の勉強よりは芸事が大切だという環境だった。

　山田は昭和五年、十三歳で日活太秦撮影所に入社する。十三歳と言えば、小学校を終えたばかりの年齢である。父親が撮影所長と知り合いだった事から、山田は月給百円という好条件での入社だった。これは幹部女優並の待遇だった。

　伊勢神宮の五十鈴川に因《ちな》んで山田五十鈴の芸名がつけられた。最初の仕事は『剣を越えて』ですでに大御所だった大河内伝次郎の相手役をした。いくら芸事に精通していたと言ったって、映画の仕事は別のものであった筈なのに山田は見事に演じ切った。天賦の才能であったのだろうか。

その後も片岡千恵蔵の相手役などを演じた。この頃の山田は可憐な花のように愛らしかったそうだ。

昭和九年、十七歳になった山田は永田雅一らの第一映画に移籍してまた、花開く。

二年後、溝口健二監督の『浪華悲歌』『祇園の姉妹』に主演して、ついに第一線女優としての地位を確立した。

第一映画が解散の後は東宝に入社して、また別の面を打ち出す。「山田五十鈴とは何という女優か」と人はためいきをついた。ここで『鶴八鶴次郎』や『蛇姫様』『婦系図』などの作品で長谷川一夫と共演した。その長谷川と共に新演技座を設立して山田は舞台に進出する。

山田はまた恋の道も自由自在だった。まず十八歳の時、俳優の月田一郎と結ばれる。子どもも出来てこの子がのちの嵯峨三智子である。しかし三年しか続かなかった。我が子に対しても普通の母子のような関係はなく、嵯峨は母の仕打ちを恨んでいたという。

月田と別れてすぐに映画製作者の滝村和男と結婚し、五年で離別している。滝村と別れる頃、戦争が終わって世の中が騒然としている頃であったが、山田の色恋はとどまる所を知らない。

次に山田のハートを射止めたのは俳優の加藤嘉。しかし、加藤とも三年で終った。

最後に結ばれた下元勉とも最後まで添い遂げることはなかった。結局一人になってしまう山田だが、少しも後悔はしていない。その時、その時、本気で相手を愛する。でも少しでも相手をイヤだと思えばがまんすることはない。別れる。その繰り返しだった。

平凡な普通の生活を望むことなど、この人にはひとかけらもないのだ。

「芸の虫」である山田は何よりも仕事を優先した。

戦争が終わった時、山田は日本映画演劇労働組合に加入して、突然左翼的思想になる。「人民女優」と呼ばれた時もあった。

しかし、人民女優の時期も短く、乞われるままに成瀬巳喜男監督の『流れる』や豊田四郎監督の『猫と庄造と二人の女』や黒澤明監督の『蜘蛛巣城』『どん底』小津安二郎監督の『東京暮色』などの名作を完成させて行った。

この時、山田は三十代、脂《あぶら》の乗りきった時期である。巨匠たちとの仕事は実に面白かった。いよいよ山田の演技は磨きをかけて行く。

昭和三十四年、四十二歳の山田は舞台出演の機会に恵まれる。最初は新劇合同公演『関漢郷』だった。

これに出演した事から歌舞伎の中村歌右衛門（六代目）や尾上松緑（二代目）との共演を機に東宝演劇部と専属契約を結び、いよいよ舞台へと軸足を移して行った。実に山田は意欲的な女優であった。

やがてその山田がテレビドラマで活躍を始める。特に名を上げたのが『必殺仕掛人』シリーズだった。

山田が必殺シリーズに出合うのは昭和五十一年、山田は五十九歳、間もなく還暦という時だった。しかし色気たっぷり、女の魅力がテレビの観客を魅了し尽くした。

山田五十鈴、この人の一生は役者一筋。それが映画であれ、舞台であれ、テレビであれ、まっしぐらに突き進んだ。

そんな山田に対して演劇部門のいろんな賞が授けられた。「そんなの当たり前」と山田は思っていたが平成十二年、文化勲章を打診された時は驚いた。聞けば杉村春子は辞退したという。しかし山田は受けることにした。河原乞食と言われた俳優の地位向上のためにも受けるべきだと考えたのだ。

最晩年の山田は、自宅を売り払って帝国ホテルの一室に住んでいた。そして九十五歳で生涯を終えた。

山村 聰《そう》

（明治四十三年〜平成十二年）

『トラトラトラ』（20 世紀 FOX）ポスター。

炭鉱夫の息子に生まれ、苦難の末に俳優として大成する佐分利信より一年遅く生まれたこちら山村聰は、比較にならない恵まれた男の子だった。

山村聰は本名を古賀寛定《ひろさだ》と言った。明治四十三年、奈良の天理市で生まれた。

豊かな家庭で生まれた山村はのびのびと幼少期を送り、神戸一中に入学する。そして一高から東京帝国大学文学部に進む。文学青年であったのだろう。

しかし、進んだのは演劇の道だった。東大を卒業すると劇団「太陽座」に入団する。文学者にならず演劇を目指したのにはどんなわけがあったのだろうか。

その山村が映画界に入るのは戦争が終わってからで、年齢も三十六歳になっていた。

若き青年時代の山村聰を私たちは知らない。戦争時代の山村も知らない。舞台俳優を経て、戦後すぐの昭和二十一年、『命ある限り』で映画初出演する。これまで頑固に舞台出演だけを続けて来た山村が、映画出演を決意するのにどんなわけがあったのだろう。

映画界に転ずるとたちまち存在感を発揮して、その安定した演技が映画を格調高いものとすることになる。

第二次世界大戦が終わった

後、日本人は自信を失い、大戦で失ったものの大きさに呆然としていた。そんな人々に娯楽を与え、希望を持たせたものが映画だった。

そこに颯爽と現れたのが山村聰という迫力のある男だった。連合軍によって占領中の日本はGHQの検閲なしには映画一本、自由に作れなかった。

戦後、二年経って、溝口健二監督は、『女優須磨子の恋』を作った。その時、須磨子の恋の相手、島村抱月役に抜擢されたのが山村聰だった。松井須磨子は田中絹代が演じた。

大正八年、松井須磨子は『カルメン』公演中、島村抱月がスペイン風邪で死去した後を追って縊死した。松井須磨子は死の五年前、大正三年、トルストイ『復活』の劇中歌『カチューシャの唄』が大ヒットとなりその名は轟いた。続いてツルゲーネフ『その前夜』では『ゴンドラの唄』が唄われ、これも評判となった。

松井と島村の恋も話題となっていた。溝口はあの大正ロマンの夢を戦後の殺伐とした時代に蘇らそうとしたのだった。山村はその抱月を見事に演じたのだった。

昭和二十五年には、小津安二郎監督の『宗方姉妹』に出演。第一回ブルーリボン賞主演男優賞を受賞。女優を引き立てる気品のある、どっしりと男。それが山村聰だった。舞台で鍛えた演技力が光った。

一方、独立プロ「現代ぷろだくしょん」を立ち上げる。山村はここで監督作品『蟹工船』を完成させる。映画監督は山村がやりたかった仕事だった。

昭和二十七年、山村は一味違った仕事に出合う。当代の人気者、美空ひばりの父親役である。ラジオの連続ドラマを映画化した『リンゴ園の少女』だった。

ピアノを弾いて、作曲もするというひばりの先生であり、実は父親であるという役だった。

ひばりの演技を静かに山村が

引き立てていた。ひばりファンの子どもたちも山村が好きになったものだ。

その後も山村の出演作は、小津監督の『東京物語』を初めとして『山の音』『にごりえ』『風立ちぬ』『四十八歳の抵抗』『縮図』『人間の条件』など枚挙に暇がないほどだ。

しばらく映画全盛の時代が流れる。安価で手軽な映画は働く人々の慰めとなったことだろう。そのブームを断ち切ったのがテレビの出現であった。

しかし、山村はテレビドラマに上手に移行して行った。実に見事な転身であった。

『ただいま十一人』『われら弁護士』『あゝ忠臣蔵』『女と味噌汁』『必殺仕掛人』『日本沈没』『柳生一族の陰謀』など。

これらの作品で山村は威厳のある大物や父親、大学教授、歴史上の人物などを次々と演じて、ドラマをぐっと引き締める存在となった。

特に、映画『世界大戦争』『ノストラダムスの大予言』『ゴジラvsキングギドラ』などで総理大臣を演じた。

テレビでも『日本沈没』で総理大臣を演じている。日本映画界で最も多く総理大臣を演じた俳優である。

また、『日本の一番長い日』と『激動の昭和史・軍閥』の二作品で山村は米内光政を演じて話題となった。

真珠湾攻撃を描いた日米合作の戦争映画『トラトラトラ』では山村は連合艦隊司令長官山本五十六に扮した。実に美しい山本五十六であった。

このように山村は心底、演劇好きであった。

それが舞台であろうと映画であろうとテレビであろうと喜んで芝居をした。八十歳を過ぎてもなお演じ続けた。

一方、趣味の釣りも最後まで楽しんだ。九十歳になったある日、急性心筋梗塞で死去する。苦しむこともなく、あっという間の昇天であったそうだ。

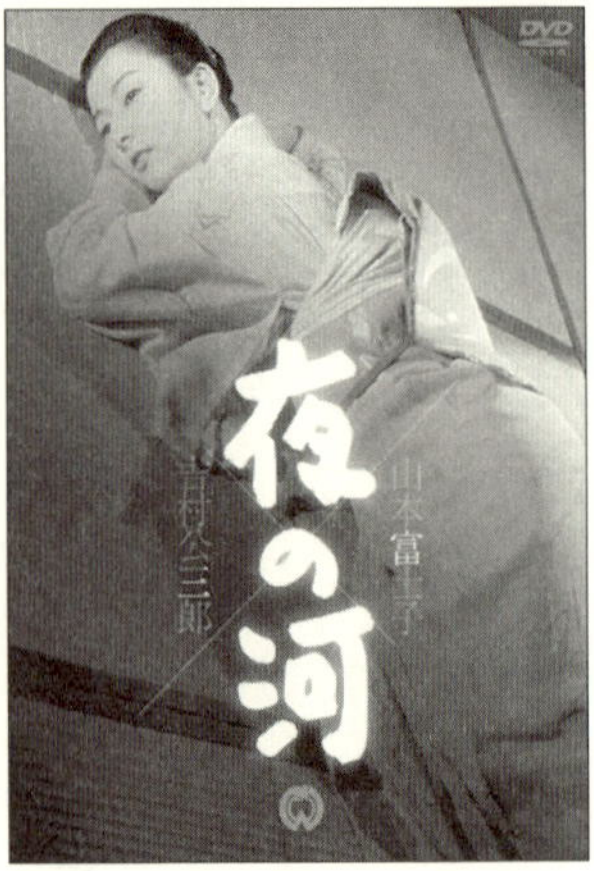

『夜の河』(大映)DVDジャケット。

山本富士子
（昭和六年〜）

戦争が終って五年目のことだ。私たちは「ミス日本」という言葉を聞いた。小学校六年生だった私には、その言葉の意味がよく分からなかった。母に聞くと「にっぽんで一番きれいな人」だと教えてくれた。

日本で一番きれいな人とはどんな人だろうか。私たち子どもでさえ憧れた。

アメリカで流行していたミスコンテストが取り入れられ第一回のミス日本が開催されたのだ。そこで一番になったのが山本富士子だった。日本中から「われこそは」と自信のある美女が七百人も集まったそうだが、山本富士子は満場一致でミス日本に選ばれたということだ。

山本富士子は本名も同じである。日本を代表する富士山のように美女の最高峰に立つ運命だったかのような名前を持っていた。

大阪の西区立売堀で昭和六年に生まれた。実家は南大阪で有名な素封家であり、物質的にも恵まれた環境だった。

母は船場の綿花問屋・山重の娘であった。富士子は和泉市で育ち、和泉大津市に転居したため、浜寺小学校に入学する。

小学生の頃から日本舞踊を習った。踊りの先生は花柳禄寿門下の花柳禄之助だった。

大阪府立大津高女に進学する

が途中で京都府立第一高女（現鴨沂高校）に転校し、ここを卒業する。

その頃から山本の美貌は他を圧するものがあったようだ。高女を出て日本銀行の就職試験を受けたが不合格だった。山本は落胆したが、のちに日銀の関係者は言っている。

「能力に不足はなかったがあまりの美貌なので男子行員が落ち着かなくなるのではないかと危惧された」。

美し過ぎるということが、不合格の原因になるとは何ということだろう。

ミス日本に応募したきっかけは、山本の父の友人で京都市役所の広報課だった人からの勧めであった。

山本はあまり気が進まなかったが、ミス日本が米国からの支援物資の答礼使節を果たす大任の為に選考されると聞いて心を動かされた。

めでたくミス日本に選ばれた山本は翌年、公式訪米し、マリリンモンローやジョーディマジオに会っている。戦後すぐのことで、むろん一般客の海外渡航も許可されていなかった。

この時の山本の体験は非常に貴重だった。ミス日本は民間外交の役目もあったのだ。

一方、映画会社のスカウト合戦も大変なものだった。しかし山本は女優になりたいとは思っていなかった。その時、姉が一言「これからの女性は仕事を持つことよ」とつぶやいた。その言葉に背を押されて女優になる決意をする。

戦前、山本の父は娘たちの為に山ほどの呉服を買い集めていた。

ところが終戦となると自宅は米軍に接収され、娘たちの着物もすべて没収されてしまった。両親はひどく落胆した。山本はそんな両親のためにも働きたいと考え始めていた。

各映画会社の争奪戦の末、大映に入社した。最初の仕事は長谷川一夫の相手役で『花の講道館』だった。これが山本の映画デビューになった。

続いて、同二十九年『金色夜叉』昭和三十年『湯島の白梅』、そして三十一年、名作『夜の河』となる。この映画でNHK主演女優賞を受賞する。

デビューの年、昭和二十八年には山本は十本もの映画に出演している。

その中で三島由紀夫原作の『にっぽん製』を映画化した折、山本は主演した。その三島が山本についてこう言っている。「山本富士子は外見だけでなく内面も素晴らしい」。

かくも売れっ子の山本だったが、十年後、大映の永田雅一社長との軋轢《あつれき》が生じ山本は大映を出てフリーになろうとした。その時、永田は五社協定を盾に、山本がどこの映画社からも閉め出されるよう工作した。

この時も山本は厳として動じない。じっと耐えたのち、当時活発になりかけていたテレビに活動の軸を移して行った。

そんな時期だった。山本はレコード録音のため、古賀政男邸にレッスンに通った。レコード『青春日記』を山本が歌う時、古賀政男と若いギタリスト古賀丈晴が伴奏をした。

この古賀丈晴と山本は恋に陥る。山本の気持ちは純粋で一途だった。ネックになったのは丈晴の胸の病だった。山本の親族は大反対だった。

しかし、結核を患っていた丈晴の手術は成功した。その知らせを山本は『彼岸花』撮影中に聞いた。思わず泣いてしまったほどうれしかったと述懐する。

二人は無事ゴールインして長男も得た。平成二十三年、丈晴が死亡するまで四十九年、平穏な結婚生活だった。華やかな存在でありながら浮いた噂もなく、家庭を大切にした山本の生き方が伝わる。

テレビで見る八十五歳の山本富士子は相変わらず美しく、「美人は年を取らない」というのは本当だと納得する。

山本陽子

（昭和十七年～）

『白い影』（TBS）の解説書。右は田宮二郎。

山本陽子と聞けば美しい着物姿でにっこり笑う、あの山本山海苔のＣＭの姿がまず目に浮かぶ。いまも山本と山本海苔店との間に四十年を越す契約が続いている。

タレント契約世界最長ということで、平成二十二年、ついに「ギネスワールドレコーズ」に認定されたほどだ。

ＣＭというものはコロコロとタレントを変えるものなのだ。

こんなにも長く山本陽子は起用され、双方の何よりの宣伝になった。

山本陽子は生まれつき着物の似合う大和なでしこであったが、実際の山本はシャキシャキした気っ風の良い女性であると言う。大きな車が好きで、外車に乗って高速道路を突っ走る近代的な女性で、日本人女性として初めてポルシェ９１１に乗ったという伝説もある。

山本陽子、本名もこのままだ。昭和十七年、東京中野で生まれた。ごく普通の女の子として当たり前に育つ。

しかし、この女の子が普通でなかったのは飛び抜けて美人だったことだ。

そうなると、周囲は放ってはおかない。何かと問題が起こるものだが、山本は娘時代も身がかたく、間違いということがなかった。

國學院高校卒業後、山本は野村證券に就職する。ここでも生真面目に仕事をこなす山本だった。二十一歳の時だ。ＯＬ生活を楽しんでいた山本の人生が変わる時がやって来る。

山本のあまりにも美しいことを気にした周りの者が、勝手に日活ニューフェイス試験に応募してしまった。結果はもちろん合格である。

彼女自身はその頃のことをこう言っている。

「私、働き者だから活気のない仕事がいやでね。秘書になろうかなって考えていたんです。そうしたらある日、突然日活から次の日曜に来てくれって」。

そして山本は三年間勤務した野村證券を退職した。

山本が合格した第七期日活ニューフェイスには西尾三枝子、谷隼人、沖田峻一郎らがいた。

一年後の昭和三十九年に石原裕次郎の『赤いハンカチ』にチョイ役で出たあと、高橋英樹主演の『抜き射ちの竜・拳銃の歌』に出演する。その後、『猟人日記』『新・男の紋章』など青春もの、アクションものに数多く出演したが、なかなかパッとしない。

当時、日活は吉永小百合、松原智恵子、和泉雅子などの名だたる女優が活躍していて、人気を得ていた。山本陽子の出る幕はなく、作品にも恵まれない。

そんな山本の活路を開いたのはテレビだった。時代も映画界の斜陽とテレビの隆盛へと移っていた。山本はその時代の波に上手に乗った。

テレビに進出すると、その日本的な清楚な容姿が人気となって山本の道が開けた。『白い影』『七人の孫』『白い滑走路』『となりの芝生』『付き馬屋おえん事件帳』などの話題作に立て続けに出演して、山本の名は不動のものとなっていた。

それにしても昨日まで証券会社のＯＬが、いきなり映画に出たり、テレビドラマで重要な役が演じられるのは何故だろう。

生まれもっての才能があったのだろうか。器用に仕事をこなす能力を持ち合わせていたのだろうか。

いずれにしても、山本は美貌のヒロインを哀感をこめて演ずるかと思えば悪女も平気で演ずる。

美しい女性が悪事を行うと最高に怖い。山本はこれ以上ないほど良い女性も、この世のものとは思えぬ悪女も、同じ姿勢で演じた。

山本がごく自然にテレビ界に移行出来たのは恐らく、山本の庶民性にあったのではないだろうか。とても美しいのに偉ぶっていない。心の中は下町のおばちゃんのような気取りのなさが茶の間のアイドルになりやすかったのではないだろうか。

野村證券時代に培った客扱いのノウハウは芸能界にあっても役立った筈だ。

山本の出るテレビドラマは高視聴率を稼ぐということが定評になって、「高視聴率女優」と呼ばれるようになった。テレビ局が番組の善し悪しを視聴率で計るような傾向が生まれていた。テレビ朝日系の土曜ワイド劇場には常連で三十本近く出演している。

また、一方で舞台にも意欲を示し、昭和四十六年、森光子の『放浪記』で初舞台を踏んだ。山本は二十九歳だった。舞台の魅力は何と言っても観客の反応が直に伝わるところだった。

その後、三十八歳で『花埋み』で舞台初主演を果たす。これこそ山本が夢見たことだった。その後も舞台は『おはん』『いろどり橋』などに主演、それぞれ賞を得ている。

そんな山本の人気が急上昇するのは何と言っても田宮二郎と共演したテレビ『白い影』『白い滑走路』からだった。

その田宮との恋の噂も当時の週刊誌をにぎわせたが、田宮は銃で自ら命を断つ。

山本は結局独身を通して、身ぎれいな生涯を生きている。

『青い山脈』（日活）ポスター。
上中央が吉永小百合。

吉永小百合

（昭和二十年〜）

作曲家の吉田正は吉永に言ったそうだ。

「小百合ちゃん、寒い朝って知ってる?」

吉永はきょとんとしていた。

「それはそれは寒い朝なのだよ」吉田の語る寒い朝とはシベリアに抑留されていた時の、辛い悲しい朝のことだった。

『異国の丘』の作者である吉田は、仲間と共に苦難に耐えていた。寒い朝とはそんな朝のことだった。もう戦争が終わって十七年にもなる。それでも吉田は忘れられないと言う。その事を作詞家の佐伯孝夫に話してこの歌、『寒い朝』が出来た。

これは吉永のデビュー曲であり、映画『白い蕾と赤い花』の主題歌だった。ビクターから発売され二十万枚の大ヒットとなった。高度成長に向かう明るい時代だったが、寒い朝に泣く若者たちもいたのだ。

「いじけていないで」「北風の中に聞こうよ春を」というフレーズに慰められ、励まされる若者たちがたくさんいたのだ。

翌年、発売された『いつでも夢を』も同じ希望の歌だった。こちらも三十万枚の大ヒットとなり、レコード大賞も受賞した。吉永の汚れのない声が人々の胸に滲みて行った。

吉永は同じ年に映画『キューポラのある街』（浦山桐郎監督）

で、健気《けなげ》な貧しい家庭の少女ジュンを演じて評判になっていた。それは同じように辛い環境にいる若者たちの励ましの映画となった。吉永はその後も浜田光夫とコンビを組み、この純愛路線は日活のドル箱となる。

やがて日本中に「サユリスト」があふれて行った。

吉永は昭和二十年、東京渋谷で生まれた。父は九州耐火煉瓦、外務省嘱託などの仕事を経て出版社「シネ・ロマンス社」を設立するが、うまく行かず失敗している。

吉永は西原小学校六年生の時、ラジオ東京の連続ラジオドラマ『赤胴鈴之助』に出演する。全国八百人の応募者の中から選ばれて主役に抜擢されたのだった。これが吉永が芸能界入りするきっかけとなった。『赤胴鈴之助』はテレビドラマになる。吉永のテレビデビューである。

映画デビューは二年後の昭和三十四年、吉永、十四歳、中学二年生の時のことだ。松竹『朝を呼ぶ口笛』に出演した。まだ吉永は端役だったが映画出演は面白かった。

吉永は中学を卒業して都立駒場高等学校に入学した。と同時に日活撮影所に入社。『電光石火の男』に出演する。ウェイトレス役で吉永はこの映画に出た。次第に仕事が忙しくなり都立高校は無理になり、私立精華学園女子高校に移る。

吉永は、高校在学中に大作『キューポラのある街』のヒロイン役に出演する。吉永扮する石黒ジュンは、貧しさの中でも元気に強く生きる女の子。そして、学校では優等生だった。

この映画を見たものは皆ジュンのファンになり、吉永の大ファンになるのだった。

そして吉永はこの映画によってブルーリボン賞主演女優賞を受賞する。十七歳の受賞は史上最年少記録となった。

その同じ年、ヒット曲『寒い朝』をビクターからリリースする。映画もこの一年で七本にも出演をする。

翌年、『青い山脈』の主役、寺沢新子を演じた。原作者の石坂洋次郎はすっかり吉永ファンになってしまい、『伊豆の踊り子』の原作者・川端康成も伊豆の山奥まで撮影を見学に行ったと言われている。

そんな全盛時代の中でも吉永は学業をおろそかにせず、高校中退であったので、大学入学資格検定を受けて早稲田大学文学部に入る。

相変わらず、超多忙だったが吉永は四年間きちんと通い、卒業時は次席の成績であった。

そんな優等生の吉永も恋をした。相手はフジテレビのディレクター岡田太郎だった。二十八歳の吉永に対して岡田は十五歳も年長だった。日本中のサユリストたちは失望の声を上げた。吉永の両親も大反対だった。吉永は両親と仲違いしても自分の意志を貫いた。

清純派の吉永のイメージは壊れる。しかも映画産業の斜陽の季節と重なった。吉永の仕事は激減してしまった。

だが吉永は、この時脱皮を果たす。清純派女優から『青春の門』のような大人の女を演じて見せた。

昭和五十六年、吉永は名作『夢千代日記』（ＮＨＫテレビ）に出合う。その事をきっかけに原爆詩を読み、原水爆禁止運動に入って行く。

昭和五十九年、『天国の駅』では三浦友和に押し倒され胸に手を入れられる役だったが、吉永は「もっと大胆にやってよ」と言って三浦を驚かせたそうだ。そしてこの『天国の駅』と『おはん』で日本アカデミー賞最優秀主演女優賞を受賞する。

つづいて『映画女優』『長崎ぶらぶら節』『北の零年』『母べえ』『おとうと』『北のカナリアたち』『ふしぎな岬の物語』『母と暮せば』と平成になっても大作には必ず出演している。

吉永は日本の女優の頂点にまで昇りつめたのである。

『支那の夜』（東宝）ポスター。左は長谷川一夫。

李香蘭《りこうらん》
（山口淑子）
（大正九年〜平成二十六年）

私の父は若い頃、中国の山東省の済南という所に単身赴任していた。宣撫班《せんぶはん》の任務だった。

「クーニャン（中国の女の子）が可愛いかったんだよ」

あろう事か、父はクーニャンと良い仲になったそうだ。そんな噂を聞いて東京にいた母は穏やかでない。生まれたばかりの私を抱いて海を渡ったのだ。

十九歳の母は、赤ん坊を抱いて女一人で父のもとにやって来た。東京から九州まで来て、海を渡って朝鮮の釜山に到着、内陸を汽車で移動したそうだが、関東軍によって守られて何一つ危ないことはなかったという。

武力によって大陸は占領されていたのだ。その母が中国での生活を始める頃、一人のスターがいた。李香蘭である。彼女の人気は絶大であったそうだ。

昭和十三年、日中戦争が本格化する翌年、満州国の国策映画会社、満映から李香蘭はデビューした。

中国の女の子、つまりクーニャンという触れ込みだった。実は彼女は日本人だったのだが、映画会社の作戦でクーニャンにされていた。

李香蘭こと山口淑子は大正九年、中華民国奉天省の炭鉱の町、撫順で生まれた。父の山口文夫は、満鉄で中国語の先生をしていた。やがて撫順に住んでいた一家は奉天（現瀋陽）に移住する。

ここで淑子は、瀋陽銀行の頭取・李際春将軍の娘として養子縁組みをした。李香蘭の誕生である。中国では法的なものではなく子どもを養子にし合う風習があったのだ。

その事によって親たちは一層、親しさが増すのだった。李香蘭は日本人でありながら中国語が完璧だった。

李香蘭は、見事な北京語と正式に習った声楽と、そして何よりもその美貌故に人気スターになって行く。中国側からばかりではなく日本国内の日本人からも愛された。

長谷川一夫と共演した『白蘭の歌』は昭和十四年、『支那の夜』はやはり長谷川一夫との共演で昭和十五年、『熱砂の誓い』も同じ年の昭和十五年に長谷川との共演で完成した。

ストーリーは皆、日本の青年とクーニャンの恋がテーマであり、抗日思想を持つ中国娘が日本の青年に心を寄せていくというものばかりだった。

いま思えば、さりげなく日本の戦争を肯定するような意図が含まれている。

映画は日本国内でも大ヒットだった。その翌年、昭和十六年に李香蘭は来日し、日劇で「歌う李香蘭」という舞台が企画されて出演することになった。

この日、李香蘭見たさに押し寄せた群衆が日劇を七周り半するという事件になった。李香蘭がいかに人気者であったかを伝える話である。李香蘭はこの舞台でも中国人になり切って、それを通した。どこまでも中国人として振る舞った。

「私は本当は日本人なのよ」とどんなに言いたかったか。それが言えない立場が悲しかった。

やがて終戦を迎えるともっと大変なことが起こる。李香蘭は中国政府によって逮捕され、軍事裁判にかけられる。李香蘭は中国人のくせに日本に協力した罪、売国奴の罪により死刑が宣告されるはずだった。

　あわやという時、ロシア人の友達リューバが、李香蘭の北京の実家から戸籍謄本を届けてくれたことで命拾いをした。

　李香蘭は国外追放の罪で日本に帰国することが出来た。山口淑子になって日本に向かうのだった。

　戦後の山口の活躍は素晴らしく、改めて女優として不死鳥のように蘇った。

　昭和二十三年、『わが生涯のかがやける日』で森雅之と共演して評判となる。

　その時、「山口淑子という人はあの時の李香蘭なんだよ」と話題になった。

　李香蘭はあの頃の日本人の夢だった。その女の子が、いま山口淑子になって帰って来たのだ。

　続いて『暁の脱走』では池部良と共演し、鬼気迫る演技で評判を取った。

　順調に山口の戦後は歩き出していた。その後、ニューヨークに渡り、ハリウッド映画に出演。ブロードウエイのミュージカルにも主役で出演した。ニューヨークでは出会いもあった。

　彫刻家のイサムノグチと知り合い結婚する。鎌倉の北大路魯山人の邸宅地内にアトリエと住まいを設け、二人の生活が始まったが五年後に離婚する。その後、大鷹弘と出会い再婚する。この人は外交官でミャンマーの特命全権大使を勤めた人だった。再婚と同時に山口は女優業を引退する。だが、まだまだ山口の活動は止まらない。

　フジテレビの『三時のあなた』の司会者になったり、昭和四十九年、時の総理、田中角栄の要請で参議院議員に立候補をして初当選、十二年に及ぶ政治家生活を送り、数々の実績も残した。

　九十四歳で山口が死去するのは平成二十六年九月の事だった。かつて、私は九十歳近い山口に会ったことがあるが、とてもきれいだった。

笠《りゅう》智《ち》衆《しゅう》

（明治三十七年〜平成五年）

『東京物語』（松竹）ポスター。

スクリーンというものは水も滴《したた》るような良い男だけを映し出すものではない。こんなにも味のある、そして存在感のある俳優がいてくれた事を私たちは誇りにしたい。

映画の画面の中で日本の父の苦悩や憂いを黙って伝えてくれた名優・笠智衆は、どのようにして名優になったのだろうか。

明治三十七年、熊本で生まれた。生家は浄土真宗本願寺派来照寺だった。父親は住職で、笠智衆は本名である。この寺の息子は寺が嫌いだった。物心ついた時からこの寺から逃れることばかりを考えていた。熊本の玉水村の小学校から玉名中学を卒業すると東京に出る。東洋大学印度哲学科に入学した。

これは寺を継ぐための進学だと親たちを納得させての進学だったが、寺を継ぐ気はまったくなかった。

大正十四年、笠は松竹蒲田撮影所が俳優の研究生を募集している事を知る。

早速応募したのは俳優になりたかったわけではなく、住職以外の職業なら何でもよかったのだという。どうしてそんなに住職を嫌ったのか。とにかくいやだったのだ。

ところが、この年、父親が死去してしまう。仕方なく一旦、住職の座につくが、どうしてもいやだった。

笠は住職の座を兄に譲って、ふたたび上京する。撮影所にもどることが出来た。

しかし、すぐに役がつくわけもなく通行人や端役での出演ばかりだった。

そんな大部屋生活が十年も続いた。大抵の人はこの辺で諦めてしまうのだろうが、笠はこの仕事をやめようとはしない。端役を演じながら他の俳優の演技をじっと見ていた。見ながら学んでいた。この十年は笠にとって貴重なものだった。

その笠にチャンスが巡って来るのは昭和三年、二十四歳のことだった。笠は小津安二郎監督の『若人の夢』に出演した。と言ってもやはり端役である。続いて『学生ロマンス若き日』にも出演する。これも端役だった。小津が端役の笠に着目したのはこの頃だった。

昭和十一年、初めて主役級の役を与えられた。『一人息子』に出演した時、笠はまだ三十二歳だったが、堂々と老け役を演じた。これが出世作となる。

昭和十七年、初めて『父ありき』で主役を演じる。ようやく笠は長い大部屋生活に別れを告げ、思うような仕事が出来るようになった。

以後、小津映画にはなくてはならない俳優となり、全ての小津作品に出演している。

その役柄は若い時から、父親や老人の役が多かった。が、笠のすごさはそのどの役も同じにならなかった所だった。しかも主演ばかりではなく、脇役としても、キラッと光る演技を見せた。その事によって作品全体のレベルを引き上げていた。

ようやく道が開けたと思った矢先、時代は戦争に突入する。映画の世界も戦意高揚をテーマにするものしか作れなくなったが、笠はそんな事は気にしない。どんな映画でも力一杯演ずる。それが笠の生き方だった。

昭和十五年『征戦愛馬譜・暁に祈る』では、原口上等兵役を演じた。これまで農耕馬として生きていた馬に召集令状が来て、戦地に送られることになる。

馬たちは家族と引き離されて遠い大陸に運ばれて行く。貨車に乗せられる時、馬は踏み板に爪を立てて無言の抵抗をしたのだった。

戦争遂行にはどうしても軍馬が必要である。家族同様に愛されている農耕馬を国に捧げてもらいたい。そんな家族に納得してもらって喜んで馬を提供してもらいたい。担当者は映画や歌を使うことを考えた。

高峰秀子主演の『馬』は『めんこい仔馬』の主題歌と共に広く世に広まった。『征戦愛馬譜・暁に祈る』もそれらの一環として作られた映画だった。私は見ていないが、笠智衆演ずる原口上等兵はどんな役割をしていたのだろうか。

三十六歳の笠は馬との交流を人情豊かに演じたことだろう。笠にとって、戦争時代の嵐の中でも笠らしく演じて、苦しんでいる人々にわずかながらそよ風を与えることが出来たのだ。

戦争が終ると、いよいよ笠智衆の本領発揮の時代の到来である。『カルメン故郷に帰る』は日本で最初の総天然色映画だったが、笠は校長先生役で出演、しっかりと脇を固めた。木下恵介監督との出会いでもあった。

その後、『二十四の瞳』の先生役でも好演し、存在感を示した。これも木下監督の傑作だった。

その前年、小津作品の『東京物語』では主役級の平山周吉を演じて、好評を得た。

やがて映画全盛時代が去りテレビ時代が来るが、新しい時代でも変わることのない姿勢を貫いた。昭和四十四年、笠は山田洋次監督の『男はつらいよ』シリーズでは柴又帝釈天《しばまたたいしゃくてん》の御前《ごぜん》様役に抜擢され、長いシリーズの全作に出演した。

住職を嫌って映画界に飛び込んだ笠が、住職役で喝采を浴びたのは人生の皮肉だろうか。

『祇園囃子』（大映）DVDジャケット。左は木暮実千代。

若尾文子《あやこ》

（昭和八年〜）

みなさんはあの映画ポスターを記憶しているだろうか。

ピチピチした若尾文子が、セーラー服のスカートをほんのちょっとめくっている。垣根をまたごうとして少女はスカートをまくったのだ。

今ならどうということもない普通の女の子の仕草だったが、当時このポスターが話題になり、男性たちの心をとらえてしまった。

雑誌『平凡』は売り上げが落ちた時、起死回生をはかるため、小糸のぶ『乙女の性典』の企画を考えた。まず小説を雑誌に連載し映画化する。

ポスターは当時、街角の立て看板にはりつける。ポスターのはしに小さな字で「雑誌平凡連載」と書かれていた。雑誌は翌月から確実に売り上げを伸ばしたのだ。

スカートちらりの若尾文子の知名度も一気に広まった。

若尾文子は昭和八年、東京は豊島区で生まれた。五人姉妹の末っ子として可愛がられて育つ。

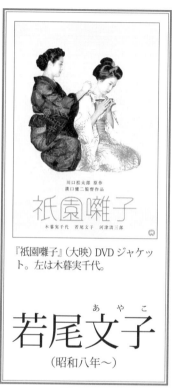

父親の仕事の都合で一家で仙台に移住するが、それは次第にはげしくなる戦火を避ける意味もあった。宮城第二女子高等学校に通っていた。

この頃の若尾のニックネームは「石仏」だった。彼女が読書ばかりしていた様子を同級生がそう表現した。

その石仏の若尾がある日、すごい人に出会った。

公演に仙台に来た長谷川一夫と山田五十鈴である。楽屋を訪れた若尾は長谷川に「わたし女優になりたいんです」と言った。自分でもその時まで考えてもいなかったのに、口をついて出てしまっていた。

長谷川はやさしく「学校を卒業したらいらっしゃい」と言ってくれた。

しかし、若尾は卒業などまってはいられなかった。

一方で、義兄が大映の第五期ニューフェイス募集に若尾の写真を送っていた。若尾は見事合格し、女学校は辞めてしまって東京に出て行く。というよりは東京に帰ったのだ。

若尾はこうして大映に入社して映画界入りを果たす。昭和二十六年のことだ。

チャンスは突然やって来る。昭和二十七年というから、入社一年目のことだ。

『死の町を脱れて』の主役・久我美子が急病で倒れたのだ。若尾はその代役として主役を演ずる。これが若尾の銀幕デビューとなる。

こうしたチャンスを生かすのはたった一つ、立派に仕事をこなす事だ。決して手をぬいてはいけない。賢い若尾はちゃんとわかっていたのだろう。

すぐに翌年の二十八年、次の仕事が来る。それが『十代の性典』だった。性典女優などと悪口を言われたが、若尾は気にしなかった。

同年、巨匠・溝口健二監督の『祇園囃子』に出演して女優としての実力が認められる。性典女優の汚名を返上したのだ。

若尾は入社わずか二年で、大映の看板スターとなる。

『無法者』『或る女』『月よりの使者』『赤線地帯』『滝の白糸』『永すぎた春』などにたて続けに主演を果たし、山本富士子、京マチ子と並んで、大映の三大女優と呼ばれる。

若尾は決して演技達者ではない。正式に演技を学んだことなどないのだ。いきなり代役に起用され、一流の監督の仕事に使われる。

その事で若尾は学び、成長して行った。素直に監督の期待に応えているうちにうまくなってしまい、気づいた時には名女優になっていた。

それが若尾文子だった。

特に若尾をきたえ上げたのが、川島雄三と増村保造の二人の監督だった。

特に増村とは『青空娘』に始まって『清作の妻』『妻は告白する』『赤い天使』『刺青』『妻二人』『千羽鶴』など二十作でコンビを組み、多くの傑作を残した。

昭和四十六年、大映倒産後は、若尾は映画を離れ、NHK大河ドラマ『新平家物語』などテレビで活躍、六十三年の同じ大河『武田信玄』では主演のほかナレーションもこなし、「今宵はここまでに致しとうございまする」が流行語大賞となり、若尾は再びお茶の間に知られた。

私生活も彼女は彼女らしく天真爛漫だった。

最初、結婚したデザイナーとはうまく行かず六年後に離婚。十年あまり仕事一筋に生きた。そして運命の人、世界的な建築家・黒川紀章に出会う。

昭和五十七年、テレビ番組『すばらしき仲間』で対談したのがきっかけだった。その時黒川は「君はバロックのようだ」と若尾の美貌をバロック美術に例えて賛美した。

当時、若尾は四十三歳だった。真剣な恋をするが、黒川には妻がいたので、結婚まで七年間待たなければならなかった。二人は芯から愛し合って幸福な日々を送った。

黒川が亡くなる時、若尾は「本当に君が好きだったよ」との言葉を黒川からもらう。いまも一線で活躍している若尾文子は、幸福な女優である。

『東京流れ者』（日活）ポスター。右は松原智恵子。

渡《わたり》哲也

（昭和十六年〜）

折り目正しい男性である。いかにも日本男子のお手本のような人である。

渡哲也と聞けば『松竹梅』のあのCMを思いだす人もいるだろう。男の着物姿を見なくなった時、渡の着流し姿はぞくぞくするような格好の良さだった。

渡哲也、本名は渡瀬《わたせ》道彦、昭和十六年に生まれている。父は日立製作所の社員であった。日本各地に転勤させられていた。

渡は父が島根県安来市の工場にいた時に生まれた。だから渡は安来生まれであった。

戦争が終わって父親の実家のある兵庫県の淡路島の淡路市に移った。

三田学園高等学校から青山学院大学に進む。大学時代は空手部にいて空手二段を獲得する。柔道は初段を持っていた。渡の姿勢の良さはこの辺から来るのかも知れない。

大学に通うために上京した渡は弟の渡瀬恒彦と共に新宿区柏木で下宿していた。その頃、日活が浅丘ルリ子主演百本記念の映画の相手役として「ミスターX」を募集していた。これを知った弟の渡瀬や空手部の仲間がこっそり渡の必要書類を送って応募してしまった。それを知って渡はカンカンに怒ったが、希望していた日本航空の整備士の採用試験が不合格になってしまった。

「俳優でも何でもやってやろうじゃないか」とそんな気持ちになっていた。

それに撮影所に行けば石原裕次郎に会えるかも知れないと友人に言われ、日活撮影所を訪問した。その時、スカウトされて昭和三十九年に日活に入社した。いよいよ俳優デビューである。すでに斜陽期にさしかかっていた日活は高橋英樹に続くスター候補として、渡に期待した。翌年、渡は『あばれ騎士道』で主演デビューする。

演技については全くの素人だったが、見よう見まねで演じていただけだった。


それなのに渡はこの作品でエランドール賞新人賞を受賞してしまう。翌四十一年、吉永小百合との初共演『愛と死の記録』でブルーリボン賞新人賞を獲得する。

しかも渡は光栄なことに「石原裕次郎二世」と呼ばれるようになっていた。大学時代、裕次郎にあこがれ、一目会えたらと思っていたのに、二世とまで言われてしまった。

その上、『東京流れ者』などに主演したあと裕次郎のヒット作『嵐を呼ぶ男』のリバイバル版が作られることになって主役が渡に来たのだ。

昭和四十三年、舛田利雄監督の『無頼より大幹部』から始まる『無頼』シリーズ六作品は渡の日活時代の代表作となった。渡はこれらの作品によってすっかりスターになったし、日活のニューアクション時代の顔と呼ばれるようになっていた。

しかし、昭和四十六年、日活はロマンポルノに路線変更しようとしていた。

渡は『関東破門状』を最後に日活を去る。東映など映画会社数社から引き合いがあったが、渡はあえて借金で倒産寸前の石原プロモーションに入社した。石原プロもテレビへの路線変更を考えていた。

昭和四十九年、渡に大河ドラ

マ『勝海舟』の主役が廻って来た。渡は非常に喜び、役作りの準備などしていたが九回まで放映したところで病気で倒れてしまう。

肋膜炎になってしまったのだ。降板するしかなかった。

折角、巡って来たチャンスが目の前から逃げて行く。こんな無念はない。そんな失意の渡に朗報が届く。前年リリースした『くちなしの花』がヒットし始め、百五十万枚の売り上げとなった。

ベッドの上で自分の歌がヒットチャートを駆け上がって行くのをラジオから聞いていた。

渡は最初からこの歌が好きだった。

「俺が死んだら、くちなしの花を一本飾ってくれる女がいる」という詩を書いたのは戦死した特攻隊員だった。

心を込めて渡は歌った。それが人々の胸に届いた。病によって折角のチャンスを失った無念さも消え去る思いだった。秋になると渡の体も快復に向かっていた。

この年の暮にはこの歌でNHKテレビ紅白歌合戦にも初出場出来た。全日本有線放送大賞金賞も獲得出来た。「捨てる神あれば拾う神あり」だった。

年が明けると東映の深作欣二監督で『やくざの墓場　くちなしの花』に渡は主演、ブルーリボン賞主演男優賞を獲得した。

一方、石原プロは会社再建と経営安定のためにテレビドラマに本格的に進出、『大都会』や『西部警察』がシリーズ化され、石原プロの安泰は約束された。

しかし、昭和六十二年、御大、裕次郎は五十二歳で命を閉じてしまう。肝細胞癌だった。渡の失望は表現のしようもない。渡も病と怪我に苦しみながらも石原プロモーションの社長になって裕次郎の意志をついだ。

「男が男に惚れるってことはそういうことだよ」

渡の裕次郎への思いの中に一片も不純なものはない。

あとがき

百人のスターには百の人生があり、運が良かったり、悪かったり、ついていたりついていなかったり、百の物語がある。

昔、父が雑誌『平凡』を作っていた頃、私は聞いたことがある。「ねぇ、お父さん、今度どんな人が流行《はや》るかわかるの?」と。すると父は「それがわかりゃあ苦労はしないよ」と言って笑った。「それを追っかけるのがお父さんたちの仕事だよ」と父はこともなげに付け加えた。

「面白そうな仕事だなぁ」とその時、思った。さらに父は言った。「スターを支えるのは大衆だよ。『平凡』の読者たちだよ」

その頃、中学校を卒業したばかりで東京に出て来て働いた「金の卵」と呼ばれた若者たちの安価な楽しみごとは、仕事を終わってごろりとなって『平凡』を見ることだった。そしてこの子らに支持されたのがスターたちだった。

スターたちは本人の努力とは別に、訳の分からない時代の空気によって急に脚光を浴びたり、急にそっぽを向かれたり、紆余曲折をくりかえして生きていた。

彗星のように現れて彗星のように消えて行く。しかもスターたちの栄光の日々はキラキラと輝いていて美しい。

昔のスターは庶民にとって、手の届かない所にいて、天空で光っていた。それが時代が下ると、昨日まで隣にいた女の子がいきなり時代の寵児になってしまう。スターと一口に言っても千差万別であることが分かる。

スターの座を獲得するまでも千差万別である。血の出るような努力をして好きな演劇で生き抜いた坂東妻三郎もいれば、あまりにも美しかったために「ミス日本」に選ばれ、当然のように女優になってしまった山本富士子もいる。そして日本中がこの人たちに熱狂した。

そんなスターたちの話を聞いて頂くのがこの企画だった。私の父は「誰がスターになるかさっぱり分からん」と嘆息していたが、今こうして時代が過ぎた後から振り返って見ると何故、この時、この人がスターだったのかよく分かる。人々は常にスターを求めていることも分かった。

ある時、私は手の届かない天空に光るスターが生きる支えとなるような時代があったことを知った。第二次大戦末期、学徒出陣によって各地から大学生が集められ、クアランプールに移送されたそうだ。学生たちはここからの出撃前夜、高峰三枝子の映画を見せてもらったという。その時、彼らは皆、高峰のブロマイドを買ったのだった。にわか兵士の彼らは軍服のポケットにこれをおさめて、出撃して行ったという。

「明日は俺と一緒に死んでくれ。三枝子」と言って出撃して行った学生たちはもう帰らなかった。まだ恋人もいなかった若者たちは高峰の写真と共に死ねることを喜んでいたという。軍艦が撃沈された後、南の海の波間には兵士たちの遺体とともにたくさんの高峰のブロマイドが散乱していたことだろう。

そんな話を幸いにも生きて帰った学徒兵だった方にうかがったことがある。好きなスターの写真を胸に死んで行った若者のことを思うと、今でも胸がいたむ。ところで、「あなたのお好きなスターは誰ですか?」「私の選んだ百人の中にいましたか」。

最後になりますが、芸能関係のたくさんの著書や情報、とりわけネットにはずいぶん助けていただきました。ありがとうございました。

また、この本の初版時、数々の助言をいただいた当時の北辰堂出版会長・今井恒雄氏に、今回も相変わらずご支援いただき、心から感謝申し上げます。

平成二十九年秋　　　　新井恵美子

この作品は平成二十七年四月、北辰堂出版より
発行した「昭和の名優１００列伝」に一部加筆、
訂正したものです。

新井恵美子（あらい えみこ）
昭和14年、平凡出版（現マガジンハウス）創立者岩堀喜之助の長女として東京に生まれ、疎開先の小田原で育つ。学習院大学文学部を結婚のため中退。日本ペンクラブ会員。日本文芸家協会会員。平成8年「モンテンルパの夜明け」で潮賞ノンフィクション部門賞受賞。著書に「女たちの歌」（光文社）、「岡倉天心物語」（神奈川新聞社）、「少年たちの満州」（論創社）、「美空ひばりふたたび」「八重の生涯」「パラオの恋 —芸者久松の玉砕」「官兵衛の夢」「天心つれづれ」「松陰の妹」「『暮しの手帖』花森安治と『平凡』岩堀喜之助」（以上北辰堂出版）ほか多数。

昭和の銀幕スター100列伝

平成29年11月15日発行
著者 / 新井恵美子
発行者 / 唐澤明義
発行 / 株式会社展望社
〒112-0002 東京都文京区小石川3-1-7エコービルⅡ 202
TEL:03-3814-1997 FAX:03-3814-3063
http://tembo-books.jp/
印刷製本 / 株式会社ダイトー

ISBN 978-4-88546-336-5 定価はカバーに表記

好評発売中

この一曲に賭けた100人の歌手

塩澤実信

ISBN 978-4-88546-329-7

運命を賭けたデビュー曲！再起をめざした渾身の一曲！
それぞれの思いをこめてヒットを夢みた昭和の100人の
歌手たち！

四六判 並製　定価:2,000円＋税

展望社

ISBN978-4-88546-231-3